1 民國三十八年，劉真先生任臺灣師範學院院長時玉照。

2 劉真先生與文教界耆宿在教育部合影。
前排右起：朱家驊、王寵惠、胡適、蔣夢麟、錢思亮。
後排右起：程天放、羅家倫、陳雪屏、張其昀、張道藩、劉真。

3 民國四十四年六月五日師院改制師大時，劉真校長手書校訓「誠正勤樸」。

4 劉真先生任師院及師大校長期間，每晨主持升旗典禮與朝會，從未間斷。

5 民國四十四年冬，劉真先生與師大文學院院長梁實秋先生（左）於校長辦公室內敘談。

6 民國四十六年四月，蔣總統視察中央研究院留影。
前排左起：張其昀、陳副總統、蔣總統、張群、朱家驊。
後排左起：董作賓、李方桂、李濟、劉真、陳大齊、凌鴻勛、王世杰、蕭公權、李先聞、吳大猷。

7 民國四十八年二月，中研院旁舊莊國校操場及給水設備竣工典禮，胡適院長（左一）特別邀請劉真先生蒞校觀禮，並表示對劉廳長專款補助之謝意。校長馬袖宇女士（右一）在旁接待。

8 民國四十八年三月，劉真先生（左二，時任教育廳長）在臺中清泉崗機場歡迎約旦國王胡笙。

9 日月潭教師會館正門

10 民國五十七年劉真先生與錢穆先生（右）合影。

11 劉真先生於莎翁故居附近湖濱留影。

12 民國七十二年三月，教育部成立「學制改革研究小組」，聘請劉真先生（中立者）為委員兼召集人。翌年「學制改革方案」定稿後，教育部朱部長匯森（右三）與劉真先生及全體委員於教育部大門前合影。

13 民國七十六年九月，日月潭教師會館活動中心落成，教育廳長陳倬民先生特命名為「白如樓」，藉示飲水思源之意。

14 民國七十八年六月五日，國立臺灣師範大學校長梁尚勇（右）代表教育部致贈劉真先生名譽教育學博士學位證書。

15 民國七十八年九月二十八日，劉真先生在總統府中樞紀念大成至聖先師孔子誕辰典禮中，講述「對紀念孔子誕辰的省思」，前排右一為李總統登輝先生。

16 民國七十八年十二月一日，劉真先生與夫人石裕清女士於獲贈「中華民國文化獎」後，在行政院禮堂內合影。

17 教育大辭書編纂委員會於民國八十一年一月十二日舉行第一次全體委員會議，由主任委員劉真先生（中坐者）主持，右二為副主任委員兼總編纂賈馥茗、左二為副主任委員曾濟群（時任國立編譯館館長）。

18 中華民國中山學術文化基金會於民國八十一年八月三日舉行第五十五次董事會議，由董事長劉真先生（中立者）主持，左右為副董事長謝東閔先生及孔德成先生。

19 中山學術文化基金會於八十一年十一月十日舉行學術著作及文藝創作贈獎典禮，會後董事長劉真先生與贈獎人謝東閔先生（右二）、獲獎人涂懷瑩先生（左一）及來賓中央日報社長石永貴先生（右一）合影。

20 民國七十六年五月三十日劉真先生伉儷金婚紀念，與長子肖孔（後左）、次子捷生（後中）、女兒凱音（後右）合影。

三民叢刊182

劉真傳

黃守誠 著

三民書局印行

劉真先生致著者信
——代序

守誠兄：

您費了十餘年的時間，寫成這本傳記。從搜集資料到最後定稿，我們經常交換意見，您寫作態度的嚴謹，充分表現於字裡行間，諒可獲得讀者的肯定。茲當本書即將問世之際，我要特別感謝您寫作期間所付出的心力。同時對三民書局董事長劉振強先生惠允出版，我也要表達由衷的謝意。專此佈臆，順頌

著祺

弟劉　真敬上八六、十二、十二

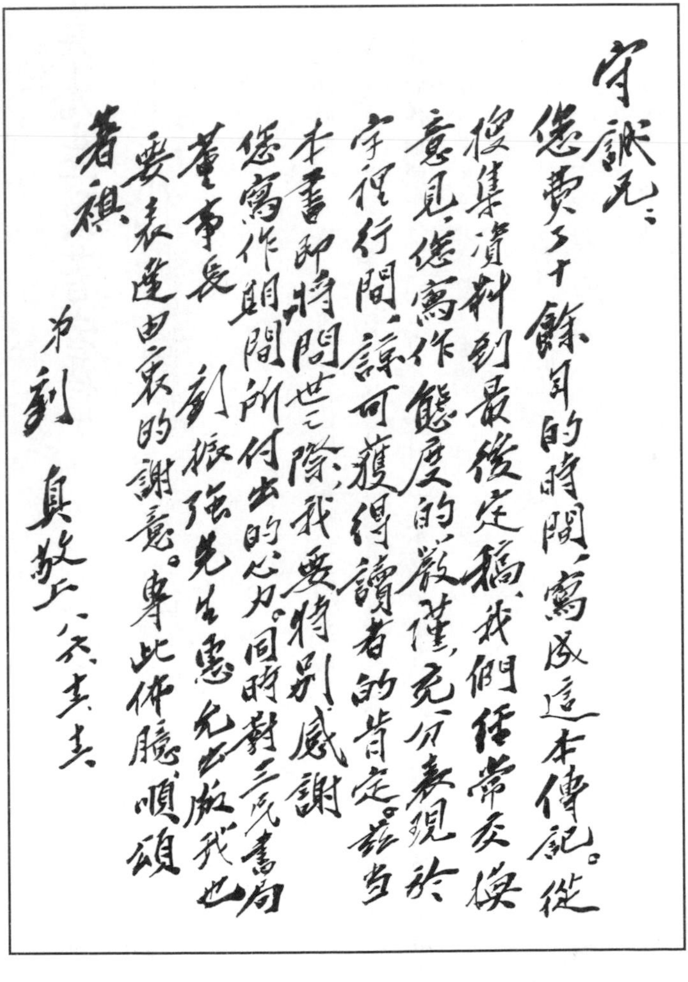

守誠兄：
您費了十餘月的時間，寫成這本傳記。從搜集資料到最後定稿，我們經常交換意見，您寫作態度的嚴謹，充分表現於字裡行間，諒可獲得讀者的肯定。茲當本書即將問世之際，我要特別感謝您寫作期間所付出的心力。同時對三民書局董事長 劉振強先生惠允出版，我也要表達由衷的謝意。專此佈臆，順頌
著祺

弟 劉 真敬上 八六、十二、十二

劉真先生致著者信

劉真傳 目次

第二十二章　主持政大教育研究所

第二十三章　國家安全會議

前記

民國六十一年間某天，我投宿於日月潭畔的教師會館，深感建築典雅，最具中國的歷史文化氣氛。想到十餘年前，主其事者居然因此而頗遭誤解與責難，甚為感慨。歸後遂寫了一篇小文，對不顧任何責難，而決心為教師奉獻、卒底於成的這種精神，深致敬意。但我並未於文字中提到推動者劉真（白如）先生的大名。

沒想到幾天以後，竟然收到劉先生的一封信，對我那篇發表於《中華日報》的文章，甚表感謝。字體簡直和蔡元培先生的書法沒兩樣，還寄贈了一本他的近著《辦學與從政》給我。信雖簡短，但我感覺出這位教育界的前輩，為了實踐理想，飽歷艱辛，斑斑傷痕，歷久尚難撫平。

《辦學與從政》是部自傳性的著作，凡六百八十餘頁。包括〈自述〉、〈論著〉、〈函札〉及〈日記〉等四部份。我立即展讀下去，而且頗為其豐富充實的內容及簡練暢達的文字所吸引。隨後寫了一篇評介文字〈人人應有交代〉，表示作為一個知識份子的共鳴，發表在《書評書目》上。我沒有函告劉先生，不意又為他看到了。當他出版其新著《清白集》時，便將拙文也附載其中。又加以老友吳自甦兄的引介，我與白如先生，遂成了忘年之交。我少小離家，及長失學，獲識白如先生乃是我平生欣幸的大事之一。他卓爾不群的進退出處之間，無形中予我以無限的啟示與感奮。

白如先生是生活極為儉樸的人。在臺灣，特別是臺北，五十年間不易其居的大概為數不多。民國三十八年四月，他應陳誠主席之邀，出任動亂中的臺灣省立師範學院（今之師大）院長，住在福州街的一間日式平房裡。現在半個世紀已在彈指間過去，而白如先生安之若素，客廳大約不及三坪左右。洗手間仍是半世紀以前的格局，一切均無變動，樂道自得，可見一斑。求之當世，能有幾人？

他也是任事有恆和對「身教」最重視的人。恆心之可貴，率皆知之。馬克吐溫說：「戒煙很容易，我已戒過一百次了。」胡適之先生為日記之時時中斷，也多次自責「無恆」。中外兩大名人，舉世推崇，獨在「恆」字上自認「失敗」。但作為教育家的劉白如先生，乃能超越。八年多院（校）長期間，他沒有一次在晨間升旗典禮上缺席；二十五年之久在政大任教期間，從未有一次缺課的記錄。問舉世中外教師，誰能致此？

尤其是在出任師院院長不久，即自動辭去立法委員之職，專心辦學，禮賢下士，延攬大師級教授任教。同時舉行公開性的國學、哲學、歷史等學術講座，加強人文與生活教育，培養學生正確的人生觀與價值觀，充分發揮了師範教育應有的功能。至於根據歷史考證，建議政府將孔子誕辰及教師節由八月二十七日改為九月二十八日，其意義之大，更非數言可盡了。

而且，我更深知，白如先生最關懷教師生活、最尊重教師人格。在重工、重商的現代社會中，令人有空谷足音之感。將行之久遠的「教員」稱謂改為「教師」，便是他於教育廳長任內的措施之一。除了短時期我曾從事新聞、廣播事業外，大半時間是在講臺上度過的。「百年樹人」並非空話。師生之間的傳承關係，親厚情誼，又豈是從事其他工作者所可體知？我讀了他的〈教書匠與教育家〉一文，感懷久之。中國古人有「立德、立功、立言」之說，以「德」冠其首，以「言」殿其後，最具深意。〈教〉文長達萬言之多，原為對「國校教師研習會」的講詞，其後寫成專文，發表於《中央日報》，內容精闢，傳誦一時，為士林普遍稱頌。文中對教書匠與教育家的區別作了獨創性的剖析。文末一段，尤其語重心長，最具使命感，最具民族愛，如云：

> 「今天要端正教育界的風氣，達成良師興國的使命，我認為最重要的，就是要使我們從事教育工作的人，尤其負有創造人類心靈的神聖任務的教師們，能樹立新的觀念，表現新的精神，抱「起衰振弊」的宏願，作「盡其在我」的努力，不憂不懼，立己立人，起碼先要做一個負責盡職的教書匠，更進而做一個為人師表的教育家。只有這樣，我們建設國家的精神基礎，才能日益穩固；而我們中華民族的優良傳統文化，也不難發皇光大

弘揚於世界了。」

晚近以來，高等知識份子，抱學位第一、學術第二之人，數見不鮮；懷淑世濟人者，卻近乎絕跡。大約三十年前，美國霍浦金斯大學校長便曾慨然的向白如先生表示：

「現在我們教育出來的乃是一批技術高超的野蠻人，滿腦子功利思想，只想賺錢。」

如今，時光又過去了三十年，這位西方大學校長之言，更值得世人深思。如果但在功利上著眼，是、非之真理，必將逐漸喪失。若然，我們生存的世界，將是何等可懼的風貌？

胡適之先生在一九三七年二月十四日的日記中，曾有段非常感慨的記述：

「伊里鴞校長是哈佛大學再造的大偉人。他死於一九二六年八月二十二日，那時我在巴黎。巴黎有兩種美國英文日報，那時候正值電影明星范倫鐵諾(Valen Tino)病危在醫院裡，報紙的第一版幾乎全是范倫鐵諾病危的消息，那天只有一條短短三行的新聞，記伊里鴞校長死了，我讀了嘆一口冷氣。十年後我在病床上讀這一個大教育家的傳記，想起那個故事，記在這裡。」

現在，整整六十個年頭已過去了。可惜風氣依然，於今為烈。特別是我們近代辦學卓有成就的蔡元培、張伯苓、梅貽琦等教育家，竟無一本完整的傳記流傳於世，應是出版界的最大憾事。典型難尋，實為教育文化界的重大損失。

職是之故，早在十餘年前我便發願撰寫《劉真傳》。其間生活動盪，由臺灣而至美邦；有時甚至攜稿遍歷五大洲之遙，迄今始底於成。深盼經由拙筆，而使傳主劉白如先生之特立獨行，高風亮節，如同宗教家般奉獻教育的生平與精神，有助於我中華文化的傳承與發揚。

民國八十七年九月・臺北

第一章　故鄉與童年

1. 安徽鳳臺——一個歷史上抵禦外侮的戰場

他講到自己的故鄉——安徽省鳳臺縣，似乎有些自豪。雖然它差不多是全省最偏遠的小縣，交通不便，風氣閉塞；而中華民族反抗侵略、抵禦外侮光榮勝利的「淝水之戰」的淝河及「八公山草木皆兵」這句成語中的「八公山」，都在鳳臺縣境內。他非常熱愛自己的民族和國家。這一些歷史上著名的戰爭當然使他引以為榮了。

他家居淝水之濱。除了著名的淝水之戰外，他深以這塊淝河和淮河水域之間，出生過莊子、管子、包拯、朱元璋、李鴻章和劉銘傳等熠熠發光的思想家、政治領袖，及公正的清官，而快慰和興奮。

「包拯也是您家鄉的人嗎？」

聽到這話，他總是極為欣然的頷首，神色幾乎有些激動。他對古聖先賢的嘉言懿行，由衷的讚賞、由衷的懷慕。他認為淝、淮之間的居民，最富於正直剛毅和創業精神。「譬如說，」他這麼分析，「在清末同治年間的淮軍，能繼湘軍之後，完成曾國藩、李鴻章的事功，是由於皖北民性，跟湘人極為近似。」但是，他若有所感的又加了一句：「不會作官。」

說上述這些話時，他已是七十餘歲的人了。然而，他的眉宇間，卻流露著孩童般的純真微笑。這些往事勝蹟，無形中充盈了他的生命和人格，猶如他自己的一部份。有一次，在無意中他回憶往事時，曾慨然地說：「我一直對教育有興趣。教育最重要的是一番熱忱。我願意終身奉獻於教育。」不過，他停了一下，又說：「如果我當年做了軍人，我想一定會『不成功，便成仁』，為國戰死沙場。」

「他」便是自四十年代開始，影響中華民國教育最鉅的教育家之一的劉真先生。

劉真，字白如，民國肇造的次（一九一三）年陰曆十月十七日（國曆十一月十四日），出生於安徽省鳳臺縣西北與潁上縣交界的一個農村劉家樓祖宅。在地理上，鳳臺縣靠近魯南和豫東。春秋時代名為下蔡。清，雍正十一年始由壽州劃出，單獨設治。但因不像其他縣市，築有城垣；故鳳臺縣市區，和普通鄉鎮並無兩樣。一般縣民便稱縣府所在地為下蔡街。在安徽全省六十餘縣中，鳳臺縣大概是最偏遠的地方了。

2. 世代儒家家風

劉真的祖父飽讀《四書》、《五經》，對「忠恕之道」，有其執著的信仰。最顯而易見的事實便表現在為兒子（劉真的父親）命名「恕三」、字子忠；希望「忠、恕」兩項儒家強調的美德，蔚為家風。

恕三公娶陸筱亭先生次女為妻，也就是劉真的母親。她賢淑溫厚，略識文字。筱亭公是縣內頗負聲譽的「拔貢」。現代人對「拔貢」這項功名可能全然不清楚了。從滿清時代的科舉制度，便可明白：「拔貢」是「舉人」與「秀才」之間的名位。每府舉二名，州縣一名，甚難獲得，地位相當崇高。筱亭公還精研岐黃，設塾授徒之餘，常以醫術濟世活人。

在耳濡目染之際，及父親、岳父兩位親長教導之下，恕三公很自然地成為儒家思想的力行者。他於清末的優級師範學堂畢業之後，便在家鄉創辦了毓秀小學，自任校長。其間曾數次當選為安徽省鳳臺縣教育會會長和官府派的勸學所所長，都堅持不就。原來他深怕和官府接觸，有損自己的清譽。在當時的鄉村中，人民普遍不願接近官府，若有糾紛，私下大事化小，小事化無。這種風氣，在現代的思想、觀念裡，是不能理解的。至於劉家的家風，我們卻可從其居住環境，略窺一、二。劉真如此自敘：

……在我家堂屋的正中處，就懸有楷書精印的朱柏廬《治家格言》，其中開頭兩句即為：「黎明即起、灑掃庭除。」這使我自幼便養成早起的習慣。其次，自大門以至客廳、書房，到處都可看到寫著古代聖哲嘉言的楹聯。（《勞生自述》，頁四〇。）

他的家庭屬於小康之家。在北方的農村，能具備客廳和書房，是百不見一的。像多數文化教養比較高的家庭，劉家的大門對聯是：

忠厚傳家久
詩書繼世長

字是恕三公親自題的：書法渾厚，古拙有力。至於客廳，恕三公也有偏愛的對聯：

一年之計春為早
千秋大業志當先

還有一副是：

書到用時方恨少

事非經過不知難

凡此等等，日日映入於劉真的眼簾，幼小的他，不一定完全領悟；但由於恕三公的循循善誘，中國文化中的優美、篤厚，卻已跟這位劉家的小兒子有所契合了。

那時根本沒有幼稚園。學前教育的責任，幾乎全落在父、母親的身上。劉真五歲時，父母開始教他認「方塊字」；接著讀的是家喻戶曉的《三字經》、《百家姓》和《千家詩》等啟蒙性書籍。他非常喜愛那些文句，雖然並不全懂；尤其是遇到一些押韻的句子，他幾乎一點也不困難的便可琅琅上口。

但是，母親更嚴肅的叮嚀劉真四點：一、不說謊，二、不罵人，三、不打架，四、不賭博。再如孔門中的名言，如「己所不欲，勿施於人」等，也命幼小的劉真牢牢記誦。這種訓誨，植下了他一生熱愛讀書、恕人自律的種子。

3. 毓秀小學

民國八年春，劉真未滿七歲，便進入他父親主持的毓秀小學讀書。恕三公因熱心教育，兼任《國文》和《修身》兩科的講授。故實質上，劉真的啟蒙老師便是他的父親。

毓秀小學招收的學生，以劉氏宗族的子弟為主。上學六年，全部不收學費。當時，一般人仍視入學為畏途，所以全校學生只有五、六十人；其中女生有五、六位，約佔全校學生十分之一，大家相處融洽。教科書多由上海購來。平常上課採單級複式，在同一班中有不同年級的學生混合上課。族人對恕三公非常尊重，從不干涉校務。學科中則以國文、修身和算術最為重要。

至於毓秀小學的經費則全靠廟產的收入。這種興學、辦學的方式，當時甚為普遍，尤其是偏遠的縣份。在那軍閥混戰的時代，那有教育經費嘉惠一般平民子弟呢！當廟產收入欠佳時，恕三公就變賣一些私產，來支持學校的開支。對於教育，他似有宗教家的狂熱精神，全力以赴。

優級師範學堂畢業的恕三公，迎接新潮流，採用了商務印書館出版的國文教材，卻仍沿襲舊式背誦的傳統。他要求學生，一定要背得滾瓜爛熟。

當時的國文教材，文學意味甚濃；許多文句都是押韻的，例如：「暮春三月，江南草長，雜花生樹，群鶯亂飛。」以及「窗明几淨陽光多，寫字讀書還唱歌」之類，極易琅琅上口。加之恕三公的循循善誘，少小時代的劉真已對文學產生了濃厚的興趣。

恕三公對於作文異常重視。他規定學生每一週習作兩篇。批改之後，還要再謄錄一遍，送請老師過目。「只有仔細看批改，而且再謄寫一遍，你們的作文才更有進步。」在這樣熱心和認真的教導之下，原本沒有興趣的學生因而產生了興趣；本想敷衍塞責的、轉而變得一絲不苟了。

劉真每天還需寫大楷、小楷。這項練習的另一目的是培養心性的恬靜和定力。恕三公的管教非常嚴格，但絕不體罰。這在民初時代，無疑是不同凡俗的突破。再如《修身》科，恕三公的講解，側重在做人處世的道理。「人生應奉獻、應報恩。不要隨波逐流，應該特立獨行。」這些話影響了劉真的基本人格。

恕三公又常闡揚孝道的重要。中國的古老傳說，如〈黃香溫席〉、〈孔融讓梨〉之類的故事，經恕三公娓娓道來，使學生如沐春風般的受其潛化。對於幼小的劉真，更發揮了「蒙以養正」的道德作用。

孔子曾云：「三軍可奪帥也，匹夫不可奪志也。」古諺也說：「有志者事竟成。」篤信儒學的恕三公對於教育，最強調「做人處世的道理」；而諄諄告誡學生的是「立志的道理」。他說：「立志並不是要有什麼很大的野心；只要能做好人、做好事，並能貢獻所學於社會，便是立志了。」在六十多年之後，劉真憶起，仍感異常重要，從而非常惋惜現代教育對兒童及青年缺乏關於立志的鼓勵。失落了這一最重要的理念，那能不江河日下呢？

4. 文學的萌芽，宗教的植根

鳳臺縣劉家樓和一般鄉村一樣，沒有固定的娛樂場所。惟有農閒之際，村中及市集上會舉行廟會或慶典之類的活動。這時才有說書的、唱野臺戲的前來表演。劉真雜在許多村民中，非常有興味的觀賞。他很投入這些活動，印象最深的是，有關包公、這位同鄉先賢的故事，最受廣大民眾的歡迎。還有如〈三顧茅廬〉、〈古城會〉、〈槍挑小梁王〉，乃至〈杜十娘〉、〈白蛇傳〉等等，直接或間接的發揮了忠、孝、節、義的傳統美德，令人感嘆。

這種野臺戲多半是梆子戲，也就是河南省的地方戲，流行於蘇北、皖北、陝西和河南全省，唱腔纏綿悱惻，頗獲大眾的共鳴；另外是聽「說書」，說者多半表演到緊要關頭，拿著一頂帽子來向聽眾收錢。有些機伶的聽眾，不等完結，便先行溜走。而小小年齡的劉真，卻一定從頭聽到尾，直到散場。他將原來買零食的錢放進說書人的帽子裡，頗使旁觀的人驚奇。在鄉間，少年們零用錢本就不多，而肯拿來付給「說書人」的，就更不容易了。

其時，小學有高小、初小之分。高年級國文課文以文言文為主。在民國十一、二年之間，文言文還是經常使用的文體。恕三公對於兒子的作文，一向注意教導。劉真呢？此時已拓展到通俗小說的閱讀，《三國演義》、《水滸傳》、《儒林外史》、《老殘遊記》及《七俠五義》等，使他非常入迷。

在民國十年前後的時代中，我們的學術文化、文學著作，與傳統社會的價值觀，還是相當結合的。尤其是在鄉村或城鎮中，這些傳佈較廣的小說人物乃是大眾一致認同的象徵。

而獲致「大眾的認同」，並非易事。它是千、百年以來經營出來的文化力量、教育方式。雖然未經過官府的提倡與規定，卻深入社會各階層。劉真的作文因受了這些作品的感染，說理及常識豐富之外，文字無形中也縱橫自如多了。在潛意識中，對他的忠奸之辨與義利之分的觀念，凝成堅強的信仰。他曾坦率地表示：

> 若問那一位老師對我的影響最大，我可以坦白地說，他並非別人，而是我的父親。
>
> （《劉真先生文集》・㈢，頁一三九三。）

而這些小說之所以能為劉真所喜愛、所接受，乃至在其潛意識中成長、茁壯，應是所受恕三公的「報恩」、「奉獻」等庭訓的萌芽與發揮。

雖然恕三公是一位堅強的儒者，卻並不鄙薄西方文化。在劉家樓這樣偏僻的鄉間，他能掙脫一般三家村式的思想領域，無疑是項令人驚異的行為。他和外國傳教士常有接觸。年幼的劉真，對於訪問父親的那位洋教士，多少有點訝異。有時候父親甚至款留洋教士吃飯。在劉家樓的村民中，曾引起小小的猜疑和議論：「那洋鬼子八成不懷好意。」但恕三公獨排眾議的說：「天主教也是鼓勵人們向善的。對我們的教育，頗有輔佐的作用。為什麼要排斥呢？」

以後，恕三公終於受洗，成為虔誠的天主教徒。在主持學校校務、傳道、授業、解惑之餘，更向鄉人熱心的傳佈教義；甚至希望劉真能投身宗教工作，擔任傳教士。「只可惜當地沒有培養傳教士的機構，所以無法達成父親的願望，而只能以教育工作為終身職業了。」劉真如此回憶。

雖然沒有當成傳教士，但傳教士的精神卻發揮了作用。由於恕三公的教育熱忱及宗教信仰，於耳濡目染中，增進了劉真對西方文明的接觸機會。在宗教活動的外衣下，西方的思想、理念及科技便也登堂入室了。劉真對中國傳統文化和西方現代知識能同樣的加以重視與接納，可說其來有自了。

總之，少小時代劉真的生活與教育環境，是非常單純的。

恕三公雖然對劉真的勤學向上，無限欣慰，但是，若要繼續深造，就非個人的經濟能力所能承擔。這一責任，他便寄託在大兒子——劉真的長兄身上。希望大兒子大學畢業後，支助劉真，完成中學及大學教育。只可惜事與願違，大兒子師範畢業後，在劉真讀初級中學時，竟然因肺病早逝了。

第二章　中學歲月

1. 戰亂中勤讀詩書

民國十四年，是中國現代史上令人震撼的日子。這一年創建中華民國的孫中山先生，不幸因病逝世。他手創的黃埔軍校健兒，則傳來東征大獲全勝的訊息。

可是，北方軍閥張作霖、馮玉祥等人，仍割地稱雄。而雲南的唐繼堯、廣西的劉震寰、楊希閔等則企圖進窺廣州。全國均在連年兵災之中。特別是皖北、豫東一帶地方，官吏與土豪劣紳，狼狽為奸，魚肉鄉民。農村既然凋敝，盜賊四起劫掠。農曆七、八月間，皖北田野上遍地高粱，素有「青紗帳」之稱，成為小股土匪出沒的最好庇蔭。不知何處來的兵打去，也不知何處來的兵又打了回來，卻沒有人關懷老百姓的安全。居民中略有資產的，便購槍自保，而所謂「槍」者，多半只能一響，能連續發射的槍便是難得的利器了。晚間，較大的村莊組成自衛隊，輪班巡邏。小村莊力量薄弱，一有風吹草動，一家老小便往較大的鄰村躲避。一夕數驚，乃是常事。就是正在啼哭的無知幼兒，只要媽媽說：「土匪來了！」也會立即不敢出聲。一晚，父、母便帶了劉真「逃土匪」，一腳高、一腳低的在黑暗中踉蹌奔竄。在很多很多年之後，仍是劉真心悸的惡夢。

但就在這般充滿驚慌的歲月中，劉真自毓秀小學畢業，邁進一個新的歷程——壽縣初中。這一年，南北軍閥戰亂之劇，為禍之廣，難以估計。全國教育界由小學到大學，無不受到嚴重的影響。大學欠薪，中、小學時時停課；有時是甲縣停課，乙縣尚維持正常；也有時候是甲校正常上課，乙校卻早停頓了。不僅學生無所適從，就是教職員也只能三天打漁，兩天曬網了。學生在這種混亂狀態下，最後便形成那間學校開課，便群往就讀。學校當局，也就來者不拒，形成教育史上無獨有偶的奇觀。

劉真最初也跟著大家「跑讀」了一陣。不久後，他便回到家中安心自修。恕三公講授《爾雅》與《說文》，指示劉真對中國文字的形、聲、義，作基本的瞭解。這段時期，更加強作文的訓練。他告訴兒子：

「不論寫什麼文章，必須注意起、承、轉、合。其次，開頭要不俗，結尾要寓意深長。開頭不好，引不起讀者的興趣，便失敗了一大半。結尾草率收場，將予人以有始無終的印象。文如其人，不可不慎重。」

少年時代的劉真，牢牢的記在心中，成為他終生奉守的信條。不論巨細、公私，出之於虎頭蛇尾，在他是不能想像的。人家是十年如一日，他是一生如一日了。

此外，為了加強劉真的文史課業，恕三公總是利用星期假日、或寒暑假期間，命劉真背誦《孟子》、《論語》、《古文觀止》、《東萊博議》及《孝經》等儒家經典。在重要部份且加以講述和引伸。尤其是《孝經》一書，劉真深為感動，在許多年後，他尚如此回憶：

> 《孝經》開宗明義第一章中的「立身行道、揚名於後世，以顯父母，孝之終也」四句，父親也為我反覆解釋其中的道理。現在想起來，《三字經》上所說「教五子、名俱揚」以及《詩經》上所說的「夙興夜寐，毋忝爾所生」一些話，都是在闡述中國儒家所提倡的孝道，是要為子女者應使父母受到社會的尊敬（顯揚父母），而不僅在使父母獲得衣食的奉養（口腹之養）。由此可見儒家典籍中有關「孝」的思想，乃是一貫的。（《勞生自述》，頁三。）

學校既無法正常上課，在家也非良策，為使劉真的學養精進，恕三公索性將劉真送往一間由清末貢生徐紫綬先生所主講的私塾攻讀。這位徐老先生的學識造詣深厚，曾在外府當過縣知事（即今之縣長），因告老還鄉，就在家設塾授徒。

舊式的私塾，學生年齡差距極大。塾師依各人程度，彈性分組。有時甚至是個別教學。上課時教師是唯一坐在椅子上的人，學生全部侍立左右。劉真天資優異，大約一年期間，便將《四書》、《詩經》、《左傳》、《禮記》等讀了一遍。此外，劉真還自行選了一些詩詞選集，如《唐詩三百首》、《白香詞譜》之類，暇時瀏覽。每週作文兩篇，另作詩、詞各一首。雖然為時僅一年左右，但他的寫作和閱讀能力，卻奠基於此時了。

2. 壽縣初中

其後，時局逐漸穩定下來，壽縣初中恢復上課。恕三公認為不宜脫離正規學校太久，便命劉真回原校就讀。只是戰爭的破壞太大了，一切不上軌道。由蔣中正總司令所統率的國民革命軍正在北伐。日本軍人企圖阻撓。學校不能正常教學，也實在無力約束學生。一般學生完全來去自如，學校只好任其自然了。

劉真是通學生，每天徒步上學。如果正常上課，食宿便在學校解決。伙食費很便宜，一月約銀幣兩元。午飯、晚飯多半是青菜、蘿蔔。劉真自幼即喜素食，只有炒雞蛋是他比較偏愛的。許多同學都喜歡與他同桌，以便多用一些肉類菜肴。

學生宿舍七、八人一間。沒有電燈，天一黑便下課回宿舍。連油燈也是罕物。劉真遇到放假或學校停課期間，生活仍然非常規律，很早起床。晨曦未臨，在黯淡中，他坐在書桌前重複背誦已讀過的古文，一面磨墨習字；等到天色大亮，方朗讀指定的古文。吃過早點，就先寫大楷一張。最使父親欣慰的是，劉真不論學習什麼課業，無不全神貫注。他相信「人一能之己十之，人十能之己百之」這句先賢的訓示。

下午，通常是「作文」的時間。有時父親出題目，有時便將所感所得，即興為文，以練習屬文綴字的能力，送給恕三公批改後再謄錄一遍。隨時翻閱父親的評改，劉真非常細心的探索其用意所在。最初僅能領會十之五、六；慢慢的，他已可以解悟十之八、九。有一天，父親更以欣慰的口氣，指著他的作文說：

「這些句子可以說是神來之筆了。」

他有些赧然，忽然想起陶淵明的「每有會意，便欣然忘食」的興奮。

3. 男兒當自強

動亂的時局之外，很不幸的，他的腿部生瘡，嚴重到不良於行，終日躺在床上。雖然找了好幾位醫生來診治，卻絲毫不見好轉；既癢又疼，最後連走路都不能了。

他整日躺在床上，不能去學校上課。一方面忍受著糾纏不已的病痛，另方面更耽心自己的課業。偏僻的鄉村裡，只能請中醫治療。用棉花沾著燒滾的桐油，塗在潰爛的傷口上，疼痛的程度，和火燙之劇烈，沒有兩樣。

摯愛劉真的恕三公知道，減輕病痛之苦的最好方法，仍是讀書。「把過去曾讀過的《四書》先來溫習一遍吧！」他告訴愛子。由於有朱注，劉真讀來不太吃力，且頗有親切感。至於《書經》、《易經》，因涵義深奧，恕三公便親自講授。在史學方面，指定出精讀部份，命劉真自行圈點。

最初，劉真頗感枯燥、吃力，經過一段時間，他發現這竟是最有意義的一種閱讀方式。過去不曾留心的地方、不太明白的地方，在「點書」的過程中，居然發掘出不少珠玉來。譬如說《史記》的行文浩瀚，感人心魄，若以走馬觀花的態度閱覽，便永遠體會不出來。

恕三公因不長於老、莊之學，便請了一位宿儒為劉真講解；旁及《淮南子》、《昭明文選》等。劉真為了排遣病中的寂寞，許多著名小說如《紅樓夢》、《西廂記》、《儒林外史》、《老殘遊記》也成為他的良伴。還有商務出版的《小說月報》、創造社出版的《創造月刊》、北新書局出版的《一般》，更是劉真喜愛的讀物。而林琴南譯的《茶花女》，由於文詞典雅，情節纏綿，更引起了他對西洋文學的興趣，使他在文學欣賞上，跨進了一大步。

病中，他對偉人傳記，有了更新的體會。林肯——這位美國歷史上的偉人，出身寒微，而求知若渴、不屈不撓的精神，尤其使他感動。正值劉真身心煎熬之際，那些傳記中的偉人，掙扎奮鬥、不懼危難的人格，彷彿在向他招手和呼喚。像《三國演義》中的諸葛亮，舌戰群儒、六出岐山；那種「一言前席、萬人解甲」的器識，怎能不令人眉飛色舞呢？

除了閱讀之外，這期間，父親又命他再練書法；最初臨摹柳公權和顏真卿，再後對蘇東坡的字也非常喜愛。

恕三公並一再提醒他，不可忽略了英、數等科。「雖然目前時局不定，上課不正常，更兼腿瘡未癒，不能回校，但終究是要復學的。」這時，劉真的哥哥，業已由師範學校畢業，在師範附小任教，常定時為弟弟輔導這些新式課程。

劉真的腿瘡，一直拖延了半年之久，方才痊癒。自民國十四年升入壽縣初中讀書，迄民國十七年畢業。其後又在鄰縣的一所私立中學就讀，將近一年。因為政局的動盪，四年期間，時讀時輟；但正因罹患腿瘡，在支離破碎的歲月中，反而使他任情遨遊於書海之中，隨其性之所至，以非常純良的動機，吸取豐富的新舊知識。

這不平凡的四年中學歲月過後，橫在他面前的道路，甚為艱難。劉真心想：「我應如何邁出下一步呢？」

第三章　六年的安大生活

1. 志切深造，走出劉家樓

民國十八年的春天，劉真只是不足十七歲的鄉村少年。

在那個年代，上大學比今天私費去外國留學還困難。對於一位偏僻農村的孩子，尤其不可想像。當時安徽省人口約三千二百萬人；而安徽大學學生總人數，尚不到千人。三萬多名省民中，始有一名進入安大。

而且，最重要的是，連年戰亂之後，劉真家境大不如前。他自己明白，走出家鄉讀大學，決不是父母可以供應得起的。

但他想：「自己的命運，應由自己來創造！」他告訴自己，「我應該走出劉家樓，走出鳳臺縣。」

「司馬遷、諸葛亮、包拯、朱熹等人，都不是老死於家鄉一隅之地啊！」他想著這些古人，不由增添了不少勇氣。

還有一個問題是，中學四年，並沒正常上課，又因為輟學了半年，考取的勝算大概不多吧？但想到自己多年來在國文上的苦讀，想到父親多年來的引導，他的勇氣也就更大了些。「許多同學連《詩經》都沒摸過呢？我若不試試，未免太可惜了。」

問題是國內連年兵災、匪患。原本不治生產的恕三公，又熱心辦教育，幾乎沒有積蓄。劉真必須自力更生，否則絕無升學之望。事有湊巧，民國十八年的春天，距劉家樓約莫二十華里的張集小學，邀請劉真擔任代課教員。其時北伐已經完成，政治經濟大致安定，一學期的薪資是四十銀圓。這數目在鄉村來說，不算太少。通常一位資深的店員，尚不及此數。因為學校中有兩位劉老師，年輕的劉真便當然的被稱為「小劉老師」。他兢兢業業的代課了一個學期；到了暑假，便決定投身於升學的夢想了。

他的升學目標是安徽大學。安大設於安慶。他只有四十銀元，當然不夠用。父、母也不放心兒子遠離家門。但劉真的意志非常堅決。他早就計畫，要出去開拓一片新天地了。這兩年，他從上海出版的書刊雜誌中，已經得到不少外面世界的訊息。對高等學府的生活，早已嚮往。最後，兩老雖然愛子心切，只好勉強同意；只不過這是兒子第一次出遠門，費用又不充裕，不免有些猶豫不決。

「縱然你考取了，」恕三公憂鬱的表示，「五、六年的生活費、學費，怎麼辦呢？」

「當然很困難。」劉真坦白承認，「不過，我總得去闖闖看。況且，古人說，天無絕人之路……」

「村中有幾位親友曾表示，如果真兒考取了大學，也是大家的光榮，願意支助。……」看到兒子向學的堅定，母親也表示贊成。

於是，劉真抱著滿懷理想及挑戰的精神，告別了父母，走出了他童年的家鄉。

劉家樓距離鳳臺縣城大約七十里，交通非常不便。當時安徽省主席是方振武，壽縣人，為西北軍領袖馮玉祥的大將之一。壽縣、鳳臺兩縣去省政府所在地安慶謀事、求學的人極多。因沒有交通工具，只能徒步。時值六、七月間，天氣異常酷熱。直到傍晚，劉真方到達縣城。這鳳臺縣靠近淮河北岸。他搭上小輪船，次日到達安徽名城蚌埠。沒敢多停留，立即轉乘津浦鐵路的火車到南京下關。下關是當時長江兩岸的重要渡口。從這兒，再改乘航行長江的大輪船，前往省城安慶。用了三天時間，方由家鄉到達安慶，足見那一時代的交通情狀如何了。

時局雖然平定了，然而安徽大學卻未決定招生日期。已經斷斷續續讀了四年中學的劉真馬上決定，投考正在招生的私立東南中學高中一年級。他讀了兩個月，也就是時序已十月了，安大才公佈招生日期。這時的大學學制是預科二年，本科四年。安大是安徽省的最高學府，他和六位東南中學的同學，以同等學力報考了預科。

為什麼安大遲至這年十月才招生呢?原因是校長更動之故。本來安大校長是由安徽省教育廳長程天放兼任。此時，改請武漢大學副校長王星拱出任。王是安徽懷亭人，曾任北大教授，頗有聲望。楊亮功為安大文學院院長。楊曾任中國公學副校長，也為著名的學人。預科分文、理科各一班。劉真考取了文預科，東南中學的另五位同學均未上榜。此次應考者三百餘人，錄取了三十一、二名，只有考生的十分之一，相當不易。

劉真能夠脫穎而出，自有其原因。那時的文預科極為重視國文。入學考試中除了一篇作文外，尚有非常廣泛的國學常識測驗。這正是他的長處。他在罹患腿瘡之際，曾結結實實的讀了不少文史典籍。所以，雖然數學成績不太理想，卻仍能金榜題名。這也更使他確認了所謂「功不唐捐」的道理。

安慶是長江北岸的古城，是省府所在地。生活程度很低。安大當時是省立，多年後始改為國立。劉真將考取安大預科的事，函告父母，開始了他的另一段生活。

當時的大學預科一年級的程度相當於高中二年級，分文、理兩組。他選擇文組。除了一般文史課程外，國文與外國文的鐘點比較多。在中學時，他常看翻譯小說。尤以林琴南所譯的《茶花女》等作品，文詞典雅，情節纏綿，特別引起他對西洋文學的興趣。現在，他便選讀了兩門外國語：法文和日文，希望直接瞭解原著的精義。但唸了一學期，便感到吃力，於是將法文退選了，日文便成為他讀的第二外國語文。這些外國語文全由外籍教授擔任，教學極其嚴格。不到一年，原錄取的三十二名學生，竟淘汰了十八名。劉真感到壓力甚大。「我必須非常用功，始得升入本科。」他日日提醒自己。原本不愛「活動」的他，更加埋首於書堆中了。

劉真黎明即起，獨個兒到操場朗讀英文，晚上則溫習古文。《史記》、王充《論衡》是他經常接近的古籍。有一天早上預科主任鄧季宣先生見到他在專心朗讀英文，特地走近說：

「在預科學生中，你是最用功的了。」

確實，即令是星期假日、寒假、暑假，劉真用功如恆。他是所謂「窮學生」，沒有資格跟別的同學一樣參加許多康樂活動。只有埋首書堆，可以減輕自己的經濟壓力。

2. 異鄉度歲，開始寫作投稿

安大學生宿舍不收費。宿舍是成排舊式的平房。劉真住的這一排名為進德齋，距廁所約有二、三百米。寒假期間，同學們都返家度歲了。全齋僅有他一人留下來。冬天下雪時，若是晚間入廁，更感到淒清膽怯。這種寂寞的生活，無形中歷練了他堅忍不移的精神。困境必須克服。天下並無暢順無阻的地方。

但是時序已將歲末。他自家鄉出來時所帶的四十銀元，已所剩無幾了。「以後怎麼辦呢？」他期望曾經表示願支助他讀書的人，及時匯寄一筆錢來，否則，下學期將會遭到輟學的命運了。

然而，始終沒人匯錢給他。

「難道他們忘記了自己說的話了嗎？」他有些懷疑地自問。

他想向父親詢問。但想到家中的拮据狀況，想到父親自尊心極重的個性，乃又中止。他不知道為何這般人如此健忘，如此不守信諾。既然不能行其所言，何必作言不由衷的允諾呢？真是「口惠而實不至」啊！

同時，劉真不能回家度歲，因他沒有回家的川資。看著同學們紛紛歸去，他只有黯然神傷的份兒。

「就留在學校吧，至少可以少花一筆旅費。」他心中這樣想。

他無聊的走進圖書館，想自那林林總總的著作中，找到一條道路；或者經由閱讀而暫時忘卻內心的徬徨不安。沒想到《皖報》上有一則徵文的啟事映入眼簾。劉真最近兩三年，對文學的接觸，非常熱切。雖然沒有提筆投稿，但報刊作品的水準，他已相當的瞭解。看了「徵文」內容，稿費千字兩元，不由大喜過望。他想，如果投稿刊出了，至少一兩個月的生活費，可以無憂無慮了。

他立即返回宿舍，搜索枯腸，開始筆耕的工作。不到三、四個小時，已完成了一篇約一千三百字的短文，隨即寄發出去。

此後，每天一早，匆匆洗過臉，便到學校附近等候張貼出來的《皖報》副刊，以急迫的心情搜尋自己的名字。……直到一個星期之後的早晨，他以為又要失望了，正要離開之際，忽然發現自己的名字，原來文章題目被改換了。他最初還以為是同名同姓的作品呢！仔細讀了內容，才知道確實是自己的作品，只是稍稍更動了幾個字而已。於是買了一份報紙，將自己的作品小心翼翼的剪下來，貼在一本白報紙訂的簿子裡。他一再的閱讀自己的「大作」，內心充滿了興奮。

「我終於闖出一條路了，雖然這只是剛剛起始。」他默默的想，「親友們既不能支援我，我還是可以奮鬥下去的。一個月能登出兩篇稿子，我的生活就不成問題了。」

可是，一篇稿子寄出後，並不一定很快見報。而他的第二篇作品卻已出籠了。他必須再找其他合適的報刊，來碰運氣。如果多登出幾篇，連學雜費也可獲得解決了。因此，圖書館成了他時常去的地方，把適合投稿的報刊名稱、地址，乃至「徵稿簡約」等一併抄下來。他知道「必須符合人家的水準和需要，才有被採用的機會。」

然而，遇到稿費寄發較遲，便有「青黃不接」之憂。金錢的壓力，使他過早的體會出來。離家已七、八個月，家中沒有分文寄來，其他接濟也不見蹤影。有時候曾想輟學回家。但他想起了讀過的名人傳記，想到聖賢教人堅忍剛強的哲言，乃又奮然而起。所謂「天助自助者」，自己豈可氣餒？

天無絕人之路。劉真的作品刊登出兩三篇後，有一天，門房的傳達喊他的名字，說有位先生來找。

「不會是找我的吧！」他有些愕然的自言自語。「在安慶，我根本沒有親友啊！」

「是找您的。」門房向他解釋，「現在還在傳達室裡呢！」

「啊，」他還是有點懷疑。穿好衣服，到了傳達室。

「是劉先生吧！」在傳達室等候的那位先生，看來文質彬彬，首先向他示意。

「是的，」劉真頗為意外的說。他從來沒和陌生人打過交道，一時之間，不知該如何接下去。

「我叫郭讓伯。」那位說著，遞上自己的名片。「我在聖保羅中學教書。教國文、兼任教務主任。」

聖保羅中學，正位於安大的隔壁。只是素昧平生……

「我在《皖報》上讀過你的文章。」郭先生說，「寫得太好了。」

原來郭先生因兼學校的教務主任，實在忙不過來；特來請他幫忙，批改一班作文。每週五十篇，按月送酬法幣二十元。

劉真本來正在為讀書的費用而耽憂；現在，看到郭先生確實是斯文人，態度誠懇，便毫不遲疑的欣然同意。

在當時，「二十元」是個頗為有用的數目。一位中學教師的月薪，大概六十元到八十元不等。小學教師的待遇，約為二十元到三十元。所以用二十元的作文批改費，來維持每月的生活，當然是毫無問題的了。

劉真現在是完全不必為「生活」擔心了。他沒料到自己過去的文學愛好，隨意閱讀，及父親當年教導他的《爾雅》、《說文》方面的知識，成為今日謀生的一項能力。

為了批改作文能得心應手，他用稿費所得，特地購買了一套碑帖及字典、詞典等工具書。他要把字練好。書法不佳，如何為學生作文寫批語呢？他以為增加了這份批改作文的工作，自己會無暇再閱讀其他的書籍了，沒料到這份兼職，倒逼得更非積極進修不可。

劉真的文名，也逐漸為人知曉。他的生活圈子愈來愈大，閱讀的範圍也更加廣泛了。

「劉真，」有一天，上完課之後，預科主任鄧季宣教授遠遠的招喚。

他連忙走過去。

「我看過你寫的一些文章。很好。」鄧教授說，「不過，不要只限於安徽當地的報刊。上海是全國文化、經濟的主要中心，不妨也投寄給他們，試試自己的水準。」

「是的，」劉真既感激、又不安的說，「只是，不知道那一家刊物合適我。」

「啊，」鄧主任遞給他幾本刊物，「這些都是上海出版的。你先拿回去仔細看看。」

鄧主任說過之後，立即走了。劉真拿著幾本雜誌，站在路邊，感動得說不出話來。

從此，他的寫作熱情，益為奮發，甚至連萬字的小說都敢嘗試了。想不到當初對文學的酷愛，對寫作的投注，竟解決了他讀完安大預科的費用難題。上天真正不負苦心人啊！

3. 安大哲教系

民國二十年秋天，劉真進了安徽大學哲學教育系。他為什麼進「哲教系」呢？原來自小學、中學起，他便接受了中國儒家修己治人的哲學思想。到了預科，又喜愛《人生哲學》和《倫理學》兩門課程。在他看來，教育的對象既然是人，而教育的目的則決定於人生理想或人生觀。哲教系正可幫助他達到此一鵠的。他更欽佩法國哲學家兼教育家傅立葉(Fouilee)所說：「在教育的門牆外面，必須寫著：『不明哲學者免進。』」自己既然立志獻身教育，當然是最好的選擇了。

最幸運的是，在安大可以親近到向所仰慕的文壇名作家。當時的國文系教授陣容，可說盛極一時，有碩果僅存的桐城派大師姚仲實，還有呂思勉、劉文典、陸侃如、羅根澤、郁達夫、劉大杰等著名學人；又有頗負文名的蘇雪林和馮沅君兩位女作家，真是新舊兼備的時代。他雖是哲教系的學生，卻儘量的加修國文系的學分。比之在預科時的學習生活，更加豐富而多采多姿了。

當時哲教系的主任是范壽康先生。他是著名學者，兼任文學院長。教授有趙廷為、周予同等人。他們與上海的出版界，淵源很深；知道劉真熱愛寫作，更為高興。

「大學生解決經濟問題的最好方法，就是寫文章投稿。」一天范壽康教授向全班同學說，「文章被發表後，可謂名利雙收。試想，還有什麼工作比它更合適呢？」

范壽康特別鼓勵劉真：「可以向上海的報刊試試看。不要侷限在安慶當地。上海報刊是全國性的，水準比較高。你可以試試，一方面這也是項挑戰，一項和各地作者比較的挑戰。」

劉真的寫作生活，從此更擴大了。除了上圖書館查閱各項資料，便是埋頭寫作。當時銷行最廣的《申報月刊》、《中華教育界》和《中學生》等雜誌，也逐漸刊有他的作品。

於是，他更加細心閱讀名家的作品，揣摩其結構和主題，苦心探索他們的特色和風格。有時不惜整篇抄錄下來，以備隨時研究。有一次，他正讀得津津有味、與作者興會交融時，圖書館的關閉時間已到。他只好怏怏然的走出來。因此，凡需要一再研讀的作品，以及水準較高、而足以觀摩有助於寫作的刊物，他索興按期訂購下來。

大概所有的學生，都喜歡接到「掛號信」。因為多數是家裡寄錢來，要不然便是寄衣物或食品來。而劉真則是例外。他的家沒有金錢可以寄來。尤其是最初，除了極少的稿費是掛號信外，大多數是「退稿」。為了避免同學的注意，只要一看到或聽到要他取「掛號信」的通知，便立即前往領取。對於身為窮苦學生的遭遇，他的體驗當真是人鮮可及。

直到有一天，他在一本雜誌上讀到一篇介紹美國盲人教育家海倫凱勒(Helen Keller)生平的文章，自卑心理才平復了一點。海倫凱勒說：「當你抱怨自己沒有鞋子穿或鞋子破爛時，你應想到世界上還有不少根本連腳也沒有的人。」於是他告訴自己：「我雖然被報刊退了稿，但我究竟有不少作品發表過。而那些譏笑我的人，不僅沒有作品刊登過，恐怕連投稿的勇氣都沒有呢！」這種近乎自我解嘲的想法，也許是那些從未被退稿或者不必煮字療飢的人，無法體會的。

他讀的是哲學教育系，可是教育方面的作品，多是專門論文，一般刊物是不大刊用的。為了開闢發表園地，增加稿費收入，他不得不參考各報刊的特質，撰述適合刊用的稿子。因此，他的閱讀範圍，探索趣味，就自然擴大了許多。誰知在以後的待人處世上，卻增加了他對社會、對人生的瞭解。

劉真的寫作愈來愈有進境了。上海各書局及《東方雜誌》、《中學生》等約范壽康、周予同、趙廷為等大牌教授撰寫稿件，或編輯書籍，由於他們本身工作太忙，便經常邀約劉真代編、乃至代寫。有時候，他們口述大要，由他斟酌撰述，和他們聯名發表，藉示提攜。不僅稿費、版稅大幅增加，連帶的使劉真在安大的知名度也日漸擴大。

另一方面，由於公私均忙，在升入本科二年級不久，他便婉轉謝絕了在預科時為聖保羅中學郭先生批改作文的工作。

原本很少參加其他活動的劉真，這時也熱心的參加了教育學會、曉風文藝社等純學術性社團。而對校外的事，仍不感興趣。大概平日缺少運動，而又用功太過之故，一天早上竟發現痰裡帶有血絲。他急忙請校醫診斷，幸而沒有罹患任何病症。他立即改變以往的生活習慣，每天一大早到學校附近的菱湖公園散步，同時經常食用魚肝油，不久就復元了。雖然是輕微的病，卻使他對健康問題，再也不敢大意。

范壽康、周予同、趙廷為幾位著名學者，對於劉真的篤實勤學、寫作能力，一致信賴和嘉許，而且鼓勵他以個人的姓名向上海《中學生》(開明書店出版)、《申報月刊》投稿。因為他的文章已為這些報刊的編輯所欣賞且熟悉了。民國二十二年某天，趙廷為教授交給他一本英文書：

「這本英文書，你試著翻譯出來吧！」

這時劉真剛升大三，他花了兩個月的課餘時間譯完；書名為《新式測驗編造法》，由趙廷為教授與他共同具名，在開明書店出版。才二十一歲的劉真已出版了一部專門性的譯著，一方面說明了當時師生之際的親切契合，另方面更肯定了他的潛力。

4. 阢隉政局下的教育

這期間，中央政府正在勵精圖治。只是有些省份的政壇人事，仍未健全的走上軌道。特別是高等院校，多數受制於行政當局。劉真就讀安大這段歲月，原任校長王星拱調任武漢大學校長，由北大出身的中國公學副校長楊亮功接任。但僅僅一年多，即辭職轉往北大教書去了。接任的是程演生，他是安徽懷寧人，因發生學潮，只做了一年多校長也辭職不幹了。接著劉鎮華調任安徽省政府主席。因劉是河南人，便延聘其同鄉傅銅來接任校長。傅銅到任不及一年，又隨劉鎮華去職而離開。最後一位校長為李順卿，他原任北師大教務長，擔任安大校長不久，抗日戰爭爆發，安徽淪入敵手，安大便停辦了。短短五、六年中，調換了五位校長。近代中國政治的阢隉不安，於此亦可窺其端倪了。

何以如此？追本溯源，多由於地方派系的消長。安徽省正如中國其他省份，向有合肥派、桐城派等派系的存在。為了爭奪校長職位，甚至不惜利用學生，發動學潮，以達到政治上派系的利益。當時全國除了幾個具有光榮歷史的大學外，所謂大學校長每每成為政爭的犧牲品。在政客眼中，學術是沒有地位可言的。

更因那些年間，內憂外患，層出不窮。上海的「一二八」抗日戰爭發生時，各大都市的學生，紛紛前往南京，向國民政府請願。安大是個省立的小型大學，也曾參加此一反日運動。只是人數不太多，全校總數僅五、六百名學生。這個數字是九十年代在臺灣的中國人難以想像的。安大校長雖然一再更迭，但校務尚能運作正常，教學認真，到了大三、大四時期，平均每班祇有十七、八個學生了。

劉真在安大四年，共修了大約一百四十多個學分。同學們多甚用功。原則上有學生選的課程，便一定開班。甚至只有一個學生也照常開課。和他同住一間宿舍的林廷對同學，讀外語系四年級，便是如此。他若請假，教授便不必來上課了。

當時大學教室完全開放，任何社會人士均可自由到校旁聽，不需什麼手續。至於本校學生，當然更可自由至外系聽課。劉真熱愛文藝，而且創作了一篇萬字左右的小說〈愛的衝突〉，發表在《曉風文藝》上。這時，新月派詩人朱湘在安大擔任英國文學系主任，年紀才二十七歲上下。劉真因久聞其名，便時常去旁聽。可惜朱湘僅教了一年多，不知何故，在民國二十一年夏天竟然辭職。更令人吃驚的是，當劉真升入三年級的寒假，朱湘突然在由南京至上海的輪船上投江自殺了。

最為劉真敬佩、且印象頗深的是國文系的姚永樸（字仲實）教授。這時姚已八十二高齡了。他早年任教北京大學，是桐城派的最後一位大師；國學造詣極深，記性甚強，隨口朗誦經典，一字不誤，見解精闢，口才生動，最受學生歡迎。「人師、經師，可說備於一身了。」每次聽完課，劉真總是如此感佩。當時並不作興追求學位，許多名教授都沒去過外國，或雖到國外留學，而志在追求知識，學成便回國了。但因為具有真才實學，非常受人敬重，羅家倫、傅斯年、錢穆、周予同等便是明顯的例證。這些著名學者的學人風格，隱約間似乎暗示了某些典型。特別是授課所用的講義，其造詣之高下，立即呈現出來了。

比之上海、南京和北平，安慶只是個小都市，教授多由各地聘來。彼時交通工具並不發達，為了上課方便，絕大多數租屋於學校附近。學生若想拜謁教授，極其方便。因此，劉真和范、周、趙幾位老師，課餘請益的機會相當多，彼此間也就更親切了。

當時，安大也有軍訓課，每週兩小時，由教官擔任，並不兼任管理或訓導。也有政黨活動，相當的秘密，非參加者不知道。也吸收黨員，不過沒有特殊活動。劉真剛入安大時的寒假，聞知一位名叫趙如闓的同學，被情治（當時稱之為「特務」）單位找去問話，指他是共產黨員。大多數同學們聞知，甚是詫異，不知道共產黨是幹什麼的。可是不久，趙如闓登報自首，以後反正過來，為中央政府從事反共工作了。

5. 石裕清——一位新思想舊道德的女性

在安大肄業期間，最值得欣幸的是，一位極不平凡的女性的出現，使意氣風發的劉真之生命史上，加添了最為燦爛的一章。

她便是石裕清女士，今日的劉真夫人。

石女士是安徽壽縣人。壽縣和鳳臺原係一縣，清末始劃分為兩縣。所以嚴格來說，他們原就是小同鄉。現在又同在一個系內讀書，自然更易於接近了。

但如果以世俗的眼光來論，在那個年代，百分之九十九的大學生，都來自膏粱之家。不少人仍然視大學生為「翰林」或進士的化身。像劉真這樣必須自食其力的大學生，不說「絕無」，當亦「僅有」。當年的石小姐居然棄眾多傾慕者於不顧，獨鍾情於這位來自僻鄉的清寒同窗，說是「慧眼識英雄」，自不為過。

石小姐的父親德寬公是黃花崗七十二烈士之一；伯父德純公為民初北京國會議員（國民黨籍）。她的出身極為不凡。

在高中時代，石裕清已經是鋒頭甚健的學生。她曾被選為安徽省球隊代表、參加華中區運動大會。民國二十年夏天畢業於安徽省立第三女中，直接考入安大本科。這位健康、活潑而開朗的聰明少女，是安大的知名人物，也是男生追求的對象。不過，裕清的觀念不同於一般女子。她以「新思想舊道德」自命，所以劉真得以獲得青睞。

在半個多世紀以前，休說安慶這樣的偏遠省城，即便是上海、南京、天津、北平等國際聞名的都市，也絕少電話、咖啡間、郊遊、舞廳等方便男女約會的場所和機會。雖說男女同學，實際上，彼此的交往卻仍停留在「暗通款曲」及「私訂終身」的階段。所謂「戀愛神聖」確實是他們一致信奉的金科玉律。當時流行的口頭禪是「辦戀愛」，而不是「談戀愛」。只此一端，即可明白他們是如何的鄭重其事了。如何進行戀愛呢？只有「情書攻勢」了。四十年以後，劉真對此曾有非常幽默的描述：

我想寫情書確實可算是大學生最好的國文課外作業。那個時期大學生的國文程度較高，也許與此不無關係吧。（《勞生自述》，頁一七。）

在安大的女生宿舍裡，當時曾流傳著四句打油詩：

窗外打松果，
室內算分數；
亭上同讀書，
江邊寄包裹。

第一句是描述生物系某助教為了多看國文系的一位女生幾面，又苦於無從約會，因而常到女生宿舍的窗外，藉打松果為名，徘徊流連。第二句是指數學系的一位同學，因追求哲教系的某女生，常到女生宿舍，為意中人統計分數，以求獲得好感。第四句指的是國文系的一位女生，常到江邊郵局，寄包裹給在南京的男朋友。至於第三句，便是劉真和石裕清這對青年情侶的故事了。

第四章　負笈東瀛

1. 東京高等師範教育研究科

民國二十四年夏天，劉真和石裕清兩人自安徽大學畢業了。同學們紛紛返鄉，或者已找到適當的工作，開始了另一段旅程。

在劉真從上海啟程赴日的前兩天，原在安大任教的中央大學教授趙廷為先生，聞知他即將赴日留學，特寄給劉真為他編書的酬金貳佰元。數目雖不大，但以當時的情況而言，至少可以勉敷東京數月讀書之需了。

劉真到達日本不久，即考入東京高等師範教育研究科，主修「心理學」，指導教授為講述《心理測驗》的田中寬一和講述《完形心理學》的小野島右左雄。裕清則進了東京文理科大學大學院，研究的也是「心理學」；只不過她的研究偏重心理實驗方面。

猶如當初進安大的情形，經濟問題依然是劉真最擔心的事。稿費固然可以解決生活需求，但未必能及時寄來。各報刊核計稿費的辦法不一致，辦事的效率也有不同，有時便有「緩不濟急」之苦。而寫作又受情緒的影響，愈是煩躁不安，愈是不易執筆，「安全感」便動搖起來了。窮困對他而言，倒是無所謂的，最大的顧慮還是恐怕它直接或間接的影響到自己的學業。

其次，劉真的日文水準，不能適應研究的需要。上課及閱讀上都有壓力。從來不敷衍了事的他，尤其為此而憂慮和煩惱。只有那些從日本中學畢業或高等學校畢業而升入大學的同學，能夠應付得了。所有在國內大學畢業，僅僅作為第二外國語選修若干時間的留日同學，都有語言上的困難。只是別人有的得過且過，有的雖感困擾，卻不著急。

他在生活方面，有時是拖著走一步、算一步的掙扎前行。但在學習上，卻一絲不苟，尋根究柢，決不聽其自然的發展，那是他最感痛苦的事。於是，本就鬧窮的他，現在難免又要一筆開銷。他經人介紹每週定時到一位名叫寺中豬介的家中、補習日文，期求迅速增進日文的水準。三、四個月後，他逐漸能適應國外的留學生活了，語文經過一番進修，也大致可以應付了。

那時，他賃居於東京中野區「佐藤方」的「貸間」。石裕清住在東京中野女生寄宿舍。課餘或假日，他們常到上野公園、日比谷公園和吉祥寺公園等地方遊覽。

劉真平時除《心理學》外最喜閱讀日本明治維新前後的偉大教育家福澤諭吉的著作和傳記。諭吉自少小時代，便不同於當時一般的士族子弟；例如士族子弟上街購買東西時，以手巾遮掩頭臉，並且在夜間才敢出去採購。獨他敢白天昂然上街，不以為恥。他認為以自己的金錢買東西，乃是光明正大的行為。其後，諭吉半工半讀，在偶然的機緣下出國深造，接受西方文化，回國後創辦慶應義塾，即今之慶應大學。他自稱是學者的「雁奴」，以護衛學者、發揚真理為己任，誓願終身為全國學者服務；一生淡泊名利、專心辦學與著述。連政府及學術機構頒的勳爵及學位，他也婉謝。劉真看到福澤「出國深造」的經過，不由內心戚然。雖然國別不同，種族相異，但心志是無分古今中外的。任何欲有所作為的人，大都有過一番顛躓和折磨的。

有一天剛起床不久，大使館的孫伯醇秘書突然來訪。他是安徽壽縣人，和裕清且有親戚關係。孫伯醇告訴劉真，大使館的陸軍武官周武官和海軍武官譚武官兩家，想請劉真為他們的子女補習國文，擔任家庭教師。

這太出乎劉真的意料了。何況兩家指定的課程，都是講解《四書》，這是他幼年熟讀的典籍。工作時間不多，每週各去一個下午。酬金每月共為日幣六十元，足夠一個留日學生的起碼開銷了。

最奇妙的是，正如他首次到安慶，在窮困無計的時候，有聖保羅中學郭先生之登門來訪，要他代為批改作文。這次在日本，正苦於下學期的學費尚無著落時，竟又有孫秘書介紹擔任家教的機會。古人所謂「天無絕人之路」這句話，劉真更深層的體會到了。

自這時起，他完全不需要再為生活擔心了。他做事認真而誠懇，周、譚兩家對他的教學都極為滿意。不久，孫秘書也向劉真商洽，請他為自己的大女兒不定期的指導功課。劉真自願不收任何酬勞，第一是所需時間不多，第二是表示對孫秘書的感念。

有了家教的酬金，劉真不必再撰寫稿件，但他仍持續寫作。一有空暇，常到神保町去逛書店，搜求新書和寫作資料。尤其是三省堂，更是他經常光顧的地方。日本人的譯書之快，特別引起劉真的注意。他發現日本人學習外國語的主要目的是培養閱讀能力，不是培養「說話」能力。日本在近百年來突飛猛進，成為一等強國，原因當然很多。而積極譯書的風氣，則有其重大的貢獻。大量翻譯外國書籍，介紹先進國家的思想學術，自然普遍的提高了日本國民的現代知識水準。

其次，日本已步入政黨政治，每次內閣改組時，各大報紙紛紛評論，發表預測，結果常不出所料。很顯然，這是政治上軌道的象徵，突然間竄紅的幾乎絕無僅有。重要的政治人物，多是東京帝大出身。至於工業，則以造船最為發達，且多為企業化經營。宗教信仰方面，尤其是佛教，在社會上的影響力甚大。至於教育，日本人不太重視外國學位。一般認為獲得本國博士學位，較為光榮、最可獲得社會的肯定。大學生非常用功，即使在電車、火車上，也是人手一冊的在讀書、讀報刊。隨便嘻嘻哈哈胡鬧的，絕難看到。劉真對此種風氣，內心甚為感動。一國國民發奮讀書，那有不能強盛之理？

2. 西安事變

民國二十五年十二月十三日，東京各報刊載中國國內發生了重大事故，蔣中正（介石）委員長被素有東北王之稱的張學良及楊虎城劫持於西安。這是莫斯科命令中共煽惑張學良武裝協迫國民政府的最激烈手段，而表面上的口號卻是「抗日」。中國近代的不幸，日本實是禍首，蘇俄則是主謀。劉真由於經常閱覽國內外的重要報刊，特別是胡適、蔣廷黻等人所辦的《獨立評論》雜誌，對於政府及蔣委員長本人的用心，比較能夠體會。對於一班野心政客們利用「抗日」之名，而行「叛亂」之實的行為，特別感到憂慮。

日本朝野對「西安事變」，顯然也非常關切。當年十二月二十五日，蔣委員長始由西安脫險，由事變主角張學良護送返回南京；留日學生的興奮、愉快，實在比國內軍民，更為熱烈。因為身居國外的感受和觀察，比在國內的還要深刻一些。從當年的耶誕節、到次年元旦，是眾多留日學生最難忘懷的日子。大使館舉行元旦團拜時，參加的僑胞和留學生，比往年增加了許多，情緒非常高昂。剛好那天又久雪初霽，陽光普照，大家都有撥雲霧而見青天的感覺。

劉真參加了元旦慶祝典禮之後，便與石裕清一道從大使館乘車往上野動物園和飛鳥山一帶遊覽。自從到日本以來，先是忙於補習日文，安頓生活；稍後又發愁求學費用，尋找兼職；加之國內爆發的「西安事變」，更是令人心情沉重。不知道戰端一起，生民的糜爛將伊於胡底？特別是家鄉皖北，久受戰火之禍，是他們自幼至長親身所體會到的痛苦。

「總算是不幸中的大幸，西安事變得以迅速解決，可說國家之福了。」裕清站在盛開的梅花邊，萬分感慨。

「何止是國人的萬幸，即使是整個亞洲，也是不幸之大幸呢！」劉真表示同感。「要知道，蔣委員長是唯一真正能夠抵抗日本軍閥的人。日本人已在東北製造出一個偽滿洲國，如果再佔領了中國，將是全世界的隱憂。」

「日本的冬天，是很美麗的，你不覺得嗎？」石裕清望了望周遭的原野，轉變了話題。

「可是，真想不到，日本人卻定櫻花為國花。」劉真指著眼前的梅花，「在我們中國人的眼中，梅花要比櫻花美麗多了。」

「何祇國花？還有國旗。我們的青天白日滿地紅，也比日本的國旗——一塊白布上有個紅太陽，更顯得既美又莊嚴、大方。」

「這一點，恐怕不僅中國人有此感覺，即使許多外國人，也會有此同感吧！」

在許多事務或問題上，他們的意見，差不多是全然相同的，幾乎從未相左。裕清回想起來，自從到安大和他同班讀書以來，不覺已六年多了。無論如何，這是一段漫長的日子。如果不是有他相伴，生活上至少不能有這般充實與豐盈。

「白如，」裕清慣於喚他的表字，「中國人常說踏雪尋梅。我們今天不必去尋梅，也可盡情欣賞了。」

「可是，有妳在旁，許多美景，我卻不能專心欣賞了。」劉真衷心地說，「我們總是談話的時間比較多。有時忘了周遭的一切。」

3. 新婚燕爾期間，抗日戰爭爆發

民國二十六年五月三十日，劉真和石裕清這對相戀六年的情人，終於結婚了，地點在東京高師校友會會所茗溪會館。那時我國駐日大使是許靜仁（世英）先生。他和裕清的先父及伯父係早年知友，在普通賀儀外，特別另送石刻印章兩方，上刻「清白堂」及「清白世家藏書」，將劉真的別號白如、和裕清的名字，合而為一，寓意至深：旨在勉勵他們成家之後，以清白自持，且不忘學問上的追求。❶

❶ 民國六十五年六月，劉真所著《清白集》一書，由中華書局出版，在〈自序〉之末，有云：茲將近年所寫文字較具代表性者，輯為一冊，特名之曰《清白集》。一以敬誌對靜老（抗戰前我駐日大使許世英字靜仁）的追念；一以聊表對裕清的謝意。此外，則是希望我們的兒女能夠「清白傳家」，「無忝所生」了。

他們婚後住在高師附近的白山御殿町。這是棟日式二層樓房。當時裕清每月的公費是日幣八十元，劉真的家教酬金為六十元、另加由上海寄來的零星稿費，生活上比一般留學生要安定且舒適得多。最幸運的是，由他的住處，跨過一條小街，便是東京帝大的植物園。園內林木暢茂，綠蔭蔽天，奇花異草，艷麗奪目。在空閒時，他們常相偕到園內散步，排遣忙碌後的生活。早晨，推窗俯瞰，便是滿眼蒼翠，有種神清氣爽、塵囂盡釋之感。

民國二十六年秋，他們婚後不久，暑假即屆，兩人正計畫著到有名的風景區鎌倉度夏的時候，東京的報紙上，忽然刊登出「七七事變」的大新聞。劉真和石裕清的度假計畫，立刻取消。東京街頭掛滿了「支那膺懲」的大幅標語。所有留日的中國同學充滿了憤慨與焦慮。

那時，凡是在日本的臺灣學生，大都住在高砂寮。而大陸去的留學生，則可隨意居住。日本人很希望這批留日學生成為親日份子，成為他們侵華的幫手。但是，他們的意願多數落空了。

而日本的小學生，在日本政府的侵華政策下，被灌輸以偏激的思想；指稱滿州、臺灣都是日本的領土，口口聲聲征服支那。遊學日本的中國學生，敢怒而不敢言。因為，日本人家家戶戶訂閱報紙，報紙又為幾個大財閥所控制，所謂「輿論」，實質上是這些大財閥的傳聲筒。劉真這天走在街上，看到一群人暴亂的喊著口號——「支那膺懲」，支持日本軍進攻中國。特別是有些浪人，對於留日的中國人，不時騷擾。

幸而劉真夫婦平日接觸的都是日本教授和同學，彼此相處不惡。雖然在日本軍閥反華情緒、幾近瘋狂之下，他倆還沒有遭受日本一般國民的歧視與騷擾。

但為了避免受到侵襲，他們只好儘量減少外出。每天一早便買來報紙，希望探悉國內的戰事近況。其後，知道政府已經決定長期抗戰了。至於日方報紙，則不斷的狂言：「三個月內可以滅亡中國。」

一天，曾為劉真補習日文的寺中豬介先生，特別來看他們夫婦，並且表示：

「為了安全，你們若有較重要的東西、書籍，可以搬到我家去，好代為保管。」

在急難當頭，劉真夫婦特別感念這位日本友人。

七七抗戰在稍後的演變中，他們已經體味出，短期難以結束，勢將成為漫長的災難。蔣委員長在廬山發表了義正辭嚴的談話。中國決定長期抗戰，已極為明顯。最初劉真夫婦因為擔心日本浪人的騷擾，曾搬到孫伯醇家中暫住，現在他倆便決定離日返國，投身抗戰陣營，加入救亡隊伍了。

第五章　投身抗戰

1. 離日返國

七七事變後，抗戰在各地展開。民國二十六年九月，劉真和石裕清搭乘俄國郵輪由橫濱動身返國。離別故國已兩年餘；這次懷了報國的熱情，相偕提前返國，倒是未曾想到的事。

本來是想先回上海的。只因上海已在戰火之中，俄輪只好繞道香港。他倆在輪船上百感交集。日本兩年的讀書生活，使他們的閱歷識見都有了新的開拓。特別是劉真，這兩年的磨練，使他的意志更為堅強。

同船返國的留日學生極多。在香港住了幾天，兩人隨著廣州籍的同學轉道廣州參觀。這個革命的發源地，對於他們夫婦而言，意義尤為重大。裕清的父親便是七十二烈士之一的石德寬先生。他們在黃花崗七十二烈士墓前獻花祭拜之後，特別攝影留念。接著又參觀中山大學，以便略窺國內近年的高等教育狀況。

這時，北平、天津已經淪陷。他們搭上粵漢鐵路的火車，前往武昌。不意當日報載中央宣傳部的文告中透露，南京已設立留日學生接待處，統籌登記抗戰救亡有關事宜。劉真考慮後決定；到了武昌立即乘長江輪船，前往安慶省視岳母老人家，然後再到南京接待處報到。這時已九月底了，在南京報到的已有五百餘人之多。其中有的曾任大學教授而在日本進修的；亦有高中畢業去日本留學的。政府急需的人才僅限於擔任在戰場上俘獲的日軍翻譯，凡是自日本歸來的留學生，一概歡迎。

當時主辦單位認為，留日學生久居海外，對國內情況及抗戰決策，多數比較隔膜；更兼忠貞的問題，也應弄清楚；以免對於未來的工作，發生不良後果；於是向登記過的同學宣佈，先在南京孝陵衛集體研究兩週，由陳立夫擔任班主任。結業之後，由中央分派擔任對敵宣傳及管訓戰俘等工作。

那知只開訓了兩三天，上海戰局便急轉直下，南京震撼，準備撤退。日本的空襲愈來愈頻繁。這五百多位同學便奉命移往廬山軍官訓練團舊址海會寺。不意停留未久，又自廬山遷往江陵。其時有一個軍官特訓班，也在江陵，班主任為康澤。原本短期講習性質的團體，此時忽然改變為「留日學生訓練班」，一切學術科及生活管理，均採近似軍校的方式，且由康澤兼主任。有一小部份同學，耐不住這種嚴格的軍事訓練，便陸續「開小差」了。

劉真對於這種嚴格的訓練，也頗感不耐。從小到大，他沒有受過類似的管理。不過，他凡事樂觀，總是取其優點，吸收長處；自念平日不喜運動，體質一向較弱，便把這種訓練，當做鍛鍊體魄的機會。

一部份心懷不滿的留日學生，對於原本兩週的講習班，現在竟一延再延，一遷再遷，自民國二十六年十月起，如今已到二十七年三月了，還不知何去何從；便紛紛寫信給有關政府首長，表示不耐。陳誠時任軍委會政治部長兼湖北省政府主席，得知此事之後，立即指示於兩個月內結業。講習班自江陵再遷武昌南湖之後，於五月間正式結訓，算來已長達八個月了，比之當年的黃埔軍校第一、二期的訓練時間，還要多幾個月。

「留日學生訓練班」結業時，共有學員三百餘名。依照受訓成績，劉真夫婦被分派到三民主義青年團中央團部服務。其餘的多派往各野戰部隊，擔任政治工作。三青團團長是蔣中正、書記長是陳誠。陳氏當時身兼多項軍政要職，一般認為，他是蔣委員長最親信的人物。這時對日戰爭已接近「武漢大會戰」前夕。湖北省的鄂東、鄂南地區，隨時有發生戰事的可能。時任省主席的陳誠將軍非常關切教育問題，決定設法先把鄂東、鄂南及武漢一帶中等以上學校的學生搶救出來，分別安頓在鄂西、鄂北，使他們繼續就學。當時將全省中等學校暫時合併，定名為省立聯合中學。聯中校長由省主席兼任，副校長由教育廳長兼任。各地則設聯中分校，並各派分校校長主持。

這樣的權宜措施，是為了因應戰時軍事變化。陳將軍以戰區長官兼任校長，可以迅速解決一萬多名在學青年的轉進、運輸、食宿、服裝等問題。

2.因撰文得識陳誠將軍

劉真由於新職工作還不太忙，就以〈湖北中學聯合設立之教育的意義〉為題，寫了一篇專文，發表在武漢《掃蕩報》上。不料刊出不久，軍事委員會政治部設計委員會委員何聯奎（字子星）忽然拿了一封電報，到中央團部來找他。電報內容：

> 漢口郭司令密譯轉《掃蕩報》畢社長鑒：在貴報投稿之〈湖北中學聯合設立之教育的意義〉劉真同志，請代獲同意，希來前方一敘。弟陳誠歌印。

這封電報是二十七年十月五日由湖北崇陽拍發的。電文中的郭司令為當時的武漢警備總司令郭懺（悔吾）將軍，畢社長乃畢修勺先生，曾留學法國，為著名文學家，且譯有法國作家左拉小說多種。陳誠將軍時任第九戰區司令長官，負責指揮武漢地區外圍的對日作戰，由於他早年畢業於師範學校，故對教育至為重視。自他出主鄂省省政之後，即推行「計畫教育」與「公費制度」，均富革命性。平時常邀教育專家和他交換意見，以提倡「小先生制」聞名的教育家陶行知便剛剛與陳將軍見過面。何聯奎並告訴劉真，湖北省政府暫代主席職務的嚴立三，當晚將前往崇陽，向陳長官有所請示。陳長官囑劉真即隨嚴代主席同往。

其時，湖北武漢一帶，日間常有空襲。為了避免日機轟炸，嚴立三代主席偕同劉真於夜間出發。在汽車上，他以恂恂儒雅的語氣告訴劉真：

「我是安慶陸軍小學畢業的，當時的國文老師便是安徽壽縣的孫養癯先生，所以我有很多安徽籍的朋友。」

第九戰區司令長官部設在崇陽縣一間偏僻鄉間的祠堂內。陳長官身材不高而雙目奕奕，威嚴中有份親切近人的溫和。他乍見劉真，顯然有些意外。在他看來，劉真應該是位年事較高的教育專家。現在出現在他眼前的人，卻不過是位二十多歲的青年，且是他所主持的中央團部的部屬，因而既詫異，也有些驚喜。陳長官詢問起劉真的身世和學歷及工作情況。劉真扼要的一一回答後，陳將軍聽後，當即表示：

「你先在指揮所住下來，不必隨嚴代主席回武昌了。」

大概在一週之後，陳誠將軍著人通知劉真、到指揮所共進早餐。

「我身邊正需要一位侍從秘書。」用完早餐，陳將軍微笑著說，「我覺得你來擔任，非常合適。你願意嗎？」

劉真非常意外。在陳將軍指揮所裡，他住了約一星期了。直覺上，他感到周遭的人們，無不兢兢業業，充滿了朝氣；而對陳將軍的敬畏，尤其顯而易見。他在內心深處，早已存有無限的企慕，所以聽了陳將軍的話，立即誠懇的回答：

「我願意。不過，我怕做不好。」

「那很好。我即打電報給中央團部的朱代書記長騮先（家驊），把你調到我這邊服務。」看到這位篤厚而上進又穩重的青年；他早已肯定是一位可造之材。於是，他更完全以長者的口吻，很親切的向劉真說：

「民國十三年黃埔軍校剛剛創立時，蔣委員長擔任校長。將我由粵軍遴選到軍校服務。我本來是第一師的少校獨立砲兵連連長。到軍校後，因為限於編制，委員長僅僅委派我作上尉特別官佐。在職位上降了一級。」

劉真靜靜的諦聽著；對於這位久已仰慕的要人，感到的不是畏懼而是無比的親切。由中學、大學而出國，他接觸的人不為不多。但沒有像陳將軍一樣，使人立刻感到一種宛如長輩般的親切、有力；也沒有人能如陳將軍一樣，使人覺得那麼熟悉、溫和而難以忘懷。

「不過，」陳將軍親切的望望劉真，似乎在說，「你懂得我的意思嗎？」然後再接下去：「我當時覺得能追隨蔣校長，參加救國救民的革命工作，乃是人生最有意義的事業，所以不介意的接受了派令，根本沒有考慮過個人的職階問題。」

劉真連連的回答：

「是的，是的。」

「青年人做事，應該從基層做起，」陳將軍開導這位後進，「如果在工作上確有表現，長官是不會埋沒你的。」

「然而，」陳將軍又說，「跟隨我工作，是很辛苦的。而直接、間接從工作中所得到的『歷練』，恐怕國內外任何大學或研究院，也不能得到呢。」

「我非常願意追隨您工作。」劉真坦誠而萬分感動，「多學習一點做人做事的道理。」

劉真和陳將軍個別談話的第二天，便接到第九戰區司令長官部少校侍從秘書的派令，離開了三民主義青年團中央團部，開始抗戰時期的戎幕生活。

3. 侍從秘書見聞錄

「侍從秘書」並沒有固定的業務，最主要的是隨時隨地和主管一起行動。劉真是個頗為虛心能學習的人。多年來半工半讀的生活，使他對人極能把握分際。他一向遵守父親給他的庭訓：奉獻和報恩。自宗教氣氛及儒家精神俱濃的家庭長大，養成他「為他人著想」的觀念；事事細心，很快的，便和長官或同僚融洽在一起了。

長官部是個集軍政大權於一身的機構，組織相當龐大；有文職人員，也有武職人員。習慣上，前者稱陳將軍為「辭公」，因他字辭修。後者多稱陳將軍為「老總」，因為多年來總綰師干，馳騁疆場。劉真是文職人員，便也跟著稱陳將軍為「辭公」了。

新的環境使劉真充滿了希望。他現在真的置身戰場，真的聽到時代、民族的呼號了。中國以一個貧弱的國家，抵抗凶殘的強敵，完全出自血和淚織成的悲憤。

劉真發現陳將軍常請他最欽佩的朋友前來相助，譬如代陳氏主持湖北省政的嚴立三，即是其中之一。有一次，嚴立三自武昌到崇陽前進指揮所，與陳氏商談省政，不知為什麼，兩人竟爭論得面紅耳赤，使劉真頗為訝異。

「嚴先生和我交情最厚，卻也是爭吵最多的朋友。」陳誠將軍大概看出劉真的訝異，事後向他解釋。

劉真聽了，卻思索良久。這和他幼年自父親處所得的庭訓，真是太吻合了。那就是特立獨行。這兩位老友，一為長官、一為部屬，居然激烈爭吵，爭吵後又毫無芥蒂；彼此相知的境界，令他由衷的欽仰。

以後，他更知道，嚴先生是黃埔軍校早期的總教官及教授部主任，且是由廣州率師北伐、戰功彪炳的人物。而他的外表，卻完全是典型書生，這就更使劉真驚異不置了。

民國二十七年十月間，武漢會戰已經結束了。十一月，劉真隨同陳長官到第九戰區設在湖南平江的指揮所巡視。指揮所主任是張發奎將軍。十二日晚上，劉真隨陳回到長沙南門外的小掃帚塘第九戰區副官處處長張亮基家中暫住。陳將軍住在隔壁房間。由於年輕、倦乏，劉真倒頭便入睡了。次晨起來，發現遠遠的長沙市區四面大火，濃煙密佈。他正在詫疑之際，長沙警備司令酆悌（字力餘，黃埔一期畢業）前來謁見陳將軍，說：「據報日軍已逼近汨羅江，湖南省政府主席張治中為了貫徹中央的『焦土抗戰』政策，下令縱火，使日軍佔領了長沙，而一無所得。」陳誠聽了報告，便對酆悌說：「力餘兄，就公的方面說，我是戰區司令長官；就私的方面說，你們既然知道我在此地，為何事先不通知我一聲？」酆悌走後，張治中也來見陳將軍。陳將軍向張表示：「縱火乃重大事件，不宜貿然決定，應該先請示委員長。」這次長沙大火，整個市容全燬。其實，日軍距汨羅江尚十分遙遠，完全是情報有誤，造成抗戰史上最不幸的大慘劇。

其後，劉真得知，中央追究長沙大火的責任，將酆悌和保安第二團團長徐崑、長沙警察局局長文重孚判處死刑。保安處處長徐權革職查辦。而對於張治中的處分，卻只是「革職留任」。但湘人對張治中，卻有極其嚴厲的批評，曾以張治中姓名作一嵌字對聯云：「治績何存？兩大方案一把火；中心安忍？三顆人頭萬古愁。」橫額為「張皇失措」四字。其中所謂兩大方案，係指張主湘時曾提出政治、經濟改革方案，但未施行。這件悲劇，給劉真留下永難忘懷的印象，對於張治中的驕矜擅權，及為張而死的酆悌等人，至為嘆惋。早些年，社會上一班善於阿諛的文士，曾在報上將陳誠及張治中（字文白）的姓名嵌入為聯，有云：「能實幹，能苦幹，辭修真是幾生修；無私心，無野心，文白可為天下白。」板蕩識忠臣，實際上陳、張二人的風節，何止天壤之別呢！

陳誠將軍在武漢大會戰結束之後不久，便奉命將第九戰區司令長官的職位交由薛岳（字伯陵）將軍代理。湖北省主席一職交由嚴立三代理，隨中樞前往重慶，出任軍事委員會政治部長及中央訓練團教育長等新職。劉真也因而升為政治部中校侍從秘書。

政治部是抗戰期間人事最為複雜的機關。當時有兩位副部長，其一為代表中共的周恩來❶；另一為代表兩廣的黃琪翔。第三廳長是著名作家郭沫若。至於政治部的設計委員會委員，更包括了各黨各派，例如鄧穎超（周恩來之妻）及親共作家郁達夫、田漢等，均列名其間。那

---

❶ 對於中共著名人物周恩來，劉真於四十多年之後，曾如此評述：「中共之能席捲大陸，在短期內奪得政權，並一直維繫到現在（按指民國八十二年），我認為絕非共產主義在大陸上受民心的信服，更不是一代梟雄毛澤東『領導有方』。實際上周恩來才係一關鍵人物。他一生縱橫捭闔，能屈能伸，在毛澤東那種喜怒無常、唯我獨尊的帝王式領導下，竟然不像劉少奇、林彪等之慘遭鬥爭清算，並得壽終於北平協和醫院。不僅其本人一生在政治舞臺上表演得有聲有色，而且大陸上一般民眾均對其崇拜有加。有一次我國駐教廷大使陳之邁對我說：周恩來實在可稱為一位『政治巫術家』。我覺得陳之邁對周之評論可謂頗為恰當。」（見《劉真先生訪問紀錄》，第三十八頁。）

時中央的政策是容納各黨派人士參加抗戰，政治部即為此一代表性的機構。因為抗戰之初，中共便發表了所謂「共赴國難」的宣言。國共合作形成非常曲折微妙的局面。劉真是陳誠的侍從秘書。他的辦公室位於部長和副部長之間一個小房間，和周恩來經常有接觸的機會。周是南開中學出身，在學校中以演話劇出名，而且還是反串女角呢！凡是和周接觸過的人，無不對他的親切態度有好感。劉真發覺，周恩來的思慮周密，有逾常人，無論何事，決不動肝火。特別是周對毛澤東的奉命唯謹貌似恭順，使他一生穩坐「總理」職位，自非無因。

4. 中央訓練團

陳誠同時任三民主義青年團中央團部書記長、中央訓練委員會主任委員及中央訓練團教育長等職。工作之忙，在當時的軍政人物中罕有其匹。每天下午都有絡繹不絕的客人要晉見他；或在家中、或在辦公室裡。陳誠如實在忙不過來時，便囑劉真代為接見一部份次要的人士，而將他們的意見，轉報於陳將軍。

這項工作，無形中擴大了劉真的視野，因而對於長官、部屬之間的關係，有較客觀而深刻的瞭解。在陳誠的言行中，得以窺知如何為主管分憂，為下屬解難：如何統御及如何馳驅。這些道理，絕不是自書本中可以學得到的。劉真之受益，有助其御人、論事的志業，自無疑問。

他在日常的接觸中看出，陳誠，好像永遠祇有國家、沒有個人。陳誠說：

「只要國家有辦法、有出路，還怕個人沒有辦法、沒有出路?只要國家有前途，還怕個人沒有前途?」又說：

「我多操一點心，委員長才可以少操一點心；我多勞累一點，委員長才可少勞累一點。」

過去，劉真倒也聽過這類充滿熱血的言詞，但並不具體。現在他親眼看到一位將軍、日日夜夜所實踐的、竟然正是這種令人振奮的話語，內心不由生起無比的感動和敬仰。

在二十八年的春天，劉真隨陳誠到設於綦江杜市的中央訓練團軍訓教官班住了幾天。杜市原是個小鎮，訓練班又位於離鎮數里之外的一個祠堂內。由於受訓學員大都是頗有資歷的人，或曾擔任過將校級的部隊主管，或曾任過地方上的專員、縣長。因為風聞畢業之後分發工作，可能在階級上吃虧，故情緒相當苦悶。陳將軍每日利用升旗時間向他們講話，晚間則和學員舉行座談會，很耐心的聽取他們的意見，往往到深夜才停止。在離開教官班時，特別寫了兩句話，命劉真轉給當時的班主任杜心如，請他轉發給全體學員，作為做人做事的參考：

為負重何妨忍辱，要求全必須委曲。

任勞任怨，無愧我心；為毀為譽，聽之於人。

劉真將題有這兩句話的字條交給杜心如時，也牢記在自己的心中。

陳誠在重慶的另一重要工作，乃是辦理中央訓練團。他擔任教育長。蔣中正總裁兼任團長。訓練的對象是國民黨由中央到地方的各級幹部。劉真兼任主任秘書，比在長官部還要繁忙。

蔣中正總裁對於中央訓練團極其重視。每星期一，蔣總裁必來主持紀念週，向全體學員講話。在抗戰及勝利復原期間，中央訓練團一直是培養重要公務員的搖籃。它直屬於中央黨部中央訓練委員會，地位等於組織部，設有各種訓練班。受訓時間視需要而定，從一個月到六個月不等，富於機動性。對於凝聚抗戰建國的精神，頗為重要。

作為侍從秘書的劉真，負荷當然甚為沉重。中央訓練團內的黨政訓練班班址在重慶近郊復興關（原名浮圖關）。陳誠每天清晨由上清寺附近的住所乘車前往，主持六點鐘的升旗典禮。

劉真住所較遠，必須於清晨五時前、由兩浮支路寓所步行四十分鐘，先走到復興關，再爬幾百級石階，然後到達設在關頂上的黨政班教育長辦公室，等候陳誠的到來。自始至終，他從來未遲到過一次。

侍從秘書的工作，完全沒有時間性。想獲得充分睡眠，實在不可能。陳誠身兼數要職，且為最高當局的重要股肱，交辦下來的事，均刻不容緩。尤其是為陳撰寫講詞或重要文件，必須通霄達旦，及時完成；劉真的精神、體力的透支，自在意料之中。

其時，空襲頻繁，陳將軍有時便在防空洞中處理公文或修改講稿。遇到重要節日的談話，更要字斟句酌後才核定；到報館快截稿時，劉真方擬妥文稿，乘車親自交給報館。有時他剛剛到報館，而陳誠將軍的電話就到了，原來是要劉真在文稿上將某些字句，再作修改。他對於陳將軍的認真和精細，也更為敬仰。

一天早上升旗時，陳誠向學員們宣佈，「四川省教育廳長楊廉，已於昨日因為貪污案而槍決了。」這使參加升旗的學員們頗為震驚。當時楊廉正在中央訓練團黨政班第一期受訓。前此，從沒有教育廳長被槍決的事例。楊是四川安岳人，北大教育系畢業，留學美國。曾任教於北大，為蔣夢麟所器重。民國二十四年出任安徽省教育廳長。為了想節省經費，將全省的中學會考試卷，由教育廳統一印發。不料竟被指圖利他人，涉嫌貪污。大概是事務人員的舞弊，被人檢舉屬實，惹起軒然大波。《皖報》上甚至以「楊廉不廉」作大標題，予以指責。但是不料三年之後，他再任教育廳長於四川；更想不到他居然發生更大的貪污案子。不過，就政府而論，楊廉之處決，卻也產生不少警惕作用。在動盪戰亂的局面下，對作奸犯科者嚴刑峻法，就成為不得已的手段了。

民國二十七年十月間，劉真的職位是第九戰區長官部少校侍從秘書，但不及兩個月，劉真已被升為政治部「中校侍從秘書」；到了二十八年初，政治部調整人事時，陳誠遂拔擢他為「上校」侍從秘書了。

當時，政治部主管人事者卻不表同意、簽注意見，表示依軍中法規、一年中連升兩級，似有不合。

「劉真只是文職人員，所謂『少校』、『中校』、『上校』等等，只是薪津給與的標準。他是我的侍從秘書，我對他的考核，應該是最正確的。」陳誠向主辦人員解釋。

「可是——」

「而且，」陳將軍再度向那主管說，「我當初派給他一個『少校』職位，原來就偏低了一點。像他這樣的情形，本應該是『中校』或『上校』的。」

5. 崑崙關之戰

民國二十八年年底，我軍反攻崑崙關之前，陳誠奉最高當局命令，以政治部長身分飛往桂林，協助桂林行營主任白崇禧將軍指揮桂南作戰。這時正值汪精衛在南京的傀儡政權即將開鑼。同機的李濟琛、何遂因問陳將軍是否需要對此發表談話，予以駁斥。陳將軍稍作沉思後，便告訴劉真立即準備一篇以政治部長身分對外發表的文稿。

劉真的文思一向不快，現在在三個小時內便要交卷，尤感迫促。怎麼辦呢？突然間，他想起在大學時代曾讀過一篇以徐道鄰名義、實為蔣委員長授意、陳布雷執筆的〈敵乎？友乎？〉文章，便倣效徐文的題目，在飛機上寫就〈和平乎？投降乎？〉約二千字的文稿。陳將軍看過之後，為慎重起見，告訴劉真：

「到桂林後，給梁寒操先生（時任桂林行營政治部主任）看看；請他在內容與文字方面，斟酌斟酌。」

但是，素有廣東高要才子之稱的梁寒操，似乎完全滿意劉真的文稿，因為，第二天全國各報，均一字不改的刊出了〈和平乎？投降乎？〉的全文。這是劉真平日勤於閱讀、細心寫作的意外收穫。

崑崙關戰役結束之後，蔣委員長即在柳州位於山洞中的機械化學校禮堂，召開軍事會議。二十九年二月二十三日開始，參加的高級將領包括白崇禧、張發奎、薛岳、余漢謀及商震等人。當時由日軍身上搜得日文《士兵須知》小冊子一種。陳誠立即命劉真譯為中文，呈請蔣委員長閱覽。蔣氏認為對於研究敵情，極有價值，當即命令分發與會將領們參考。身為文職人員的劉真，也因而蒙受蔣委員長的召見。這是當時人們最感殊榮的大事。

而在軍事會議閉幕時，蔣委員長對出席人員宣稱：「桂林行營主任白崇禧指揮不力，應予降級；政治部部長陳誠指導無方，應予降級。」白崇禧時任行營主任，負責指揮崑崙關之戰，作戰失利，自應加以處分。劉真納悶的是，陳誠部長臨時受命協助，卻也受到同樣的處分，未免有失公正。散會時，與會將領們先後步出會場，時任侍從室第一處主任的張治中，低聲向陳誠致意說：「你這次陪榜，我想完全是委座怕健生（白崇禧別號）面子上掛不住。大家心裡都明白。」陳誠聽了，只是會心一笑。原來白崇禧是桂系首腦人物，陳誠則是蔣委員長的親信；如果僅僅處分白崇禧，勢將引起桂系的誤會與不滿。政治是藝術，特別在我們這個重視「人情」的社會中。若單從事實上認定，便難明白其虛實了。

在三十多年之後，劉真回憶起戰時生活，有云：

> 抗戰精神是什麼，就是不怕死！
>
> 我曾親眼看見：最高統帥在空襲警報中，照常主持軍事會議。若干軍政首長在防空洞中，繼續批閱公文。大眾傳播機構如報社、電臺等，在敵機轟炸中，仍能同樣地完成其應負的任務。此外，所有軍需工業及一般生產部門的員工，也從未因敵機的空襲而停止其工作。（〈在轟炸中奮鬥〉，《劉真先生文集》・㈠，頁四〇。）

第六章　杏壇與議壇

1. 國立湖北師範學院教授

民國二十九年春夏之交，日軍似有溯長江而西上的侵犯企圖。為了拱衛首都重慶的安全，蔣委員長命陳誠出任第六戰區司令長官兼湖北省政府主席，駐守鄂西的恩施，於是劉真也就由重慶再度到了戰地。

這時，劉真擔任陳誠的侍從秘書已兩年多，頗有身心俱疲之感。他的興趣本在教育，而教書更是他最感興趣的工作，因此，他向陳誠將軍懇切陳述，希望能夠改調職務。

陳誠對劉真的陳述，表示同意，不過，他說：

「那麼你物色一位適當的人來替代吧。」

正巧有位甫自中央大學經濟系畢業的施建生，隨陳將軍前來湖北。劉真在《東方雜誌》上看過施建生的論文，因而將施的著作呈閱於陳將軍，力薦代己。陳誠當表同意。劉真的兩年戎幕生活，至此告一段落；很顯然，他獲得了陳將軍的完全信賴。

當時，湖北省立教育學院（不久即改為國立湖北師範學院）設於恩施。院長由省教育廳長張伯謹兼任，素知劉真的志趣，立即聘他為師範學院的教授。

這一職務和原先的「侍從秘書」工作，全然不同。他的生命歷程由此進入了一個新的階段。他擔任兩門課，一為《教育行政》；一為《訓育原理與實施》。他從未在學校正式任教過，更從未在大學擔任過教學工作，每次上課之前，必定作充分的準備，以免有負於莘莘學子。

教育學院的學生，多係流亡青年，來自各個不同的省、縣。而劉真的皖北鄉音很重，頗感不善於言詞。他想起在日本讀書時，教授們均先編講義。而今，為了減少教學上的困難，他便採用先發「講授大綱」的辦法，讓學生先有概念。上課以後，劉真再編寫一份詳盡的講義，方便學生們參閱。

他的這一教法，立即獲得學生的歡迎。劉真知道，教育是一項看不見、摸不著的良心工作，雖然不能具體表述出來，卻是最偷懶和大意不得的，偶不小心，便將貽害無窮。正如一望無涯的農田，若要豐收，風調雨順之外，植根和播種更須時刻付出心血；而且要觀察禾苗的生姿，視其榮枯。

2. 主持訓導工作

大約兼院長獲悉學生對劉真的愛戴，以及劉真穩健篤實的任事精神，不久，又要求他主持訓導工作。他一再謙辭，還是推卸不掉。誰知隔了一段時間，教育系主任胡蘭女士表示，不想教授《中等教育》這門課程，堅決要求劉真擔任。他不便一再拒絕，只得也勉強應允下來。

不久，教育部又通知各大學、獨立學院，增加《倫理學》一門課，而且規定由校長或訓導長擔任講授。當時院長是教育廳長兼任，自然不能來校任課，於是順理成章的也落在劉真頭上來了。現在，他一人擔任了四門功課，編寫四門講義，還主持全校學生的訓導業務，所以從早到晚，忙碌異常；而在內心深處，卻非常快慰。

通常，他每天早晨五點起床，步行約一刻鐘到學校的操場，主持升旗典禮。學校位於恩施城外五峰山上，岡陵起伏，下臨清江。秋冬時分，氣候陰濕，早晨五點多時，常有濃霧瀰漫。有幾次，他還碰到山豬和野狼，出沒於校區之內。為了防範意外，他便拿根手杖和電筒，以驅逐或嚇阻這些野獸。整整三年多，他就這麼披星戴月的領導學生升旗，作朝會活動，從未間斷。這不是「形式」，乃是恆心、德性的考驗。他知道，學校中的訓導工作不易受到學生歡迎。何況論年齡、他還不到三十歲。當時，有些同學的年歲，比他還大一些呢！

所以他特別以「戒慎恐懼」的態度，來處理一切訓導工作，以增進師生間的情感。由於彼此接觸密切，反而瞭解更深刻了。

同時，為了做好訓導工作，他深知自己必須將擔任的課程作充分的準備，以獲得學生的信賴。書教不好，豈不惹學生看輕自己嗎？

他因感到自己不長於言辭，為了增進教學效果，更加盡心盡力的充分搜集資料，而以極暢達的文字來編寫講義。沒想到一年下來，兩門講義──《教育行政》和《倫理學》──居然都寫完了。他首先將《教育行政》的稿子，寄給重慶的中華書局，詢問是否願意出版。回信很快的來了，說短期內即以「大學用書」刊行。

他深深感謝過去兩年的戎幕生活中獲致的做事閱歷。只要用心研究問題、提綱挈領，自然會將事情弄上軌道。尤其是編寫四種不同的講義，實在辛苦。若是別的教授，能夠應付學生，也就不求其他了。劉真寧願事事認真也不肯敷衍了事。

在編寫《倫理學》講義時，他發現幼年熟讀的《四書》、《五經》，及大學時代選讀的中文系課程便幫了大忙。中國的倫理思想，在我們的儒家學說中，發揮最為詳盡和深刻。他用了相當的心思，來融化那些典籍中的儒家思想，加以系統化；然後以深入淺出的語體文，寫成講義。雖然辛苦，但無形中對典籍又作了一次「溫故」，於是「知新」的樂趣，便同時產生了。

在遇到挫折或困難的時候，他並非沒有沮喪過；甚至於會懊悔自己貿然接受了這麼繁重的工作。但是他想起鄉前輩一代宗師胡適之先生常說的話。「我的學問，是在北大教書時逼出來的。」於是，青年的劉真，不僅不以為苦，反而引以為樂了。

他相信，要獲得同學們的敬愛，訓導工作方能發生影響；否則，一切便無從談起了。他追隨陳誠將軍期間，深深體會「多為他人著想」的重要。當時，湖北實行公費教育政策。學生伙食全由政府免費供給。一般居民多食用當地的雜糧。為了優待軍公教人員及學生，政府每月均配給若干糙米。過去，學生們的配給米，多半僱工到指定的數十里外的穀倉領取。若是僱不到人，就指派學生輪流搬運。而大多數學生，並沒有搬運的經驗和體力。一旦輪到自己，便個個叫苦連天，視為畏途。

戰時配給的食米中，常摻雜了砂石、米糠和玉蜀黍，煮成的飯，黃、白相間。學生們便戲稱為「蛋炒飯」；若是砂石、米糠太多，便稱之為「八寶飯」。使身為訓導主管的劉真，也不禁莞爾。

但是，無論如何，這問題應該改進。不得已，劉真去找戰區長官部的老同事。

「陳長官一向關心學生，我們一定幫這個忙。」那班同事知道了劉真的困難，立即表示協助。

「還有，」劉真又說，「若是方便，還希望能分派幾名腳伕，固定的為本校運送一些廉價的蔬菜。學生能吃得營養些，讀書的精神當然會抖擻、煥發一點。」

「你這位訓導長，可真想得週到。」老同事看了劉真那種「一切為學生」的樣子，竟忍俊不住的笑了起來。

「正在讀書的學生，老師不照顧他們，怎麼行呢？」劉真由衷的向同事解釋。

「如果父親知道我現在正在發揮他的心志，一定會非常快慰吧？」有時，劉真這麼想。

湖北省立師範學院的學生，共計三百餘人，為時不久，劉真幾乎無不知名、無不識貌了。又因夫人石裕清在教務處擔任出版組主任，一般同事或同學便時常到劉宅聚會、敘談。無形中更增進了彼此的情誼。無論公私，劉真均有得心應手之樂。尤其是學識、生活閱歷、辦事體驗各方面，他的收穫更多。

3.石蘅青、嚴立三、段錫朋

有一天早上，劉真因事去省議會洽公。議長是石瑛（蘅青）先生。他走到龍洞後面的一個山坡上，四野無人，卻聽到有人在高聲朗讀英文。待到近前一看，原來是石議長。劉真萬萬想不到石議長竟在野地裡讀英文，便忙趨前為禮問好。石瑛放下書籍，微笑著說：

「你看到我這個老英國留學生，一個人在山坡上努力讀英文，是不是覺得很奇怪？」

劉真點了點頭，事實上他委實感到奇怪。

「我坦白的告訴你，我們中國人若到二十左右才開始學英文，無論怎樣努力，想把英文學到得心應手，非常困難。我在英國留學多年，仍感到自己英文的『說』、『寫』能力不足。尤其是年紀愈大、記憶力愈差。昨天在字典上查過的生字，今天再看，已經不大認得了。不得不再查，乃至三查。」

劉真聽了頗為驚訝，便說：

「石老，您是老留英學生，尚且如此勤奮，其他人學英文，更該格外努力了。」

「語文是必須勤練的。我為了怕退步，每天早上總要抽出時間熟讀幾頁英文。」

這時的石瑛已六十多了。健康情況不太好。他在清末便往英國留學，為著名科學家。回國以後，曾任廣東兵工廠廠長、南京市長、銓敘部部長等要職，夙富清望。這事促使劉真心中想到：「我的讀書精神應該再加強了！」

陳誠既已親主省政，於是原先代主省政的民政廳長嚴立三，遂立即辭職，並且搬到鄂西一個最偏僻的宣恩城內居住。

「如果我繼續住在恩施，難免沒有朋友託我向辭公說情或求職。」嚴立三以慣常的低微聲音向劉真說，「這樣一定會增加辭公在用人方面的不便。」

「可是，」劉真有些訝異，「您的熟人、朋友多半在恩施。」

「我知道，」立三先生繼續說，「在宣恩的生活，自然寂寞些，交通尤其不便。……不過，我還是覺得離開恩施比較妥當些。」

和嚴立三同樣具有特殊風範的，還有一位段錫朋（書貽）先生。他是五四運動時代的大將，此時代理陳誠主持中央訓練委員會。他以生活節儉及勇於任事著稱；平時住在訓委會辦公室裡，只有週末方回其小龍坎家中。雖有專用轎車，但為了節省汽油，經常搭擁擠不堪的公共汽車。偶而需要使用轎車回家，他事先一定遍詢有沒有要搭便車的同事，他認為這才能充分發揮公家器物的使用價值。一天，他似有所感地告訴劉真：

「你以後如果主持機關，最要注意的是，人要用得少，用得好。編制內所規定的名額，最好不要用足。因為人用多了，大家閒著無事做，不是請假，就是借錢，再不然，便是鬧人事摩擦。」

但是，這兩位——嚴立三和段錫朋——特立獨行之士，前者在兩年後因營養不足，感染時疫，竟在宣恩去世；後者一生貧病，憂國愛民，在民國三十八年，大陸局勢緊張之際，病逝於上海了。

劉真回憶起這三位他青年時代接觸的人物，說：

就我個人的體會。辭公和嚴、段兩先生，他們三位的性格和作風，有其不同處，也有其相同處。嚴先生似略近於儒家與墨家，段先生似略近於法家與墨家。而辭公的仁民愛物、講求績效、刻苦節約，則似擷取了儒、法、墨三家的精粹於一身。這可以說是他們三位先生的不同之處。至於他們三位先生的相同之處呢？我以為那就是：一樣的風骨嶙峋。

（《勞生自述》，頁三九。）

4. 難捨杏壇生活

在民國三十三年冬天，學期結束之前，劉真突然接到陳誠將軍發自重慶的電報，囑他立即辭去師範學院的職務，前往重慶。這時陳將軍已由第一戰區司令長官調任軍政部長了，希望劉真仍回任幕僚工作。

劉真實在不願離開湖北師範學院。三年來，他已完全獻身於這所學校了。同時，學校方面，無論如何也不肯讓劉真辭職。「我也不想離開這兒，」劉真向他們解釋，「教書、辦教育是我真正的興趣。可是——」說著說著，他露出無奈的黯然。

「那您就不要辭職嘛！」同學們一致挽留，「從您來後，不僅伙食改善了，就是我們的學習精神，也提高多了。」

他好容易向同學們說明「辭職」的苦衷之後，才回到家中，張春霆教授忽然來訪。

「白如兄。」這位曾任安徽教育廳長及武昌高師校長的老前輩，開門見山的說，「全校同事們推我前來，想請你打消辭意。」

「我何嘗願意離開，若是別人相邀，我定然拒絕，不加考慮。可是，辭公是我的老長官，我怎能推辭呢？」

「其實，我也知道是不能挽留你的。」張春霆教授這時不再堅持了。「只是同事們認為我上了一點年紀，過去擔任過較為重要的職位，以為由我出面，你可能打消辭意。」

「謝謝張先生及全校同事的盛意。」劉真衷心的感謝。他完全沒有料到自己如此眷念任教的第一所學校，更沒想到這第一所學校的師生，對自己有如此親厚的感情。

雖然他一再的向同學們表示，不要舉行任何歡送的活動，而那班熱情的學生，卻仍是不肯；在短短的三、四天中，他們安排了一個溫馨的歡送茶會。

「老師，」茶會中有位他並沒有直接教過的男生，走到劉真夫婦跟前，「我是教育系二年級的學生。我想告訴您，您是影響我最大的人……」說話中有點緊張和激動。

「是因為他這位訓導主任管得太嚴嗎？」裕清擔任教務處的出版組主任，想減少這個學生的緊張情緒。

「不是，不是。」這位學生急急的辯解，「我每天看到劉老師對任何同學的親切態度……還有每天來主持升旗時那種愉悅、充滿熱情的精神……我便感覺獲得了許多。」

就在這種充滿熱情的氣氛中，劉真真正體會到教育青年，真是人生一大樂事。

就這樣，他離別了湖北師範學院，離情依依地前往重慶。然而，這一段教書生活，已植下一顆為教育而奉獻的種子；在他的生命裡，這是永遠不能忘懷的一段甘苦歲月。

5. 抗戰勝利及當選立法委員

劉真於民國三十三年底到達重慶，又回到陳誠將軍身邊，被派為軍政部少將參議，在部長室辦公。

陳誠部長大概也知道劉真對教育的熱愛，不願重任幕僚工作，因說：

「我知道你志在教育工作，也知道你在短短的三年裡，在湖北師範學院的優異成績。但是，我這兒很需要你幫忙。」

劉真只能唯唯的答應著。對於這位公忠體國的老上司，他能說什麼呢？縱然離開心愛的教育崗位，他依然是快慰的。

不久，抗戰便勝利了。三民主義青年團中央團部改組，陳將軍奉命再度兼任三民主義青年團的書記長。當時，中央團部設有五個處，第一處管人事、第二處管組織。組織處處長是蔣經國，副處長為劉真。主任秘書則由蔣經國的留俄同學（湖北人）俞季虞擔任。最先劉真是訓練處副處長，處長為何聯奎。劉真在組織處副處長任內深知把握分際，和蔣經國相處甚為融洽。

由於抗戰勝利，中央團部由重慶遷往南京鼓樓附近。民國三十五年一月，劉真便由陪都到達闊別八年的首都——南京。

這時，福建省政府主席劉建緒，間接得知劉真的長才，便致電給陳誠將軍，希望邀請劉真出任福建省教育廳長。陳將軍基於閩省政情的複雜，便覆電代為婉謝，所謂「君子愛人以德」是也。這種政治上的藝術，是外行人不易瞭解的。

民國三十五年十一月十五日，政府召開國民大會，制定憲法；十二月二十五日憲法三讀通過，並決定於翌（三十六）年元月一日公佈，十二月二十五日實施。民國三十六年三月三十一日，政府公佈國民大會代表、立法委員及監察委員選舉罷免法，於是各省市開始了選舉國大代表、立法委員及監察委員等活動。中華民國的民主憲政，過去曾一再因國內的戰亂、及強敵的侵略而停頓。現在抗戰勝利，人們以為這是刻不容緩的大事了。特別是一般有政治抱負的人，這時無不躍躍欲試。

可是劉真對實際政治，原本就興趣缺缺；縱然生活在政治氣氛極為濃厚的南京，看著周遭正在為選舉而奔忙，卻能完全置身於事外。他在三民主義青年團中央團部非常平靜的上班、下班。他是組織處副處長，協助處長蔣經國，工作不算忙迫。但每天讀報，看到全國各地由於共軍的挑釁，戰爭越來越擴大，禁不住內心的煩慮。若干地區的大學學生，居然展開所謂「反飢餓」的遊行示威。這明明是共產黨的挑撥和指使。可嘆政府對這些事件，卻無法控制而任其滋擾，進而造成全國性的不安。

有一天，劉真正在辦公室處理一項重要問題時，忽然接到中央團部常務幹事（相當於中央黨部常務委員）賀衷寒的電話。

「吳禮老想找你談談。」賀衷寒在電話中說，「你馬上去吳老府上一趟吧！」

「禮老找我有什麼事？」劉真頗為詫異的問。

「你見到禮老就知道了。」禮老便是黨國元老吳忠信先生，字禮卿，是安徽最推崇的大老；歷任安徽、貴州、新疆等省主席，及蒙藏委員會委員長。民國前六年，即加入同盟會，所以蔣中正主席對其亦禮遇備至。現在，突然要劉真去往見，倒使他躊躇起來。因為，他雖久仰「禮老」之名，卻一向並無來往，沒有親炙的機會。

「找我有什麼事呢？」他遲疑了許久，還是想不出答案來。在遲疑中，他和吳公館通了電話，約定了拜謁的時間。

原來這位黨國大老住在南京市的徐府巷一號，是一所舊式平房。禮老身著長袍、滿面微笑的握著劉真的手，請進一間陳設極為樸素的客廳。

「我知道你是鳳臺縣人，」禮老溫和的說，「令尊一向在那裡服務啊！」

「家父在家鄉擔任小學校長，一直從事基層教育。」

禮老接下去說：

「現在，我要談到正題了。這次中央對安徽立委的選舉，要我對候選人表示一些意見；也就是說，要我提出一兩位候選人。」

劉真不便置詞，靜靜的聽下去：

「其實我的意見很簡單，就是要選拔最優秀的青年做民意代表。我聽到許多方面說你很好，因此雖然和你素昧平生，特別約你見面一談。」吳忠信說畢，和藹的望望劉真，又說：

「我決定向中央建議，提你為安徽省的立法委員候選人。」

這是劉真完全沒想到的事。最初，他猜想禮老約他會晤，可能是對他有所交代，諸如協助地方上某一行政措施等事；或者安徽省黨團方面的意見溝通，要他從旁推挽一番。現在聽說要提他為安徽的立法委員，這最高的民意代表職位，乃禁不住表現出詫異之情。不過，他馬上恢復冷靜、以他一貫的坦誠表示：

「我的年齡還輕，而且，自從民國二十四年從安大畢業以後，便去日本留學。其後又一直在外省服務，對本省各方面的關係，完全不熟。」

「那沒關係。」禮老打斷了劉真的話，「我既然提名你，這些問題自然已考慮過了。」

「可是，」劉真依然表示不能接受，「我資望淺，年齡輕，實在還不具備做最高民意代表的條件。與其將來落選，還不如不參加為好。您這樣逾格提挈，我自然非常感激。」

這反應顯然出乎禮老的意料。他知道要這位書生氣甚重的同鄉後輩接受徵召，完全瞭解政治的運作，並不是幾句話可以說明的事。於是，他索性以鄉先輩的口氣說：

「你們讀書人對任何事都過分顧慮。講到選舉，可以說人人有希望，個個無把握。我既然建議中央提名你，自然會全力支持你。談到年齡，更不成問題。我在民國元年被　國父任命為警察總監（按：此一職務相當於南京衛戍總司令），還不是同你今天一樣，才三十左右的青年？我所以提你出來，也就是因為你年紀輕，將來可以為國家多做點事。」

劉真聽了禮老的這一席話，不禁又感動、又惶愧。他以一篇論文，而獲得陳誠將軍的青睞，參與戎幕。現在，在素不相識的情形下，竟而被國之大老如吳禮卿先生者，提名競選國家的最高民意代表；事之出人意表，一至於此。

劉真是下午三時許晉謁這位前輩的。一直談到五時多，吳老先生的興致始終很高，毫無倦容。

可是，他實在對於競選立委，有些忐忑猶豫。在家鄉流行兩句俗語：「老子作官，兒子打磚。」「一年作官，三年不安。」這話的意思是：父親作官後，兒子往往因驕惰成性，終於潦倒不堪，只能做苦工謀生。另外，作官期間，因公結怨，乃是常事。一旦解卸公職，平素懷恨的不滿份子，必然乘機誣謗，捏造謠言，弄得日夜不安，生活根本不得清靜。更何況自己生性耿直，不善逢迎肆應呢？

然而，就在這種疑慮不安的心情下，中央不久便公佈了國大代表、立法委員及監察委員的提名名單。年輕的劉真，當真列入安徽省第一區的立委候選人名單中。既然已經不能改變中央決策，他便不得不開始準備了❶。

可是，從何準備起呢？抗戰期間，大家能挺得過去，已經是難能可貴的了。他又向來不留心金錢的儲蓄，可以說既無錢，又無勢。現在從事競選，委實有一種惶恐的顧慮。

「但既然是禮老提挈，我還是盡其所能的參選吧！」

而正值此時，禮老派了一位秘書來看他。

「禮老知道你沒有錢，」那秘書執禮甚恭的說著，自一個大公文包中拿出一張聚興誠銀行的支票，「派我送來給你。競選少不了用錢的。」

事出突然，但劉真的個性，卻使他難於接受，說：

「我很感謝禮老對我的關懷。但是，經濟上的補助，我是斷斷不能接受的。」

「可是，這是禮老的誠意支助！」那秘書說，「你接受了，也是應該的。」

---

❶劉真回憶當競選立委時說：「當時競選立法委員的情況，和目前臺灣選舉情況完全不同，很少聽說有金錢與暴力的介入。每個人能否當選，主要是繫於黨中央是否提名、地方政府支持的程度，以及個人的聲望與形象。我因獲執政黨中央的提名，又有吳禮老與李主席的全力支持，加以我是一個純潔的書生，在地方上也沒有政敵，所以在競選過程中，只有助力而無阻力。……」其言客觀可信。比之今日（民國七、八十年間）之臺灣選舉，令人懷疑民主政治究竟有無進步？

「不太好。」劉真堅持，「他對我的賞識，我已很感激了。經濟上的事，我會想法子，請你務必代為轉陳。」

那秘書看到劉真如此堅持，只好收起已經簽好的支票，怏怏而去。

劉真送那秘書走後，覺得自己未免過於峻拒。可是，他怎能平白受人的濟助呢。自從到安徽大學讀預科起，他「不求人」和「不苟且」的觀念，便牢牢的深植於內心了。更何況他已經在社會上奮鬥約莫十年了呢！

誰知第二天一早，賀衷寒便打電話來：

「禮老是你的鄉長。你不接受他的濟助，他頗為耿耿不樂呢！」

「可是，我怎能接受他金錢上的支助呢！素昧平生，他如此提拔我，我已經萬分感激了。」

「不是這個意思，」賀衷寒誠懇的說，「你們從事教育的人，有時過分的固執了。禮老完全以鄉邦子弟對你。如果堅持不收他的支助，他便以為你太見外了。」

「可是，我覺得道義的提挈，已經很令我感激了。」

「白如兄，」賀衷寒以近乎老大哥的口氣，打斷了劉真的話，「長者賜、不可辭。這話你總應知道。我看你不妨收下一點象徵性的補助。不然，禮老會真不高興的。」

「可是，……」

「過分的拒絕長者的好意，乃是不敬！」賀衷寒繼續說，「況且，短暫收下，以後再歸還禮老，不就兩全其美了麼？」

劉真實在無話可說了。在社會上奔波了近十年的他，此時方發現，看來單純的事，卻也有其曲折的一面。對於禮老，這位從無交誼、且是舉國聞名的要人，他的敬慕，也就愈來愈深了。這是中國的政治文化，令劉真甚為慨然。他想：

「我該如何潔身自愛，來報答他呢？」

於是，當第二次禮老的秘書再來時，劉真收下一筆勉夠前往安徽參加競選的路費。另方面，他積極的草擬競選政見。到了略有頭緒時，為了表達對禮老的感謝，特地再往吳府致意，請禮老指示有關競選活動的事宜。不僅是對劉真，即便是對走向民主的中華民國，這都是一項新的試鍊和挑戰。

「在禮貌上，你該先到合肥，去拜會省府李品仙主席。省主席是全省的選舉監督。然後再到選區各縣，分別拜會地方首長及鄉紳父老。你一向和家鄉人士少接觸，這點尤其重要。」

的確，自從抗戰發生，他從日本返國後幾乎天天在繁忙中過去。他的興趣本在教育，誰知環境迫人，僅僅教了三年多的書，便向杏壇告別了。現在，他又意外的要踏上民意代表之路。能否成功，卻又完全在未定之天。人生的方舟，可真不易預測啊！

劉真在幾天之內，照著禮老的指點，自南京前往合肥。當天晚上，李品仙主席在省府設宴，款待一起回鄉的立委候選人。一別家鄉將近十二年，卻沒想到此番回鄉，竟置身於政治漩渦中了。

李品仙主席係廣西人，是位抗日名將。正在招呼客人用餐之際，忽然有副官來報告，說南京有長途電話，請他接聽。不久，李主席笑容滿面的再度入席。這一餐，可以說賓主盡歡而散。

當晚宴完畢在送客的時候，李品仙主席特別將劉真拉至一旁，以親切的耳語向他說：

「剛才的長途電話是禮卿先生打來的。禮老特別關照我，對劉先生要全力支持，順利當選。」

李品仙主席輕輕的拍拍他的肩膀並握住手，低聲說：

「你放心，我們會尊重禮老的意思，全力支持你。」

離開合肥，劉真依照事先擬定的行程，開始競選活動。在嘉山時，當地的行政督察專員宣介溪，特別召開了一個規模盛大的茶會，歡迎劉真，並且請劉真即席發表競選演說。劉真從來沒參加過這類群眾大會式的政治活動，更不知道如何對群眾演說。但是事到臨頭，不講也不行了。這宣專員頗富領導群眾的經驗，在一旁不斷敦促劉真：

「你在大學裡教了許多年書，很多人都知道你是一位學者呢！」

這話倒提醒了劉真。他知道對群眾說話並非所長，因而便仍以「上課」的方式，勉強地講了一個小時。

「我講得不好，一定不及格。」事後，劉真頗為不安的詢問宣專員。

「你不是演說家。」宣介溪專員坦白的表示：「不過，你態度誠懇，條理清楚。凡是心智成熟的人，一定會支持你的。」劉真聽了，獲得不少鼓勵。

民國三十七年初，安徽省的立法委員選舉結果公佈了。劉真以高票當選。這多少使他感到意外。

而更意外者是，中央公佈立委當選名單，不知係依何種順序，將安徽省排在第一位；而劉真恰為安徽省第一選區第一名，所以竟成為全國當選立委的「榜首」。這時他剛滿三十五歲，在立法院中，算是最年輕的立法委員之一。

第一屆立法院正副院長的競選，頗為激烈，最後由孫科及陳立夫分別當選正副院長。劉真這時已遷居南京市太平路，距立法院不太遠。只要是應該參加的會議，他一定按時出席。委員中也有非執政黨黨員者，但彼此頗知相互尊重，保持民主政治風度。對於政府首長，更沒有動輒污辱、謾罵乃至動手動腳的所謂「肢體語言」。社會上對於立法委員，也有良好的評價。議事效率順暢，絕少積案。至於關說、施壓於政府官員，也未有所聞。遷臺之後，自民國七十年代起，立法院的亂象，便日益熾烈，令人痛惜了。

第七章　風雨飄搖的年代

1. 受命於危難之際

民國三十八年，整個東北、絕大部份的華北，全已為赤流沖捲而去。一月二十一日，蔣中正總統宣佈引退，由李宗仁副總統代行職務。

先是，國內有史以來的最大會戰——國共的徐蚌會戰，政府失利。重要將領或殉職如邱清泉、黃百韜；或被俘如黃維、杜聿明等。京師動搖，人心惶惶。一月五日，政府任命陳誠出任臺灣省政府主席。那時，陳將軍正在臺北市延平南路住所養病。對於新命，曾再三懇辭，他電覆行政院，希望魏道明留任，駕輕就熟，不必改組。據其後的變化分析，這是蔣中正總統的最後一著棋子。此項人事安排，奠定了臺灣等地的生存與復興。

陳誠就任臺灣省主席之後，首先提出「人民至上，民生第一」的施政方針。同時，由於大陸局勢的嚴重惡化，為了鞏固這塊孤懸海外的島嶼，特公佈「出入境登記辦法」，規定凡申請入境者、必須有保證人，否則禁止來臺。此事立即引起各界的責難，特別是立法委員們。是時大陸極為不安，人人希望來臺避難。因此一時有「抗戰靠山、反共靠海」之說。接著陳誠又被任命為臺灣警備總司令，且授以指揮監督中央駐臺各機構之權。為了減輕各界對陳誠的責難，陳氏在二月間特囑劉真帶了致立法院院長童冠賢的一封私函，請童冠賢多多支持，童冠賢閱過私函，當下表示：

「陳辭公公忠體國，有魄力與擔當。我完全贊同。」

與此相呼應的是，各地的大專院校學潮，竟像狂濤怒波，奔放洶湧。

中共在侵襲任何一個地區之前，通常是先滲透入高等學府，利用一般純潔的熱情青年，興風作浪，使政府窮於應付。這是中共最狠毒的手段之一。可惜當時（四十年代前後）的學校青年，完全懵然無知。

臺灣，這孤懸海外的島嶼，原是單純平靜的，這時也受到有如瘟疫的感染，發生了嚴重的學潮。臺北當時有兩所高等學府——臺大及師院——的學生竟也紛紛罷課，校務幾乎已完全停頓。剛剛發表為省主席的陳誠想起了劉真。在湖北省立師範學院時，劉真擔任過訓導主任，極為師生敬重，而且有處理學潮的經驗。陳誠認為，臺大是國立，有聲望卓著的傅斯年擔任校長，尚可放心；而臺灣師範學院一直沒有專職的主持人。現在又鬧起學潮來，必須馬上找一位有擔當、有經驗、有魄力的人來處理，於是立即發電給劉真前來協助。

那是三十八年的四月六日傍晚，劉真在南京立法院開完會，剛剛回到住宿的中央飯店，突然接到陳誠主席的電報，要他即刻到臺灣來。

「是什麼事如此急迫呢？」劉真非常納悶。在此風聲鶴唳的時局裡，必然有極重要的事，要他相助。事情緊急，由不得多作考慮，他迅速向立法院請假、星夜趕往上海，於四月七日搭中興輪前往臺北。

劉真於四月八日下午由基隆上岸，便發現情況異常；進入臺北市區，只見沿途均有全副武裝的憲警，在重要路口，持槍警戒。緊張的情形，較之南京、上海，並未稍減。

當晚七時半劉真到陳誠主席的延平南路寓所晉謁，見有臺灣大學校長傅斯年等多人在座。據陳主席說，四月六日，臺大師院學生在街頭遊行示威，與憲警發生衝突，並毆傷軍警多人，情況很是嚴重，故已暫令師院停課。

以果斷自信著名的陳誠將軍，微露笑容，向「五四」運動時便頭角崢嶸的臺大校長傅斯年說：

「我決定請你的老同事劉真先生來處理師範學院的學潮了。」

當晚告辭時，傅斯年邀劉真同車。向來率真直言的傅氏向劉真說：

「你為什麼接這個爛攤子？師範學院學生鬧得敢打憲兵、警察，你一個人不怕打嗎？」

「我已經答應了陳主席，自然要為他解決問題。」劉真無奈的表示。大約民國二十年左右，南京中央大學校長由段錫朋接任時，曾為學生包圍毆打，上任之事因而作罷。段是五四運動時的大將、傅斯年的同學，竟遭此屈辱。故傅頗為擔心的建議：

「為策萬全，我看你請軍警護衛前往吧！」

「我必須單人前往。」劉真說，「我相信大多數的學生是極為純潔的……，我寧可被打，也不願在憲警保護之下，接任院長。」

「我擔心這些衝動狂熱的青年，沒有理性之下，會做出意想不到的事。」傅大概想到老同學段錫朋的經驗。

和傅分手之後，劉真當晚獨自到行將接掌的臺灣省立師範學院大門前，先行觀察了一番。只見大門兩旁各有一塊木牌：一邊是「臺灣省立師範學院」，另一邊是「臺灣省立臺北高級中學」。環境簡陋不堪，不像個高等學院的規模。

次（九）日保安副司令彭孟緝將軍也打電話來，詢問明（十）日就任「是否需要加派憲警護衛之類」的話。劉真仍然一本初衷，加以婉拒。

當天下午，省府秘書長浦薛鳳打電話給劉真，請他到省府去一趟。當時浦秘書長把陳主席親筆寫好的一張便箋交給劉真，上寫「成立省立師範學院學風整頓委員會，聘劉真先生為主任委員兼院長。」委員若干人，包括黃朝琴、游彌堅、謝東閔等政壇知名之士。

「我是現任立法委員。」劉真當即向浦秘書長表示，「擔任臨時性的學風整頓委員會主任委員沒有問題。但是能否兼任院長，恐怕要向內政部選舉事務委員會請示。」

浦秘書長因說：

「主席就在隔壁辦公，你可以當面向主席說明。」

劉真拿了便箋走到隔壁，向陳主席說明個中原因：「也許改為『兼代院長』比較妥當些。」他建議說。

陳主席略作考慮，便照劉真的建議，親自將「兼院長」的「兼」字下加了一個「代」字，並告訴劉真：

「謝東閔係教育廳副廳長，學潮發生之後，他堅決辭去兼院長的職務。雖然再三挽留，仍不同意。目前，最重要的是學校恢復上課，一切正常化。由你全權主持。」

劉真當即報告，決盡力完成這一任務。他對青年學生相當瞭解，充滿自信的表示，「相信短時間可以使學校恢復正常。」

陳誠又親切的告訴劉真：

「目前國家局勢動盪不安，很多人急於離開大陸，有的遠赴美國，或者留在香港觀望。大多數人認為臺灣終將保不住，也怕生活上不能適應，都不肯來這兒支撐危局。這也是我找你前來的主要原因。」

在國家動盪不安之際，這位老上司的心情，劉真是完全可以瞭解的。「我會盡力去做。」劉真坦率的表示，「但立法委員能否兼任師院院長這事，希望由省府去電內政部，請內政部正式回文解釋。」

那時，內政部已遷到廣州，部長為李漢魂。陳主席當下表示同意，隨後再度面告劉真：「最好在一個月內，先行把師院的學潮平息下去，恢復上課。」

四月十日上午，謝東閔以教育廳副廳長及兼代院長的身分，來福州街劉真寓所陪他去師院接事。自這天起，劉真展開了他生命中的重要一頁。自從民國三十三年年底離開湖北師範學院教職以後，瞬將四年多了。現在重新回到他素來喜愛的教育工作，且是一院之長，正可以實現平生的大願。對於自己的能力，更是一項新的挑戰。學校雖然規模不大，時局尤其令人擔心，但是，中國傳統社會知識份子的「臨難毋苟免」的懷抱，受命於危難之際的知遇感，無不使年方三十多歲的劉真，充滿了信心與勇氣。他必須將這所百廢待舉的師院，辦成一般青年學子傾心嚮往的學府。

2. 首先解決校地問題

這是他一生教育事業的起點。一片值得投入生命、情感和理想的疆土，待他來開拓。

這所臺灣省立師範學院成立於民國三十五年。由於種種原因，彷彿一個嬰兒，先天不足，和其他同時的學院或專科學校相比，均難並論。院址是日據時代的臺北高等學校（光復後改為臺北高級中學），兩校共用一個校園。首任院長為時任國大代表的李季谷。李因另有職務，故對院務未能全心運作。三十七年六月，李調任為浙江省教育廳長，臺灣省政府乃派教育廳副廳長謝東閔兼任院長。嚴格來說、這所學校雖已成立將及三年，實際上還是在草創之中。不說別的，連「校門」也付之闕如，遑論圍牆之類的建築了。在學校傳達室旁入口處，掛了兩塊約二尺高、六寸寬的木牌：一塊寫著「臺灣省立師範學院」，一塊寫著「臺灣省立臺北高級中學」。校名是普通黑色油漆寫的；必須走到近前，方能發現。劉真心想，這外觀實在太不像樣了。一所高等學府，培養中學師資的搖籃，至少應該有足資陶養身心的環境。現在校地過於狹隘，將來縱然有了充裕經費，也將受制於過小的面積，無法擴建發展。

這天是四月十二日，也是劉真上任的第三天，在巡視過校區之後，回到院長室靜下來思考。學生們已紛紛返校登記，秩序良好；其次，罷課示威中被捕的學生，經過交涉，也次第釋放，返校就學，可堪告慰。但想到校舍過於狹隘、實在是根本問題。

最初，他由臺北市政府得知，大直一帶甚為空曠，僅有一棟忠烈祠，位於北區，最宜發展。然而，在當時政府財源拮据的狀況下，放棄舊址，另建新校，必然遭致物議，難以實現。

非常幸運，他發現師院對面有一塊空地，面積與師院舊址相等，只有幾戶農家，若能取得，倒也合適。經派人到臺北市政府調查地籍，得悉大部份乃公產，僅一小部份為私有。

「若能取得這片土地，師院的發展，便不致過於狹隘了。」劉真馬上要秘書辦好請撥的公文。自己帶了公文和地籍圖，往省府求見陳誠主席。他向陳主席說：

「師範學院的校地過於狹隘，面積只有一百八十九畝，大約六甲半大。將來要想發展，即便有經費，也是辦不到的。」

陳主席一向重視教育，因問：

「有什麼地方可以收購、擴充，我一定支持你。」

「正好，師院對面有一片土地。我已在臺北市政府查過了，是公產。只有少數幾處屬於私產。若撥給師院使用，將來求發展，便容易多了。」

陳主席仔細的看過師院的平面圖，和請撥的土地位置圖，然後問：

「你對有關法令是否都查清楚了？」

「查清楚了。」

陳主席聽後，即刻在公文上批了「原則照撥」四個字，並且說：

「一所獨立學院的校地面積，是很重要的問題。你到任才兩三天，便來解決，非常難得。有問題可再來見我，我一定支持你。」

劉真非常愉快的回到辦公室。現在，師院的一個最基本的大問題，已經初步解決了。當劉真興奮的向全院師生報告業已取得陳主席的同意，將可獲得師院對面的大片空地作為校地時，無不驚異這位年輕院長辦事之迅捷與果斷。

「其實，如果政府能撥經費，我倒是希望將師院遷至大直一帶。那兒背山面水，才是最理想的教育環境。」劉真在閒談時向幾位參與創校的同仁說，「當初創校為何不選擇一處較大的校址，修建全新的校舍呢？」

「當初大家以為在臺灣辦教育，是暫時性質，都沒有長遠打算。再說，做校長的一興工蓋房子，便會引起別人的閒話。吃力不討好，反而不如因陋就簡，得過且過的好。」那些老同仁幾乎是異口同聲的回答。

「但是，」年輕的劉真聽了頗不以為然，「前任怕麻煩，將會留給後任更多的麻煩。」

「不怕麻煩」這一觀念使劉真勇於任事。當他再度到省府辦理購地事宜的時候，便有人告訴他：

「劉院長，你為師院洽購的那一百八十餘畝土地，早已有幾個機關打主意，想購來蓋辦公大樓。你後來居上，捷足先得。那些人現在後悔得直跺腳呢！」

一向個性嚴謹的劉真，這時竟輕鬆的笑了，他想：「幸虧我快，否則，師院的未來發展，要費事多了。」

「快刀斬亂麻」，劉真於處理完擴增所需的土地外，隨即決定將臺灣省立臺北高級中學於當年暑假、呈報省府結束。由於他是兼校長，所以並未費事。這兩件事都是發展師院的重要問題。若非劉真上任來接掌，拖到那年那月，還真難預料呢！

這時，內政部已電覆臺灣省政府：「依據憲法規定，立法委員不得兼任官吏；監察委員不得兼任公職。師範學院院長係聘任職，依法不受限制。」省政府接到電文後，有了依據，即正式聘劉真為臺灣省立師範學院院長。劉真早先的顧慮，也就一掃而空了。

3. 政客的黑手、堡壘廳及新聞組

誰知過了幾天，一位服務於內政部選舉事務所的朋友驚異的告訴劉真：

「內政部剛收到你辭立法委員的文件。為何要辭去這個職位？內政部曾經電知臺灣省政府，你兼任師院院長是完全合乎憲法的。為何還要辭去呢？」

劉真聽了，極為詫異，真是丈二金剛，摸不著頭腦，但隨即明白過來，說：

「沒這回事呀！我並沒有去文給內政部。一定是有人偽造文書，冒我的名，想頂代我的缺。」

劉真於是報告陳主席。很顯然，這是劉真那一選區落選人，企圖以迅雷不及掩耳的手段，矇蔽內政部，准予遞補劉真的立委職位。當下陳主席即囑省府主任秘書劉慕曾：

「速電內政部查明何人偽造文書，依法究辦，以端政風。」

這種政治上的卑劣手段，使劉真對政治甚感厭惡。他是儒家的信徒，信仰的是「己所不欲，勿施於人」的道理。他更想起父親平日的恕道教誨，因而力勸劉主秘：

「只去電內政部說明內情即可，不必請求徹查究竟了。」得饒人處且饒人，讓它不了了之吧。他無意於政治生涯。教育對他，才是最具有吸引力的偉大事業。對於政治，他想最好敬而遠之。

民國三十八年的臺灣，正值大陸極為動亂的時期，大局仍未安定。有一天，省主席陳誠請文教界領袖於臺北市中山堂，舉行茶會。出席者包括傅斯年、劉真、成舍我等人。成舍我是著名的報人，手創《世界日報》於北平。當面向陳誠建議，為了儲備新聞事業未來所需的人材，政府必須加強新聞人材之培植，以應付中共的宣傳攻勢，並建議請臺大增設新聞系。

「張季鸞並不是新聞系出身的。」傅斯年表示不贊成，「臺大決不辦新聞系。」張季鸞是新聞界權威評論家，主持《大公報》筆政有年。抗戰期間，《大公報》榮獲美國密蘇里新聞學院獎章，張氏之力也。顯然，傅氏認為新聞系培養不出像那樣的傑出人才。

由於傅斯年一向被認為是個性堅強，主見甚深，所以無人願意在這一問題上再討論下去。陳誠偶見會場的大廳名為貴賓廳，因說：

「現在局勢動亂，人心不安。」說著指向「貴賓廳」三個字，「我想各位在這種情勢下，大概都志切報國。我希望大家要做中流砥柱，使這個彈丸小島，成為國家的精神堡壘。」這番談話正說到眾人的心坎深處，便一齊鼓掌，表示風雨同舟的決心。從此「堡壘廳」便代替了「貴賓廳」。如今知道這個「掌故」的人，恐怕很少了。

可是這個「故事」卻一直盤旋在劉真的心中，他想，為國作育新聞人材，甚是重要，可惜傅斯年校長一口否決了新聞系，師院又無此能力，只好等待時機了。

到了民國四十四年，師大成立之後，劉真認為機會來了。他先在師大增設了社教系，在社教系內設立了新聞組❶。一時應考的學生甚眾。將近四十年來，由這一組出來的人材，計有施克敏（曾任中央通訊社社長）、黃肇珩（曾任中華日報社長、現任監察委員等）等多人❷。臺大似乎悔不當初。於八十年代才成立了新聞研究所。自然這是以後的話了。

---

❶ 關於師大成立社教系新聞組一事，請參看劉真〈對大專新聞系科的建言〉一文，載臺北《新聞鏡》一〇〇期。

❷ 民國八十一年，名記者于衡於《中央日報》撰文，題為〈劉真和臺灣教育〉，追述師大創設社教系事，有云：劉真在師大創辦社會教育系。在社會教育系中，分成社會事業組、新聞組、圖書館三組。而這三組中，對臺灣的社會風氣，有很重要的正面影響，師大社教系第一屆畢業同學中，出了一位教育部長郭為藩、監察委員黃肇珩、中央通訊社社長施克敏及《經濟日報》副總編輯葉玧漢。截至現在為止，歷年師大社教系社事組、新聞組、圖書館組的聯考分數，均居榜首，成為教育學院的招牌系。

4. 勇於負責，救人危難

不久，一件更嚴重的問題發生，相當棘手。有一天，治安單位送交劉真一份問題師生名單，其中包括著名近代史專家郭廷以等在內。照治安單位的意見，必須先予解聘或懲辦。在四十年代間，這是令人震驚的大案件；一旦波及，常有性命之憂；最輕也得遭受幾年牢獄之災。

「怎麼辦呢？」參與機要的承辦人說，「依我看，把這份名單，移給治安單位處理吧！」

「我得再考慮一下，」劉真心情沈重的說，「一旦交給軍警單位，事情就嚴重了。」

「可是，這個干係太大啊，」那承辦人誠懇的報告，「將來一旦出事，誰能承擔得了！」

這的確是非常嚴重的問題。國民政府在飽受共禍之餘，對於肅奸防諜，正在雷厲風行的展開。只要沾連上一星半點，便難以脫除干係。所以上至達官貴人，下至販夫走卒，一聞「奸、諜」案件，無不視為畏途，避之惟恐不及，甚至有一些急功好利之徒，竟而以檢舉他人為進階邀功之道呢！如果他以院長的地位，不加可否，移送情治單位，這一干人便可能立即遭致牢獄之災，甚且更為……

「但是，我怎能只求減少個人的責任，而斷送這班人的身家、乃至性命呢！」劉真握著那份名單，不停的思前想後。

「如果你不將案子移送，萬一真有共諜在內，怎能擔待得了呢？」劉真又想起這一問題。

「不過，」他終於作了最後決定，「只要我動機純正，縱然有所牽連，也是清白的。古代大臣如蕭何、名賢如歐陽修、……無不以舉賢為重要志業。目前，我至少應做到養賢、救助青年學子。豈可怕負責任而使這些無確切罪證的著名學者、無辜青年等含冤莫白，乃至生死難卜？這和我少年時代所仰慕的那些偉人、賢者的風範，太相違背了。」

劉真想到這兒，帶了名單，立刻前往謁見省主席陳誠。陳如明瞭，當可迎刃而解。

「這些教授多半是有名的學者。尤其是郭廷以先生，在中央大學任教多年，乃近代史的權威，不可能有思想問題。」劉真向陳將軍報告，「而這班青年學生只是受人利用而已。真正的匪諜，多半是不出面的。我曾經辦過一些學潮的案子，深知匪諜的狡猾。他們在治安單位出動之前，早已逃掉了。」

「我也有這種想法。」陳將軍說，「但是，你能負責嗎？」

「能，」劉真肯定回答。在緊要關頭，若一猶豫，便無法挽救了。

「好，」陳將軍表示完全的信賴，「那麼，由你完全決定好了！」

這是劉真最冒險的一次決定。在當時的政治環境中，他簡直以身家性命，來挽救數十位學者及青年學生的生命與家庭。而他又決不能向當事人透露一絲半點。這其間的干係，是難以想像的嚴重。

一般親友或識與不識的人士，對劉真的道德勇氣，表示震驚；甚至為他捏上一把冷汗。劉真自己則這樣想：「我不能沒有勇氣，沒有擔當，為了教育，也為了良心。」在這一「仁恕」的觀念下，他沒有解聘一位教職員，也沒有開除一個學生。轟動一時的「四六學潮」❸，經過一個月的疏導平靜的落幕了。倘若略有遲疑，略有畏懼，不知將造成多少不幸，多少災難。五月間，陳主席前來師院巡視，對堅守崗位的師院教授們，面予嘉勉。那時師院是當時省立學校的龍頭。師院的安定無異是整個教育界的安定，至關重要。劉真的任事能力，也就自然得到各方的肯定了。

5. 求賢若渴，大師應聘

第二步該是如何使學生生活安定了。他知道，必須自精神和物質兩方面著手：前者是滿足學生的求知慾，後者是改善學生的飲食起居。於是，他一方面透過各種管道、延聘優良教授；另方面籌畫如何充實教學設備。

那時國立臺灣大學校長是名滿中外曾經代理過北京大學校長的傅斯年。劉真年事、資望，

❸ 關於當日學潮之烈，以及臺大、師院師生的政治活動引起的「白色恐怖」，請參閱民國八十二年九月十二日《中國時報》（臺北）所刊〈打開白色恐怖史，不堪回首夢魂中〉一文。

在學術界均難與傅相匹；而師院的設備等物質條件，更遠不及臺大。又由於師院的校舍，乃是日據時代的臺北高等學校。光復後教育改制，遂改名為臺北高級中學。日據期間，高等學校是帝國大學（臺大前身）的預備學校，其畢業生大多升入臺北帝國大學。現在帝大改為臺大，則利用原臺北高等學校校舍來辦師院，所以臺灣不少學生家長，便認為師院是比臺大低一級的學校。有此種種困境，要想爭取到優秀的教授、改善師院的客觀條件，就更為吃力了。

劉真身為院長，深知延聘優良教師的重要，故除託人從上海、桂林、廣州等地延攬名師以外，他每天從報紙上一旦獲悉這些學者抵臺的訊息，隨即帶了聘書，親臨拜訪。這種熱誠是傅斯年無法企及的，也是其他校長難以相比的。他開朗坦誠的性格，及出諸內心的謙遜，使被延聘的碩學名儒深受感動，欣然接受。「大學教授乃大學的靈魂」。美國某教育家曾言：「沒有大的教授，便不能有大的大學。」想到這些話，他尋求當代名師的精神，也就愈加積極起來。

由於局勢一天不如一天，許多著名學者、教授，為了逃離共黨，紛紛來到臺灣。這情況卻成為劉真聘請好教授的良機。

民國三十八年六月，師院還未放假，劉真到任僅僅兩個來月。有一天在報上，忽然看到名畫家黃君璧已來臺灣，暫住泰順街臨時寓所的消息。泰順街距師院極近，他立即往訪，並且當面邀請黃出任師院藝術系主任。

黃君璧乍聽之下，非常詫異，他半生縱橫藝壇、結交名流如雲，但素未謀面而如此推誠相許卻還是第一次遇到。此情可貴，故而黃君璧略一考慮之後，便應聘了。

「有了大教授，學校才能辦得好。」劉真想到這兒，便深感欣慰，「只是文史方面的大師，還嫌不足。」

然而，皇天不負苦心人，在報上他又看到曾任北大代理校長陳大齊來臺的消息。對陳大齊，劉真不只聞名，而且久仰其學殖深厚、品德高潔。他知道楊亮功（時任師院教育系主任）乃大齊先生在北大時的學生，為示尊重，便邀約同赴陳的寓所拜會，懇聘陳大齊為師院專任教授。陳大齊原任考試院秘書長，近始得以辭職，隨政府來臺，今見劉真偕同楊亮功來見，便欣然同意。若不是因緣時會，這些大師級的學者，劉真若想延攬，也許很難如願呢！

七月初，暑假才剛開始，劉真又由報紙得知「著名作家梁實秋由廣州到達臺北」的一則新聞。仰慕梁實秋之名已久的他，立即帶了聘書前往素無來往的梁氏下榻之所訪談。他非常誠懇的道明來意，希望梁氏到師院英語系任教。對於素昧平生的劉真之誠摯相邀，梁實秋最初有點意外，然而稍作考慮之後便決定應聘了。

師院的原任教職員聞聽劉真這般積極的爭取大儒、名家，動作如此迅速，私下卻也又驚又喜：

「看來這位新院長對名儒碩學，要一網打盡了呢！」

「這當然好啊！院裡有這些大師，我們也光彩而有面子啊！」

而劉真卻依然注意報紙的文教新聞。「聘教授要趁早，因為，慢了一步，他接受了別校的聘書，即便想應我的聘，也必須一年以後，才有希望。」那時，聘約通常是一年為期。他向別人說出心事：

「早一步就是早一年啊！晚一步可不知道要晚多少時間了。」

沒想到幾天之後，他又得悉國畫大師溥心畬到達臺灣，下榻中山南路凱歌歸（即國民黨中央黨部現址）招待所。這使劉真更為欣然。溥先生的藝術造詣，品格風采，名滿天下，當然是應該爭取的大師級教授。為恐耽擱了時間，立即乘車往訪。溥心畬一點不客套，完全藝術大師的風格，立即接受了聘書。在歸來的路上，劉真想，師院藝術系的陣容，這一來可更堅強無比了。

劉真之求賢若渴、採納眾流的開明作風，使若干在校教授，深受感動。有一天，國文系主任高笏之（鴻縉）便主動的找他商量：

「聽說院長想請在香港教書的潘重規先生來我們學校，是嗎？」

「是啊，」劉真明確的表示，「他是黃侃（季剛）的女婿，國學造詣是大家知道的。目前，他還不曾答應。現在香港的條件，比臺灣當然好些。」

「我想我的系主任可以讓出來。」高笏之說，「請潘先生來做系主任，他可以儘量發揮，也許會考慮的。」

「可是，」劉真有點猶豫，「為了聘潘重規先生，怎好要你讓出系主任的位子？」

「這是我自己要讓出來的，」高笏之誠懇的說，「潘先生比我年輕，又肯任事，有創意。對學校、對我個人，都是再好不過的事。就這麼決定吧！」

「既然這樣，」劉真為高笏之的誠意而感動了，「我就這麼和潘先生連絡了。」

「這樣，我也可以輕鬆一下，專心我的文字學研究了。」高笏之放下一樁心事。

「謝謝你，」劉真熱誠地說，「我們這所學院，就靠諸位的碩學清望、同舟共濟了。」

那時，臺灣的航空事業幾等於零，飛機的航班少之又少。一般自海外來臺灣的旅客，只能搭輪船先到四十公里外的基隆港，再轉來臺北。劉真為了表示禮遇和熱誠，常遠赴基隆，親迎新聘的教授；像名女作家蘇雪林自香港來臺，便是其中之一。這種熱誠的精神，和那些將大學校長當做官的人相比，愈令人有鶴立雞群之感。原本藉藉無名的臺灣省立師範學院，一時名教授、名學者及名作家，薈聚一堂❹。以至於當時的《中華日報》社長盧冠群覺得不太尋常，曾

---

❹ 當時師院教授的陣容非常堅強，是過去很多著名的大學所趕不上的。例如教育系的系主任楊亮功是前國立安徽大學的校長；接任的劉季洪、是前國立西北大學的校長；其後又由前國立河南大學校長田培林繼任。至於理化系的系主任陳可忠則是前國立中山大學校長，音樂系的系主任戴粹倫是前國立上海音專校長。名畫家黃君璧擔任藝術系主任，溥心畬教授國畫。翻譯莎士比亞全集的梁實秋，先後擔任英語系系主任和文學院院長。潘重規擔任國文系系主任。管公度擔任數學系系主任。李亮恭擔任博物

半開玩笑似的向他說：

「這些大教授你伺候得了嗎？」

言外之意頗擔心這位年輕的院長，資望尚淺，居然聘請到這班名重士林的大牌教授，將來可能形成尾大不掉、馴至發生無法推動行政措施的情勢。

這種擔心，事實上有其理由。「資望」永遠是中國官場的一項重要影響力。多少年輕有為的領袖人才，便因不善肆應這些「前輩」的作梗而敗下陣來的。

劉真卻非常坦然的告訴盧社長：

「我聘請教授是為學生著想，沒有考慮到我會遭遇到什麼難題。教授先生只要把學生教好，縱使在學校行政上對我有什麼過不去，或者與我有什麼意見不合，也沒有關係。」

盧冠群聽了，不由詫異起來。絕大多數的機關首長，幾乎無不先考慮到「此人對我是否逢迎，是否接受我的指揮」。劉真居然不作此想，未免有些不可思議，因而又說：

「這只是理想，實際上或許困難重重吧？」

「據我的經驗，」劉真向盧冠群闡釋，「愈是好的教授，愈容易相處。他們的興趣全在教學和研究。多數不想參預行政事務。學校對待教授，最重要的是禮貌。尤其是校長對教授，如

系系主任。其他如陳大齊、錢穆、郭廷以、黃建中、汪少倫、孫亢曾、江良規、蘇雪林、牟宗三、高明、李辰冬等一般著名學者，先後應聘來校任教。

能真正予以禮遇，則一般職員、學生、工友自然對教授更加尊敬了。全校充滿了尊師重道的風氣，我想任何教授都會與學校密切合作的。」

在這樣主觀和客觀的情況下，劉真聘來的教授，有時竟超過了應有的名額，有一天，教育系的系主任劉季洪便向劉真提出：

「你請了這麼多位教授，恐怕無法排課了！」

「沒有關係，」劉真爽快的回答，「這些都是知名的教授，現在隨政府由大陸來臺。大多數不肯做公務員。我們聘請他們來學校任教，一方面也是為國家維繫人才。」

在劉真的思想與情感裡，教育和國家永遠不能分開，人才與國家也永遠不能隔離。平日他一直以「求知若渴」自況，但從他為師院敦聘良師來看，實際上，比「求知若渴」還要有所超越呢。

6.大陸來臺教授學經歷證件之解決

那是個兵荒馬亂的時代，臺灣大專教師的資格審查，當時教育部委請教育廳辦理。廳長陳雪屏是北大的老教授、著名的心理學家，卻也是位卓越的行政人才。當劉真帶了教授名冊送到教育廳辦理核備手續時，經辦人員表示，「沒有學經歷證件，怎麼審查呢！」

「這些都是名教授，人人皆知的學者。倉促間離開大陸，又怕在路上暴露身分，招致危難，自然不會帶證件來。他們中有的還曾擔任過大學校長呢！」

可是，承辦人還是面有難色。

幸而陳雪屏廳長在辦公室聞知，乃向主辦人員說：

「這些人大家都認得，還需要學經歷證件麼？」

於是，事件得以順利解決。

名學者、名作家等應聘來院者既多，劉真便在行政系統上，加強陣容。其時，師院共有十個學系。系主任乃實際上的校務執行者，地位極為重要。要想延聘優良教授，也端靠系主任的襄贊與物色。劉真立即更動了其中的九個系主任。他向系主任們要求，師院是以培養師資為主，教授除了要有學問外，更須有高尚的品德與豐富的教學經驗。這一點和普通大學不一樣。他想：

「只要學生對教授的教學滿意，生活上又獲得照應。全校自然能夠和諧安定。安定才能進步。否則，一切都無從談起。」

當時，得悉內情的人頗為劉真擔心。

「這樣大幅度的人事變動，可能要引起風波吧！」

但是，劉真有堅強的理念。豈可「怕事」而任其「率由舊章」？於是，他坦然的告訴關心的朋友說：

「寧可為整頓學校而忍受譏評，決不因遷就環境而敷衍應付。」停了一刻，又說：

「我相信教育界總是有是非和公道的。」

事實果如所料，外界未加非議，便是校內，大家也深慶得人。

第八章　安定校園

1. 勉勵學生認識自己

第二學年於三十八年九月二十六日開始。光陰荏苒，劉真擔任院長已經歷了五個多月。對入學新生，他非常親切的叮囑和期勉：

第一，你們要知道自己是一個學生，唯一的本務是求學，必須虛心接受學校師長對於學術和生活的教誨與指導。凡是足以妨礙自己和別人讀書求學的事情，大家必須竭力避免，以免受到團體的制裁。

第二，你們要知道自己是「師範學院」的學生。教育部特別規定師範學院必須施行嚴格的身心訓練，對於學生的品格修養、學術研究以及專業訓練，都要加以同樣的重視。

> 第三，你們要知道自己是臺灣省立師範學院的學生。臺灣今日的環境與地位，和其他各省迥不相同。……你們的生活行動，一定要配合臺灣全省上下所共同努力奮鬥的目標。你們的公費待遇，是臺灣七百萬同胞血汗的賜予。……要為臺灣七百萬父老而竭誠服務。(〈認識自己〉，《劉真先生文集》㈢，頁六六〇。)

在稍後的臺北《新生報》上，劉真以〈我在師範學院服務的一個基本態度〉為題，發表專論，表示其抱負：

> ……平日常有朋友問我：「你辦師範學院的態度是什麼?」關於這個問題，我的答覆非常簡單，就是：「一切為了青年。」
>
> ……
>
> 關於師範學院教授人事方面，過去有一種極不合理的現象：一是各系科沒有確定名額；有的系科教授多得無課可教，有的系科教授少得開不成課；二是助教人數太多，約占全體教員人數的三分之一，以致發生很不良的影響。所以今年暑假以前，特別根據各系科課程的需要，擬定了教員人數的編制。除有實驗課程的科系助教未予變動外，其餘一律裁減。同時以此多餘名額，增加教授。總計今年各科新聘的教授約五十名。……(《劉真

先生文集》・(一)，頁一一九—一二〇。)

隨後，劉真特別強調：

> 這幾個月來，無論是學潮的處理和院務的整頓。我唯一的目的，就是希望把本院造成一個理想的研究環境，樹立優良的學術風氣，使一般學生在校能受到最適當的教育，出校能成為最健全的教師。只有這樣，才對得起七百萬的臺灣父老，也才對得起臺灣下一代的青年。(同前注。)

這是他的辦學抱負。在近代林林總總的教育家中，劉真的大業，從此處可見其端倪了。

2. 修建男、女生宿舍，加強生活輔導

師院學潮雖已平息，並且延聘了著名的學人和專家來任教；但學生的散漫精神，並未因而改正。劉真細細觀察之後，發現關鍵在於散居校外；每天下午課畢，便和學校失去聯繫；而住在校內的，也沒有周延的管理規定。要想改變散漫的精神，變化氣質，應先行解決學生的住宿

問題。當時經費取得不易，他只好將原臺北高中的教室，改建為女生宿舍；另外，在師院附近積極籌措興建男生宿舍，使全院學生一律住校，並規定每晨參加升旗典禮。一些原居校外的學生，自然高興萬分。因為既可節省往返上課的時間，又可省下一筆房租及交通費用。此外，劉真認為師院的學生餐廳，過於簡陋，乃向省府請求撥款興建。在有限的伙食費下，儘量改善營養及菜式，以增進學生的健康。沒想到這種努力，竟然引起一些非議，指為「熱心有餘，經驗不足」。也有些是出於關懷的心情。當時曾任教育部長的朱家驊便向他表示：

「大學生集體居住宿舍，最易聚眾滋事。你現在蓋學生宿舍，不正方便他們鬧事嗎？」

這話真令聽者動容，尤其是正值學潮發生不久的時候。事實上，大陸各大專學校的宿舍，包括北大在內，學生宿舍每每成為共諜的避難所或者潛藏處。

「可是，若只是消極的防止，似不如積極的輔導好。全體學生若能住在宿舍，師生間便可有較多的接觸機會，增加彼此的感情。」劉真婉轉的向朱家驊說明。

「我看這事還是多加考慮比較好。」這位歷任黨國要職的教育界大老，仍然懷疑，並說，「過去大學學生在宿舍內議論校政；稍有不滿，便恃眾威脅學校當局，甚至毆辱師長、校長。現在中共的職業學生，正在伺機而動。本來不易發展學運，但住進宿舍，不正為他們製造機會麼？」

劉真對於這位先進的關懷，非常感謝。但他年輕，對學生實際接觸較多，頗瞭解青年的心理，因又解釋：

「騮公，過去學生在宿舍鬧事，是因為缺乏輔導和管理，如果加強生活輔導，就反害為利了。」

朱家驊接著又說：「日本在臺灣辦帝大，也沒有學生宿舍。歐洲一些國家也無學生宿舍，分別在外居住。況且，學潮剛過，中共的職業學生利用宿舍從事煽動破壞，難免不再度發生學潮！」不過，劉真卻認為：

「中共所以能利用職業學生鼓動學潮，多半是因為有機可乘。學生如散居在外，生活自然散漫。師生之間有所隔閡，和校長不大接觸，學校不便管理。同時，社會份子複雜，青少年不易自制，最容易為陰謀家挑撥離間，造成種種衝突，使師生、社會都蒙受極大的損害。防止中共滲透，只有從思想的說服、及生活的輔導兩方面著手才有效。學生住在宿舍，便容易進行溝通活動。再說，師範教育本應對學生實施嚴格的生活訓練，以變化氣質。學生住校便可接受生活教育。」

因此，雖然當時外界有所批評，但劉真深感「擇善固執」是非常重要的。如果事事害怕所謂「物議」，必將導致畏首畏尾；對任何興革之事，裹足不前了。

3. 主持朝會及升旗典禮

校地、師資和學生食宿問題，在劉真的積極推動下，次第解決了。但他發現學生的精神卻仍然有些散漫、缺少朝氣，社會上對師院的校風，亦有批評。解決之道首先是讓學生的生活步調一致。他規定學生要參加升旗典禮和早操❶。全體學生和輔導人員一大早集合在一處，既鍛鍊體魄，又增進師生的情誼，可說百利而無一害。精神煥發，團結力量正是最好的生活教育。

「學潮剛剛平息，驟然要他們參加升旗、早操等活動，學生們可能拒不參加呢！」當時擔任訓導主任的一位教授曾向劉真進言。

「我這個決定完全是為學生著想的。」劉真向他解釋，「我相信一定可以得到學生的擁護。如果辦學的人，經常和學生接觸，在每天升旗早操時，學生能看見校長，隨意交談，彼此相處，儼如家人，自然也就使校外別具用心之徒，無可乘之隙了。」

也正如劉真所料，同學們一聽要參加升旗典禮，幾乎無不歡迎。這證明他們有了一位真正

---

❶劉真此項升旗典禮及其實施之民族精神教育，影響深遠。校友梁尚勇於任教育部次長時，常與駐外人員接觸。咸告：留學生中以劉真任師大校長時期之校友忠愛國家之表現，最為特出。另僑務委員會委員長曾面告劉真，也有同樣稱讚。（見《劉真先生文集》・㈣，頁一九八〇。）

關懷同學的大家長。原本散漫的生活，將導入正軌了。劉真在第一次的升旗典禮上便向大家宣佈：

「我要求你們的，我一定首先做到；我自己做不到的，我決不要求你們。學校規定升旗早操，主要的用意是希望大家身體好，有朝氣。你們務須準時參加。我在師院服務一天，也一定每天準時來學校參加。」

這一段話使學生們特別感動。但也有少數人懷疑：「劉院長當真能實踐他自己的諾言嗎？」

但是，那些「少數人」對劉真估計錯了。每天早晨，鐘聲還沒有響，這位劉院長已經精神煥發地站在朝陽底下了。遇到同學，常常詢問其課業與生活。一般晚到的同學，甚至以為院長是跟「鐘聲同時到達操場的」。劉真要求學生參加升旗典禮和作早操活動，是以身作則，全為學生著想的。他關懷青年學生，並非只是照規矩行事而已。

劉真也不像一般校長站在升旗臺上，他站在同學隊伍前的草地上。有人問其故。「我要和學生打成一片啊！」這是他的答覆。

那時，大陸及臺灣各大專院校，都沒有朝會、早操的活動。劉真此舉，可以說是全國的創舉。原以為行不通的，誰知青年學生不僅歡喜參加於先，而且津津樂道於後。此舉養成師生一體的風氣。劉真認為，中共過去就是利用分化的伎倆而製造紛亂，破壞社會安定。我們只有積極的加以防止，消除學潮於無形，他如此表示：

> 中共職業學生之所以能在各大專學校製造風潮，挑撥一般學生與學校當局之間的感情，多少是由於一般辦學校的人不願與學生親近，因此他們才利用學校當局與學生之間的空隙，造謠離間，誣衊中傷。學校當局對學生建立不起信仰和感情，自然一有外力介入，就發生騷亂、釀成學潮，不可收拾。……如果在每天升旗、早操時，學生能看見校長，隨意交談，彼此相處，儼如家人一般，則校外的人縱想挑撥離間，也無從施其伎倆了。
> （〈從事教育行政工作的一段經歷〉，《劉真先生文集》(三)，頁一二九。）

由此可見，升旗一事看起來不大，實則另有深長的意義。

若是碰到天雨，不便升旗，劉真就到學生寢室去查看查看。當時學校校區不大，他常在校內散步一週，看看環境是否整潔，課外生活有無需要輔導或改進的地方。若遇到不善言辭的學生，劉真必然引其答話，使他不再拘束；和對親人、朋友間談天，沒有什麼不同。因此同學們對劉真都沒有隔閡。那種彼此「視而不見」的現象，在劉真領導下的師院，是難以想像的。

在校園中，只要碰到學生和他相遇，劉真便自然而然的迸出快樂的笑容。常常是學生還沒向他敬禮，他卻先以微笑向迎面而來的學生致意了。他一直相信，辦教育必須付出愛和關切。單純的知識傳承是非常偏失的觀念。無論對文化、對歷史，都是不能落實的。

可是，校內外仍有若干挑剔，認為舉行升旗典禮後，又由體育教師領導作健身運動，乃是對中學生的生活教育方式；對大學生儘可不必。何況，別校並無此規定？劉真聽了，仍堅定的表示：

> 師範教育與一般教育性質有所不同。教育部規定師範生應接受嚴格的身心訓練。況且「學術自由」與「生活規律」並不衝突，甚至相輔相成。師院以培養健全的中學師資為目的。如果學生在校時不能養成堅貞的愛國情操和良好的生活習慣，畢業後如何能作一位稱職的中學教師？所以縱然有少數人批評這一措施，我也絕不在意，因為，我的動機和目的完全是從辦師範教育的立場出發的。

那時，梁實秋到校未久，大概也聽見一些閒言閒語。有次在週會的專題演講中，特以自身為例，向學生說：

「由少及長，我一直以規律的生活來約束自己；從抗戰前，到抗戰期間，以及目前在臺灣，無不保持這種生活方式，使我的健康和工作效率，得以發揮到最佳的狀況。」

梁實秋又向同學們談到大同工職（大同工學院前身）校長林挺生（曾任臺北市議會議長，為工業鉅子）：

「林挺生對我們師院劉院長舉行升旗典禮的活動，非常欽佩。林校長說：劉院長是大學校長，都能以身作則。我身為工職校長，更應起而效法。」

當時，林挺生是頗負眾望的聞人；務實苦幹的作風，極獲肯定。

對於梁實秋的支持，維護學校措施的熱誠。劉真甚為感佩。

關於師院升旗的故事，不勝枚舉：

有一天，劉真到校特別早。在巡視龍泉街學生宿舍時，發現有幾張摹仿九成宮的書法，貼在牆上，頗有功夫。看看署名是「石再添」三個字。升旗之後，劉真於致詞時當眾宣佈：「地理系的學生石再添，住六〇一宿舍。書法相當好，你們知不知道？會後，請大家找時間到他的宿舍參觀參觀。」

這天的宣佈，特別引起一陣轟動。尤其是石再添自己，他平常聽到的晨間講話，多半是關於如何發揚民族精神，如何加強尊師重道。今天怎麼竟說到自己那幾張貼在牆上的所謂「書法」呢？

一連很多天，同學們先先後後，紛紛前往六〇一室去參觀。「院長推薦的書法，果然不差。」參觀過的人一致稱揚。石再添的室友幫著招呼來參觀的同學們，一直忙了一個多禮拜之久。

由於「書法」出了名，石再添連續當選了全校五位代表之一。每兩個星期與校長、教授代表，共同舉行座談會，討論學校興革事項。這種讓學生參與校政的民主化的措施，近年（民國八十年）才成為被大家肯定的教育理念。但劉真於四十年前便已創行了。

石再添從此之後，自稱「有了點信心」，並受教於名書法家宗孝忱教授門下。民國四十四年服預官役時，他獲得全軍書法冠軍及政治大考第一名。直到三十八個年頭之後——民國七十八年的時候，石再添還非常興奮的說：「這大輩子，就在『誠正勤樸』的搖籃中成長。」（〈劉前校長與我〉，《劉真先生文集》・㈣，頁二〇〇二—二〇〇三。）

一年級時張植珊（曾任省立彰化教育學院院長、行政院文建會副主任委員、僑委會副委員長等職）擔任班長，新鮮人特別調皮，班長最難為。每天早上叫大家參加升旗便是件難差事。起初不明白校長非常重視升旗典禮，希望老天下雨，好自在貪睡一次。那天雨實在大極了，氣候又冷，張植珊一個勁兒的喊起床，說：「升旗時間到了。」但另一位卻肯定的說：「我保證今天校長不會來。」同學們本想起來了，現在聽了這同學的話，便放慢動作下來。誰知話才落地不久，他一轉頭，劉校長正好走到他的身邊。大家立即拔腳奔跑出去。那同學一愣，也隨即開步跑掉了。一連幾天，直擔心會因而受到處分。

那時，有位留長髮的女生，同學們非常愛看她的飄揚髮型。然而劉真看到之後，在升旗典禮中特別講話，要求她即時剪短。「同學們將來要為人師表，儀容應該特加注意。」

「為什麼別校沒有這類規定呢？何以師院要這樣嚴格？」有人提出異議。

「師院和別的大學性質不同。既然上了師院，便要接受比別的大學更嚴格的教育。」劉真堅持，「每所學校應該有每所學校的教育方式。例如軍事院校、技術學院之類，當然又和師院不同。」

那位女生當然照辦，剪短了秀髮。

由於劉真每天準時到校主持升旗典禮，有一位「調皮」的同學，便不大「服氣」，在寢室內向同學們誇口：「明天我要和院長比賽，看誰先到操場。」次晨他提前十分鐘到達操場，那曉得仍然慢了一拍。

劉真通常每天早晨五時起床，在家中讀書一小時，再前往學校領導學生升旗，一直持之以恆，信守所言。凡是那一時期的師院（大）學生，特別對當時的「升旗典禮」，留有嚴肅而溫馨的回憶。這是「小事」嗎？但一個人能實踐他的諾言，行之九年始終不變，似乎應該稱之為「大事」了。

4. 師生一體，全校一家

在升旗典禮後，劉真最常告誡學生的是，對老師要溫文有禮。他以身作則，尊敬校內所有的教職員工，且誠懇的向學生強調：「師範學校和師範學院的學生尊敬老師是最合算的，因為你們尊敬老師只是在校三、四年的事，而你們享受學生的尊敬卻是一生的事。」（〈從事教育行政工作的一段經歷〉，《劉真先生文集》．㈢，頁一二二二。）又說：「學生對老師多一分尊敬，老師教課也自然多一分熱力。受益的自然仍是學生。」在極短的時間內，師生間便充滿了莊敬和睦的氣氛。辦教育不只是爭取好的考評。這細微的生活教育，其成效與價值，也許是無與倫比的呢！

事實上，不僅師生感到這股熱忱的暖流，就是司門的校工，也近乎「不解」的向人道說：「每次劉院長經過校門，我向他鞠躬致意時，他還禮時往往是腰彎得更深、更低。」

沒有許久，無論師生都感到這位院長有不凡的熱力。任何一位學生，想找「院長」，只要輕輕的把「院長室」的玻璃門一推，劉真便馬上從辦公桌前站起來，直接喊出他的名字；然後請他坐下，細聽學生的意見。在他看來，如有學生來找他，乃是莫大的欣慰。任何人可以體驗到，院長浮自心頭的笑意，和春風拂人，並無二致。「在師院要見院長，似乎比見任何人都容易。」不久便成了盡人皆知的訊息。

「我們去看院長，院長還讓我們坐下呢！像是對待親人和貴賓一樣。」有些學生描述院長接見的經過：「我從小學到大學，見校長、見老師、都是站著講話。從來沒有『相對坐談』的經驗呢！」❷

❷ 大約四十年後，當時的師院學生黃炳煌，已獲美國哥倫比亞大學博士，出任國立政治大學教育系主任，談起當年到校長室見劉真，劉真讓他在一張椅子上坐下談話；雖是小事，對他的影響極大。現在，他

同時，如有所請求，只要他答應了，同學們便大可放心。他說辦就辦，絕不失信。他常說的就是「言其所信，行其所言」。

在四十年代初期，臺灣各級學校中仍留存一些日本的教育風氣，一位小學教師，也有絕對的權威。日據時代的教師儼如長官，別說對學生像對下屬，連對同校的女老師，也留有若干歧視的觀念。平日女教師為男老師斟茶乃是司空見慣之事。有時辦公室來了外賓，校長便命女老師倒茶送水，彼此習以為常。而現在，身為大學校長的劉真，對學生的謙沖與和順作風，在學生心目中，委實太不尋常了。以至於有些教職員，便向劉真建議：

「院長還是立個制度，讓學生直接找您。您不是太辛苦了嗎？況且，分層負責……」

「我知道，」劉真和藹的打斷了他的話，「不合分層負責的原則，是嗎？」停了一停，他開導這位同事：

「在行政機關應該嚴格的執行分層負責制度。但學校是教育團體，校長、教授和學生之間，能多多接觸、減少距離最好。不可變成舊式的衙門。整個校區內，要充滿一團和氣，彼此不存任何隔閡。這樣大家才不會把學校的發展和榮辱，看成全是校長個人的事；學校的前途，也就必然光明了。」

對待學生猶如當年劉真對他一樣，尊重學生的地位，使彼此有充分交換意見的機會。（參閱《劉真先生訪問記錄》，第八次訪談紀錄。）

「院長剛才提到的『一團和氣』，我們倒深有同感。自從院長來校後，以往的散漫、疏離，似乎不存在了。」一位同仁非常熱情的說。

「這是一所學校進步的重要條件。」劉真感到相當的快慰，「任何地方不能充滿彼此友善，成員間便會有股無形的壓力，便會互相敵視、懷疑與嫉妒。試想，在這種情形下，如何能有進步呢？」

「可是，這不是件容易的事。」

「當然，」劉真表示同感。停了一會，他似乎想起了什麼，「不過，就我過去服務的經驗，凡事大公無私，抱著教育是奉獻的觀念，便可以實現一團和氣的理想了。」

「只是，院長對學生未免太寬厚了一點。」一位同事將話題轉到學生身上。

「我是尊重他們。」劉真似乎觸動了感懷，「不過，和尊重老師不一樣。在尊重中包含了更多的愛護。這些學生將來是要獻身教育、教誨青少年的；如果在大學時代，得不到師長的尊重，將來怎知尊重他人，怎知愛護學生呢？」不過，他停了一刻，再補充下去！「重要的是『愛護而不姑息，嚴格而不苛刻』。」（參閱《我在師範學院服務的一個基本態度》，《劉真先生文集》㈠，頁一一七。）

平常，他一再的向周遭的同事、僚屬、教師及朋友如此闡釋：「我們辦教育的人，最重要的，就是以天下父母之心為心。凡是希望子女做的，就應該嚴格的要求學生去做；自己不希望子女做的，就應該嚴格限制學生去做。」為了使學生潔身自好，不致感染社會惡習，師院對學生有很多嚴格的規定，如上課點名、學生宿舍晚點、學期集中考試及不可出入舞廳等。

「凡屬學生不應做的，我們就不該寬貸。否則，便是愛之適足以害之了。」劉真在應該嚴厲的時候，絕對堅持。他的愛心卻也周延深厚。平常每天都在學校辦公室；就是寒、暑假，他也常去學校。可以說，比在家的時間還多。教育、學校、學生，永遠是他生命的寄託。他對學生的親切，有時甚至令他們有受寵若驚之感。常常在老遠老遠的地方，他便對迎面而來的學生，露出溫婉的笑意。有一位學生回到宿舍，曾如此描述：

「我剛才在辦公室走廊上，遠遠的看見院長走過來，微微的含笑，我以為他在向別人示意招呼。可是下意識地又覺得不像。待我四下一看，並無別人，才知道院長是向我致意呢！我慌忙敬禮。你們說尷尬不尷尬？」

於是，大家大笑，而笑聲中似乎已獲得了什麼。

「可是，」另有一位同學停止了笑，若有所思的說：

「在下自小學而中學、而大學，遇見的校長，不下六、七位，可從沒見到像劉院長這樣的人。學生還沒向他敬禮，他卻先向你頷首示意了。……」停了一會，又接下去，「像剛才他的尷尬情形，我也碰到過一次。因為，我怎麼也想不到院長竟是先向我示意呢！」

「所以，以後大家看到院長，」先前的同學下結論似的，「動作要快一點！不然，將被他搶先了！」

當時（民三十八年）全院共計十七系科，男、女同學約五百餘人，年輕的劉院長幾乎個個叫得出姓名來。最令人意外的，他幾乎曉得每一位學生的性向和資質。三十多年之後，一位當年讀國文系的學生焦毓國曾如此寫道：

> 一個黃昏，我正穿過行政大樓，走向側門欲回宿舍時，院長白如公恰好走出辦公室，當我正向院長行禮，還沒有道晚安時，院長叫住我說：
>
> 「焦毓國，你是國文系的，文筆也不錯。為什麼不好好運用，好好的發揮呢？」
>
> 白如公的話，使我大感意外。我不是優秀的學生。況且剛剛轉入三年級，到校未久；院長何以有如此好的記憶？縱然只是臨時觸發的適情之言，一種鼓勵的技巧方式，也足以令我深感驚喜。（〈生命昇華中的一絲螢光〉，《國立臺灣師範大學校友學術論文集》，頁二二八一。）

其實，這位學生所說的「臨時觸發的適情之言」，完全錯了。劉真賦有與生俱來的仁愛心腸，及對學生的深切關懷，不是臨時，乃是出乎自然。為什麼呢？焦毓國在後文中，已無意中透露出來，有一次，焦毓國心情不好……

> 第二天我便懶在床上，未曾升旗，儘管我在大陸讀了三年大學，借讀過北平師大，續讀過南嶽國立師範學院、從來沒有升旗這檔子事。但我當時對師院的升旗典禮，深表擁護。因為那是必須實施的愛國教育。尤其在風雨飄搖的當時，而白如公每天清晨在同學尚未集合，就已經站在升旗臺前。……想不到白如公在升旗之後，便走進我的宿舍，掀起我的蚊帳。
>
> 「我的眼睛痛。」其實，我的眼睛是我最醜陋的標誌。
>
> 「拿著，去看眼睛。」
>
> 我接到手中，還未辨清是什麼，白如公已走出寢室。
>
> 看看是新臺幣。數數，十一元。……（同前注。）

劉真的關懷學生由此可以概見。一個剛剛轉入師院不久的「不是優秀的學生」，他便有了相當深切的印象，休說其他「才俊之士」了。

同樣的，而且幾乎是同時的一位學生施金池（曾任教育廳長、教育部次長）在其〈沒齒難忘〉一文中，說他為了報考高考、時間已過……

> 正在不知如何是好的時候，經過一位同學的指點，鼓起最大的勇氣，硬著頭皮去請求校長幫忙。現在已經記不起來如何闖進校長室，又怎樣向校長求情的。校長很快地為我寫了一張名片，去補辦了報名手續。這是我當學生的時候，跟校長的唯一的「溝通」機會，所以，校長也許還記得曾經有過這麼一個糊塗學生。（《國立臺灣師範大學校友學術論文集》，頁二二九〇。）

其實，劉真何止「記得」?可以說相當瞭解這位「糊塗學生」呢！因為，當施金池預官訓練結束的時候，「突然接到劉校長寄來的教育系助教聘書。福從天降，覺得很意外。……」（同前注。請參閱本書第十八章，第七節：〈施金池的故事〉。）

凡此，皆可看出劉真的辦學精神。他愛學生如子弟，宅心仁厚，出自肺腑。

5. 師院學生的標誌

這個時代的師院，真正做到了師生一體、全校一家的境界。從當時就讀臺大的一位學生陳勇的描述中，更可得知其客觀的詳情。

灰色的棉布制服是師大學生的標誌，雖然窮困，但卻不寒酸，一個個精神抖擻，對前途充滿了信心和希望，一方面固然是因為師院聘請很多第一流的名教授，他們的學識和風範足以使學生們的學習生活感到充實；而另一方面則應歸功於當時的院長劉真（白如）先生所樹立的精神指標。那時凡我所認識的師大同學無不把他當作一個中心，由此而使一所學校產生出一種「景氣」的局面。我今天做中學校長也已二十二年了，才真正地印證和領悟出其中的道理來的。

陳勇以準校友自居，足見這位在臺大讀書的青年，對師院是何等的喜愛。師院，讓他有了依靠、支柱和溫暖。下述一段，自然是他更為客觀或得之於其他同鄉、同學的資訊：

> 現在想想，那時的劉先生也才不過四十歲左右，套句時髦話是道地的「青年才俊」。可是劉先生所顯示的卻是一種謙虛自抑、禮賢下士的態度，並充滿了一種「憂患意識」和「使命感」。所以處處以身作則，一樣的是卡其布中山服，大清早就把整個校園巡視一遍，然後在大操場上主持全體學生的升旗典禮，常常還做精神講話；而講話的內容並沒有口號和高調，是從學生們的生活上、學業上著眼的；譬如說「我每天都看到王美奐同學一早就拿著小板櫈坐在大禮堂臺階上讀書……」、「文書組有幾個印講義的職位，單身

流亡學生可申請以半工半讀的方式謀求生活費……」等等，一則給人有親切之感，同時給每一個人也都有了激勵的作用。師大直到今日所以能有如此良好的學風，蓋奠基於此。而那些站在操場上聆聽的一群，不都成為教育界的中堅了嗎？（〈準校友的心聲與祝福〉，《國立臺灣師範大學校友學術論文集》下冊，頁二三五三—二三五六。）

而劉真本人的回顧是這樣的：

以現在師範學院的情形，我認為首先必須樹立學校行政的健全制度，俾能分層負責，提高效能。無論教務、訓導和總務方面，都要根據職掌，擬定辦事細則……尤其師範學院，我認為學校行政的本身，就應該對學生發生示範作用。我們一般教職員的辦事精神與方法，都要作為學生將來服務社會的表率。只有如此，師範教育才算真正盡到培育師資的責任。（《師大校刊》第一期，民國四十四年六月）

劉真認為，單單個人的「身教」還不夠。他要學校參與運作的教、職、員、工等人，通力合作，作為學生的表率。雖則此文發表於民國四十四年，但他的思想的發軔，自然是早已蘊蓄的了。

第九章　積極推進文史教育

1. 語文為研究學術的基本工具

暑假之後，便忙著招生事宜。這是劉真第一次實際主持入學考試業務。他認為「新生入學成績應按國文、主科及總分三項計算」。當時並決定，「國文成績不達規定水準，便該先行淘汰」。

研究近代史者均知，胡適之提倡白話文、蔡元培任北大校長時主張兼收並蓄；都是文化上的大貢獻。而研究臺灣光復後的教育史，劉真主持臺灣師院及師大時之推展國語、國文教育，亦應大書特書。當臺灣於日本統治五十年後回到祖國懷抱時，劉真深切知道，一般青年對於祖國的認識至為不足。補救之道，便是加強國語、國文方面的訓練以及歷史、地理的教學。一向抱著「為國育才」的劉真認為不由這兩方面著手，將難收事半功倍之效。

首先，師院特別訂定了國語、國文及英文三科的標準考試辦法。學期考試與畢業考試未能達到標準者，不得升級或畢業。他並且把這項要求，向各系科的學生宣佈：

一、任何系科的畢業生都能用國語教學；

二、國文系的畢業生除能教國文外，還能兼任國語教師；

三、英語系的學生應該具備英語教學和發表的能力；

四、其他系科畢業生能利用英文吸收其主修學科的最新知識，即英文閱讀力。

他相信，語文為研究學問的基本工具，也是瞭解國家民族文化的基礎。沒有充分的語文知識和造詣，便無法聯繫起對歷史、文化乃至民族和人際關係的感情。推廣、加強語文的學習，便是為國家、民族的生命，作了最好的奠基工作。

於是，在當時那種極為貧困、出版圖書特別艱難的狀況下，師範學院的幾位文史教授，包括程發軔、潘重規、梁實秋合編的《基本國文》、《民族文選》及《基本英文》等先後出版。除了供應師院學生使用外，商務印書館也公開發行，供應各校購讀。另外編印國文基本教材，引述剖析作品本身的優美；從而啟發學生的民族意識、國家觀念。

但不只編印上述各書而已。重要的是：劉真更規定：一、國文按程度分班，人數以二十五人至三十人為度；對臺灣省籍學生，並酌加教學時數；對光復初期，國語文基礎較差的現象，加以補救。二、每月背誦短文兩篇，長文一篇。三、除國文系外，其餘各系二年級國文仍為四小時；散文、韻文各佔二小時。四、分別指定課外讀物。這項大刀闊斧的務實課程革新，顯然具有極高遠的抱負，要為下一代的菁英，培養愛國家愛民族的情操。

有些學生自然感到壓力甚大，認為何必如此重視國語文。殊不知國語文乃是民族文化的根本。由於劉真的銳意推動，師院學生的國文水準，日益提高，獲得社會的肯定。有的學生尚未畢業，竟得以通過考試院的高等考試，提早取得公務員資格，真可說是「受益良多」了。

2. 舉辦文史講座

課外，潘重規教授由民國三十九年起，即劉真到任的第二學年起，由「人文學社」主辦，作公開的《四書》、《五經》及《紅樓夢》講演❶。以現代人觀之，「這有何難？」今日的臺北、週末假日，演講會何可勝數？主講人於現代化的音響及空調的大廳中，自可從容上臺演講，並有「講演費」可領。殊不知彼時空調、講演費均付闕如，甚且連主講人的白開水，還是在會場服務的學生，請師母以小煤爐燒來提供。就連一張海報的錢，有時也不易借得。（請參考焦毓國〈生命昇華中的一絲螢光〉，載《國立臺灣師範大學校友學術論文集》下冊，頁二二八三。）

誰知對於這項富於國家民族精神的學術講演，社會上竟有一小撮人批評為反潮流、開倒車。

---

❶ 關於「人文學社」的活動，請參閱由商務出版、吳自甦所著的《人文學社與文化復興》一書。

為此，民國四十一年九月臺北《新生報》特闢「通訊辯論專欄」，提出「青年需要讀經嗎？」供社會各界人士討論。經過半個多月的討論，結論是「我們需要讀經。」另一方面，也有人向劉真建議，不必遭受「復古」的誤解。

但是劉真非常堅持。他確定經典是中華文化的瑰寶，必須發揚光大；且向教育部提出建議，將《四書》列為師範院校必修課程。只可惜事隔四十年後，又有另一小撮別具用心之輩，醞釀著將《四書》列為選修了。

歷史課程也在加強之中。陳致平教授每週作一次「中華歷史故事」的系統講演。每次為兩、三小時。起初只是對師院學生的補充教學，其後，也如同潘重規教授講《四書》、《五經》一樣，均擴展到社會大眾群中了。每星期天上午及每週五晚間，無論寒暑風雨，許多社會人士充滿了嚴肅、欣慰乃至有些悲痛的心情，集聚於當時師院大門內右方的大禮堂聽講。在大陸重挫、國破家亡之際，來重溫中華的古典與歷史，希望從中獲得救亡圖存的啟示。……前後持續了很多年，排印成十多本書。不少廣播電臺錄了音，播放給偏遠地區的聽眾。這是一股正氣、一股力量。大家深信，中華民族自有其偉大的生命。久而久之，這兩項公開演講便成為社會的推廣教育。

民國三十九年三月一日，引退已達年餘的蔣中正總統，在朝野的要求下，因代總統李宗仁的去美不歸，復行視事。

蔣氏復職不久，便召見劉真，首先垂詢上（三十八）年四月師範學院學潮處理的經過，以及學校各部門的現況。蔣總統當劉真扼要報告之後，當即指示：

「師範教育是一切教育的根本。除一般課程外，應該特別注重『精神教育』與『生活教育』。」

劉真當下報告：為了適應臺灣的特別情況，已經採取了因應措施；其一是加強中國語文及史地的教學，已編了基本國文教材，訂定國語文考試辦法，且於課外舉辦「國學講座」及「中華歷史故事」系統演講。每天舉行升旗典禮。……

「很好，很好……」蔣總統表示稱許，隨後又加重語氣的叮囑：「國文最重要。」

3. 挽救了三十多名轉學生的前途

三十九年春季開學後，一天教務處的工友到院長室來說：

「院長，我看見教務處正在繕寫一張佈告，要開除幾十個偽造學籍的學生。」

劉真聽了，極為詫異，「怎會有此事？」說著他立即前往教務處查詢。

「怎麼回事？」劉真詢問正在繕寫的職員。

「教育部來的公文。」在場的人解釋，「有三十多名大陸來臺的轉學生，有偽造學籍的嫌疑，應予除名。」

「暫時停下來，不必繕寫了。」劉真看完公文，向那職員表示，「我這就到教育部問清楚。」

當時教育部在基隆路，程天放任部長。程是江西人，曾任駐德大使等要職，劉真向他說：

「這些學生都是經過教育部審核後，才分發到師範學院的。如果這批學生的學籍有問題，首先教育部應該負責任。再說，這批學生的在校成績不差，也沒有不及格的。」

程部長面有難色，一時無話可答。

「最重要的是，如果把他們開除了，叫他們上那兒去呢？」劉真再動之以情，「豈不是造出更多的問題來麼？」

程天放畢竟是學者出身，考慮了一下，覺得部令似有未妥，因說：

「那就將部令撤回好了。」

於是，三十多名青年學生的學業前途，立即展現出一片曙光，否則，真不知如何下場了。

劉真自教育部回到師院，把跟程部長的洽談經過，告知了教務處。一位組主任見院長如此急忙的為學生的事奔走，不禁感動的說：

「院長愛護學生，真是跟愛自己的子弟一樣啊！」

「為國惜才，自應如此。」劉真一面說，一面回院長室去。這是劉真的抱負。他希望所有的教育工作者都有此觀念與熱誠。

4. 校慶和校訓

師院之因陋就簡，可於「校慶」也付之闕如概見。劉真曾向一些資深的同事詢問，竟然莫衷一是。「這怎麼行？」他頗感遺憾。「人有生辰、國有國慶、校有校史。師院怎可沒有成立的確切日期呢？」

於是，他請最早期到校服務的一位同事呂士祿先生，將師院成立的有關資料，全部尋出；一面又向省府調閱以前臺灣行政長官公署時期的檔案，詳細的研究和考證，最後選定以六月五日為師院成立紀念日。在民國四十年六月五日，方舉行第一次校慶，而距它的創立，卻已度過五個年頭了。

在第一次、也是第五週年的校慶之際，劉真有〈歡欣與憂懼〉（《劉真先生文集》・㈠，頁四七四。）一文，說明他的感想，「以目前本院設備的簡陋、圖書的缺乏，以及物質條件的不足，我們能否負起這樣鉅大的責任（按指培養中學師資），真是感覺沒有充分的把握。」接著，他又慮及一旦光復大陸，師院的教授必然有一部份勢必還鄉，發生教學上的困難，所以建議政府「趕快就目前臺灣專科以上學校的青年優秀教師，每年選送一批出國深造，以為將來充實各院校師資的準備。」語重心長，說明了他對整個教育問題的關切。

由校慶，劉真又想到校訓。全國學校本有「禮、義、廉、恥」的共同校訓，但各校為了表現自己的特色，通常又有其本身的校訓。劉真幾經考慮，在既可兼顧、又能落實於日常生活下，選定了「誠、正、勤、樸」四個字❷。為了讓全院師生對校訓有明確的認知，特別發表演講，告訴學生：「一、誠就是不虛偽、不欺妄。凡事能做到始終如一，擇善固執，就可算得『誠』了。二、正就是不偏私、不枉曲。凡事能做到光明正大，貞固剛毅，就可算得『正』了。三、勤就是不怠惰、不因循。凡事能做到『自強不息，鍥而不捨』，就可算得『勤』了。四、樸就是不奢靡、不浮華，凡事做到『質樸無華，闇然尚絅』，就算是『樸』了。」他又說：「大家如果能做到誠正勤樸，便自然不難實踐『禮義廉恥』的共同校訓了。我懇切地希望本校的全體同學們，今後都以『誠正勤樸』為個人品德修養的準則，立己立人，達到『止於至善』的境地。」為期學生念茲在茲，劉真特於行政大樓入口處，手書「止於至善」四字，勉勵同學自強不息，止於至善。又說：「為使本校能樹立良好的學風，然後以我們良好的學風，來改善社會的風氣，奠定建設國家復興民族的基礎。」他辦教育，旨在建設國家、復興民族的抱負，躍然紙上。若人人知此意旨，身體力行，則國家和民族的前途，該是多麼美好啊！（〈發揚師大誠正勤樸的學

❷「誠、正、勤、樸」這一由劉真手訂的師大校訓，被稱為師大的精神堡壘。於七十四年六月校慶時遷移。民國八十五年，師大呂溪木校長又決定在教育大樓前孔子銅像下請劉真先生手書「誠正勤樸」四字，重行刻石貼金，不僅使「校訓」在校園內更為醒目，而且也寓有深長的意義。

風〉，《劉真先生文集》・㈡，頁六六七。）

這時的師院，學生尚不足千人，然而，在劉真主持兩年多之後，全院已展現出欣欣向榮的契機。他一再強調的團結、和諧，漸漸得到全體師生的認同。碩彥學者次第應聘，學校充滿朝氣，使師生們肯定，師院乃是師生的大家庭。

5. 教師節和圖書館

民國三十九年教師節（八月二十七日）這一天，劉真主持全校的慶祝活動。其時暑假仍未結束，師生星散，只有數十位同仁參加。劉真頗有所感的說：

「這是我第二次主持本院的教師節，沒有學生參加，在這種節日裡，既缺乏尊師重道的氣氛，更失卻舉行教師節的意義了。」

「民國二十三年七月，政府公佈國曆八月二十七日為孔子誕辰；我據曆法上推算，是錯誤的。」在場的國文系教授程發軔（旨雲）說。這位程教授是對曆法頗有研究的專家。

「程先生，」劉真非常欣然的問，「根據你的研究該是那一天呢！」

「應該是九月二十八日才對。」程發軔向與會的同仁說。接著，他把對這一日期的考證，簡單扼要的作了一番說明。大家聽了，一致主張請程發軔、黃離明兩人起草，由師院備文，呈請教育部核辦。

「這也算本院對社會的一項貢獻了。」劉真快慰的表示，「尤其身為師範學院的同仁，將至聖先師的生辰辨正出來，可說名正言順，更具意義。」

當時教育部認為茲事體大，乃轉報行政院核示。行政院非常慎重，遂邀請董作賓、高平子諸位曆法專家開會慎重研究，一致認為程旨雲的考證正確。行政院於第二五二次院會通過，並於四十一年八月十六日明令公佈國曆九月二十八日為孔子誕辰紀念日及教師節。從過去在暑假中冷冷清清的節日中，一變而為開學後熱烈氣氛中舉行的慶祝活動，意義自然不同。對發揚我國尊師重道的傳統精神，頗有久遠的影響作用。

也就在此時，師院對面的土地收購手續，已經完全辦妥，接下來是如何使用的問題了。當時，政府播遷來臺不久，財政極其拮据。修建費是最傷腦筋的大事。

其次，究竟採取什麼形式的建築呢？在幾經考量之下，決定修建一所規模宏偉歌德式的古典型的圖書館。原來，師院根本就沒有圖書館。所有的幾萬本藏書，分置於一間間普通教室內。劉真認為，「圖書館是大學的靈魂、人類知識的寶庫，不應該因陋就簡，草率興建」（〈從事教育行政工作的一段經歷〉，《劉真先生文集》．㈢，頁一二二六。）問題是：錢從那裡來呢？

為使圖書館的興建順利進行，劉真先正式成立了「修建委員會」，推定管公度教授等負責規劃，並公開徵求圖樣，進行招標。另一面，四處奔走，設法籌款。

「圖書館是重要的建築物。」劉真在到處碰壁的情況下，並不灰心，「沒有圖書館，怎能滿足教師及學生的求知慾呢？又如何提高師院水準呢？」

他原想呈請陳誠主席撥款。但是，衡情論理，實在不便出此。政府正在推行「克難運動」，軍糧民食等問題，已經夠陳主席頭疼了。全國的官兵，每年只有冬、夏各一套衣服，鞋襪經常破了仍補充不來。

「唯一的辦法，由我來發動銀行公會，捐助貴院十萬元好了。」一天，交通銀行總經理趙淳如慨然的答應劉真，「要是靠政府撥款，恐怕是沒有希望的。」

「謝謝你。」劉真由衷的感激。「我另外請師院的全體員生來向各界募捐好了。」

以當時蕭條的社會狀況，劉真實在沒有把握。但為了教育，他便不計其他了。

第十章　大師群像

1. 傅斯年與臺大

其時，劉真和臺大校長傅斯年均住在福州街，相距咫尺。這天飯後劉真出門散步，剛剛到了街角，便看見傅斯年正在路邊小吃攤「偷吃」。劉真邁過去招呼：

「傅校長，又背著嫂夫人在這兒大飽口福了！」

傅斯年患有糖尿病，夫人對他的飲食，嚴格控制。但傅是最貪口腹的人，一得空便會微服出行，在小吃攤大快朵頤一番。聽了劉真的話只是一笑，然後低聲向劉真說：

「聽說師院本學期調動了九個系主任……你真是勇氣可佩呀！」

那時劉真才三十七歲。傅則已五十多歲了。

民國三十八、九年間，傅斯年規定學生不可打麻將，非常嚴格。有一次臺大法學院八名學生在宿舍內打牌，傅校長便把他們全部開除了，一時在臺大校園內傳出不平的批評，指傅校長聲聲講民主，自己卻最不民主。開除學生應該經過訓育委員會會議通過，校長怎可自行開除學生！傅斯年對這些傳聞，於見到劉真時卻表示：「教育部也沒有規定大學校長不能開除學生啊！」這位五四運動的大將、民主的急先鋒，卻有如此的邏輯觀念。

那（三十八）年暑假，臺大、師院招生放榜以後，傅斯年遇到劉真，非常感慨的說：

「不該進臺大的都進了臺大。」

「是不是國文水準太差了？」劉真有感而發的詢問，傅氏頷首表示同意。當時及以後許多年，臺大一直執臺灣學術界的牛耳。傅氏更以傳承北大自居。他一向重視文史，對甫行回歸祖國懷抱的臺灣青年的國文程度，尤感失望。何況傅斯年對於大學教育，一向與乃師胡適之先生的主張相同，認為應該「重質不重量」，絕不可盲目的但求量的發展。

劉真也深有同感。因說：

「師院也是如此。不過，他們的常識卻比以前的學生豐富多了。所以，我想必須加強師院的國文課程。」

傅斯年雖和劉真的私交甚篤，但言及公事，傅則絕不通融。在傅的規定下：臺大教授不得在外校兼課。教授們懍於傅的威望，也只好默默順從。誰知有一天，傅突然到師院看望劉真，一坐下來便說，臺大數學系教授和系主任不和，多位教授相繼辭聘，數學系開不成課了。最後尷尬的提出：

「這件事無論如何請師院的教授來支援，找幾位到臺大兼課。」

劉真欣然同意，隨即請數學系主任管公度來商量，看那位教授肯幫忙。管聽了之後，便氣憤的說：

「傅斯年不准臺大的教授來師院兼課，我們為什麼去臺大兼課？」

「既然傅校長來找我們了，與人為善嘛！」劉真溫和的勸解。隨後說：

「如果你不樂意，你不去好了。但是若有願意去的，希望你不要阻止。」

管公度覺得也難以堅持，於是師院的岳長奎、范傳坡等幾位教授便應聘到臺大兼課了。而臺大的教授如沈剛伯、臺靜農、勞幹、屈萬里等人便也開始到師院來兼課。最受益的當然是學生。兩校的學生多了得以請益的專家學者，學術也因而交流了。

兩校既有了交流，劉真便特意邀請傅斯年到師院來演講。

「謝謝你的盛意，」傅表示推辭，「我最不擅演講。我教書大概可得六十分，擺龍門陣可得九十分。演講，哈哈，我最多得四十分。」

「傅先生太客氣，」劉真力勸，「很多學生想一睹您的風采呢！」

「不行，那更易破壞我的形象了。」傅斯年仍然婉辭。

不過，雖然力辭，傅斯年最後還是應允了。身材稍嫌肥胖的傅校長，雖然不是侃侃而談的那樣吸引人，講話內容卻非常深切，特別強調：

「臺大要想辦好，必先將師院辦好，因為臺大的學生來自中學，中學的教師來自師院。有好的中學老師，才能教育出好的中學生，進而才會有素質優秀的大學生。」

對於傅斯年的觀點，劉真甚表敬佩，遂乘間輕鬆的向傅問起：

「我讀過您以前在大陸上發表的一篇文章，說『教育不算是一門學問』。當時教育界不少人攻擊您。現在，您辦臺大，是不是有點改變呢？」

傅斯年聽了，略有困窘之狀，但本性率真的他，卻也坦然承認：

「當然不同了。」

文化界都知道傅是五四運動的健將，當時認為中國的傳統經典，都是阻礙社會進步的舊東西。想不到現在他竟指定《孟子》為各學院一年級的基本國文教材。劉真這天好奇的叩問原因，傅便笑答說：

「五四運動時代的傅斯年是二十幾歲的傅斯年，今天擔任臺大校長的傅斯年是五十多歲的傅斯年。」言外之意，暗示年齡增加，思想觀念自然不同了。

隨後他又發表個人觀感說：

「中國有留學生以來，有的空有文憑，毫無實學。一學起外國來，往往先學其短處；學德國先學其粗獷，學法國先學其頹唐，學美國先學其花錢，學日本先學其小氣。蔡元培先生不也曾說過出國留學固然很好，但同時也要保存中國文化嗎？」

傅斯年被稱為北大派。在大陸局勢逆轉之際，於民國三十八年一月間被政府任命為臺灣大學校長，他與劉真同是行憲後第一屆立法委員。傅來臺灣，對學術界自有穩定作用。臺大因傅出任校長，有一些師生便以北大派自居，高喊學術自由。可惜的是，有些人只要「自由」卻不重「學術」。傅斯年因敢言夙有「大砲」之名。但師院及其他高等學府，卻覺得傅是個有些霸道的人。事情是因政府採購的一批理化儀器而起。當大陸局勢未惡化前，教育部曾在美國訂購一批理化儀器，此時便通知美國逕運臺灣，撥交臺大、師院、省立工學院、省立農學院等四所院校平分使用。儀器運到臺大，劉真便請理化系主任陳可忠（其後出任清華大學校長）去臺大參加分領儀器的會議。陳可忠落得一肚子悶氣回來，向他回報：「傅校長不肯把儀器分給三所省立院校該分的部份，真不講理。」

傅斯年與政府高層人士，多有良好關係，又是著名兵學家俞大維（哈佛博士，曾任國防部長十餘年）的妹夫。傅既不將儀器分給其他三校，連教育部長也莫可奈何了。

2. 溥心畬不知夏令時間

某天上午，名畫家溥儒（心畬）教授突然到院長室來，神色似有不悅。劉真一向對教授們極為敬重，連忙起身相迎。

「我剛才上課。教室中竟然空無一人，究竟是怎麼回事？」溥心畬有些悻悻然。

經過查詢，才知政府已實行夏令時間，將時鐘提前撥一小時。溥心畬全不知曉。聽了旁人的解說，仍然表示：

「我不清楚什麼是夏令時間！」

「溥先生，沒有關係。你以後還照舊時間上課。我通知教務處注意配合。」劉真溫和的勸慰這位名畫家；然後特別通知課務人員：「既然溥先生不習慣。我們應尊重他。凡是他的課程，仍排在原來的時間。」

這樣子尊重教授的辦學態度，一般人是無法理解的。劉真告訴排課的助教，「溥先生是大師，他的一句話，足以影響學生的一生。」

溥心畬是末代皇帝溥儀的宗兄，早年留學德國，學的是科學，但以後竟在畫、書、詩三方面成為大師級的人物；為人耿直，嘗以「舊王孫」自居。社會上流傳出不少他的笑話。說他非常健忘，常常不認識自己的家門。溥大師常這樣告誡學生：

「所謂書畫同源，要學國畫，應先將國文讀好，書法練好；如此才能在自己的作品上作詩題字，得心應手，免求他人。」

而「舊王孫」在精神上，據說常有自傷之感；尤其是聽到國人常斥「腐敗的滿清」一語，禁不住心情黯然。平日也不用民國紀元。有些人私下以此告訴劉真，劉真卻一笑置之，說：「我們重視的是他能不能勝任教授的工作；政治背景是無須苛求的。」

溥大師頗嗜北方水餃，食量奇大，絕不節制。有次在女畫家孫多慈家，孫教授饗以水餃。溥一餐竟吃掉八十個。

「對於這樣的國畫大師，我們怎能拘泥於學校的規定呢？」劉真的話，透露了他辦學的風格。為什麼好教授肯在這所原先不起眼的院校任教，世人倒可以獲得答案了。

3. 陳大齊獨來獨往

有一次，教育系的一個學生來看院長。劉真一見到他，便喊出他的名字來，並問：

「是不是關於《理則學》的問題？」《理則學》是陳大齊擔任的一門課。由於陳是浙江海鹽人，鄉音頗重。去年上課之初，有些學生難於聽懂；更兼陳大齊早年留學日本，沿襲日本教授的上課方式，先把講義寫好；上課時便照講義宣讀。這和一般教授漫談而輕鬆的授課相比，顯然枯燥些。上學期，這個學生便向劉真表示。可是，現在，這位學生回答：

「是《理則學》，不過沒有問題了。因為同學們已經完全習慣於這樣的教學方式。」

劉真聽了，便說：

「陳教授是一代大儒哪，能受他教誨是很大的幸運呢！」

這個學生高興的點點頭，又說：

「現在上陳老師的課快一年了，我們才知道受益最多的、還是陳老師的課。因為堂堂都有講義，條理清晰，內容精闢。」

「你有這樣感受，那就最好了。」劉真欣然的告訴這位同學。

「我因為上學期曾代表全班向院長報告過，」這同學接下去，「為了表示我們班上同學的感受，所以大家又推我來向院長說明。」

劉真愈加快慰的說：

「這樣很好。這證明你們全班同學，能夠分辨出教授的好壞。要知道在大學是找大師，不是找吸引人的演員。」

那同學點點頭，似乎有些愧疚。可是，不久，他又開心的笑了。劉真正有些不解之際，那同學不好意思的接下去：

「陳老師時常穿一襲中式長袍。手裡總帶著一把雨傘，到學校來上課，晴天遮太陽，陰天便遮雨。」

「是啊，我也常遇見他，獨來獨往，安步當車。」劉真對那位同學說，「這便是陳先生最值得佩服的地方。」

「我們同學常說，陳老師就像是古代的大儒。現在已找不到了。」還沒說完，惹得劉真也笑了。

只可惜師院當時沒能提供宿舍，而房租與薪水完全不成比例。臺大因解決了陳的居住問題，以後陳便應聘為臺大的專任教授，而在師院改為兼任了。

4. 錢穆應邀來臺講學

師範學院已完全安定下來，只是圖書館的興建經費，仍難以籌措。「那麼，我就先從延攬海外著名學者來講學，開創學術的風氣吧！」劉真左思右想之後，決定邀請史學家錢穆，首開其端。

彼時，錢穆在香港居住，他對中華文化的執著與造詣，當代少有，是劉真所欽佩的學人之一。其次，在那風雨飄搖的時代，多有一位學者來臺灣，便等於為臺灣學術界多加入一條柱樑。於是，他便致函敦請錢氏來臺，在師院作學術演講。

錢穆於民國三十九年十二月初抵臺。以其卓越的學術地位，極受朝野重視。六日下午，在師院大禮堂首次演講。其時第一大報——《中央日報》——曾作如下的報導：

錢穆教授於六日下午七時，在師範學院禮堂作來臺後的首次學術演講，題目是〈文化學大意〉。他準備分四次講完。昨晚所講的是緒論部份。聽眾千餘人，除師院全體師生外，自由前往聽講的各界人士也很多。首由劉真院長致詞，介紹錢先生在學術上的成就和其可敬的風格，並希望他能在臺灣多留些時日，或能經常往來港、臺之間，使臺灣青年多得聽講的機會。錢氏在講到本題以前曾略述他由港來臺後，有著回到家裡的感覺，繼即以〈文化學大意〉為題，發表演講。先講其重要性。他以為今日人類所遭遇到的問題，不是從軍事、政治、經濟、外交任何一方面所可以解決的。我們應知道這種問題之所以成為問題乃是「文化的問題」。近二百年來，西方文化雖非世界文化，但有其領導世界文化的力量。不幸此文化有了問題，出了些毛病，所以才歷經二次世界大戰，使人類又面臨到三次大戰的邊緣。目下全世界分為民主與共產極權兩大陣營。是否後者為前者所擊敗便可解決問題？答案還是否定的。因為如文化不改，戰爭並不能解決問題。錢氏認為世界不斷發生糾紛，乃因在文化上出了毛病。正本清源，還得從文化上著眼。

其次他解釋「文化即是人生」，換句話說，就是人類的生活，但這是全體的人類。文化可從個人生活中表現出來，「然而個人的生活並不是文化」。「每個人都在文化間生活」。所以他說：欲了解每個人生活的意義，則必先了解文化；不了解文化，即不能了解人生；不了解人生而各行其事，則將不能避免地發生衝突。他並舉出各種淺顯的例證加以說明。

錢氏復以《易經》「可大、可久」二語，說明文化的意義。空間方面要能廣大配合協調，時間方面要能長久繼續不斷。最後，講到研究文化的方法，他謂人生可分為三類：一、物質的人生，即自然的人生、經濟的人生；二、社會的人生，即政治的人生、集體的人生；三、精神的人生。又將人類生活分為三階層：從物的世界進入人的世界，再進而達於心的世界，一步進一步擴展開來。錢氏講了整整二小時，才在掌聲中結束了他第一次講演，第二次講演在明（八）日下午七時舉行，將要講到當前世界和中國的文化問題。

錢穆曾以《先秦諸子繫年》及《國史大綱》等著作，享譽士林。他的演講不僅掀起學術研究的熱潮，即社會大眾，也頗受其鼓舞。其後包括陸、海、空三軍部隊或學校，也均邀請錢氏作公開演說。師院可說是首開其端，影響深遠了。

第十一章　生活與藝文

1.君子固窮

那時的窮困，是現在一般人無法想像的。為了存真起見，不妨一觀當事人潘重規教授的回憶：

民國三十九年七月，我從香港攜眷應聘來臺北，擔任臺灣省立師範學院國文系教授。其時學校規模、師生人數，遠遠不能和今天師大相比。我初到時，學校安排我住在龍泉街口新建的單身教職員宿舍，配給我兩間毗連的房間，一間做臥室，一間做書房。膳食即參加宿舍的伙食團。每月薪俸袋裝著二百八十六元新臺幣，足夠攻苦食淡的小家庭生活。住進宿舍，訂閱報紙應該是讀書人第一件大事，但當時《中央日報》一個月的報費是十六元新臺幣。剛到臺北，即參加師院入學試閱卷工作。辛苦了幾天，只分得二十元閱卷費。因此，感覺到十六元是一筆大數目；幾經躊躇，竟鼓不起勇氣訂閱一份報紙。當時臺灣教育界的清貧生活，舉此可見一斑。師院學生吃的伙食更是清湯白菜，比老師又要清苦得多。但是，我開始接觸到師院的氣氛，就有特殊的感覺。每日清晨，我在校園中練習太極拳，遠遠望見劉白如院長率領全校學生舉行升旗典禮，這一股蓬勃的朝氣，是我飽經喪亂以來，逃到香港過了一年洋場生活以後，才發現到的。我認為這是國家命運的無限生機、無窮希望。所以雖置身物質貧乏環境中，生活卻感到非常充實。（見〈經典與民族精神〉，原載民國七十五年六月十六日《中央日報》。）

潘先生是名教授，是系主任，貧困如此，其他固無論矣。而身為學生的生活又是如何？當年由青年軍、再入師院就讀的李鍌（後任師大教授，訓導長），於四十年後，即民國七十八年四月，曾如此回憶：

我本身是青年軍二〇九師最小的娃娃兵，所以我對國家民族的觀念是非常強烈的。當時校長敦請潘重規先生講《四書》，陳致平先生講《中華歷史故事》，還有牟宗三先生講哲學問題，同學們都同去聽講。那時學生多很窮，我們這一班很團結，在校長領導下，每年還定期聚會，一直到現在。每次聚會聊起往事，大家非常親熱。記得我當家教去上課時，還要借鞋子、襪子，因為光腳丫去總不太好。第一個月家教賺的錢只能請同學吃碗牛肉麵。我覺得這精神倒造就我們班上很多人才。到今天，我們班上有一半左右都在大學教書。政大、成大、師大都有；師大最多了，臺大也有。師大在劉校長領導下的學風，是我們最驕傲的。一直到今天，我當訓導長，大家說你們師大沒問題，學生很守校規。

（原載《師大校刊》第二七四期，〈劉真先生在臺從事教育工作四十週年座談會紀要〉。）

那時，李鍌已教過幾年小學，民國三十九年考入師院，已是中國國民黨雙園區的區委。不久，又當選為臺北市的代表。劉真發現這個學生活動甚多，便特別找他來，當面告訴李鍌：

「讀書要專心，不要被太多的雜務干擾。」

李鍌比同屆的同學年長幾歲，閱歷自然成熟，立即遵照指示，逐漸擺脫了若干「差事」，僅僅參加了「人文學社」這一社團。他經常看到劉真由總務長陪著在校園巡視。有時連教室的玻璃窗是否堅牢，都會審視一番。這使李鍌特別感動。他想起劉真告訴畢業生的一句話：

「作了教師，不要與學生距離很遠。」

更為難得的是，在同一時代的一位臺大學生陳勇的文章中，對當時的師院學生，也有非常平實真切的描述，陳勇說：

四十年代，我在臺大讀書，寄住徐州路的第四宿舍，也就是法學院的學生宿舍，因為臺大的學生除了上課外就各不相為謀，自由是很自由，但對二十幾歲仍甚渴求學生生活的我來說，倒常有一分落寞之感。

很自然地我常走向和平東路的師大（當時的師院）去發展，在那裡比較上有一些團體生活的味道，那時的師範學院好像只有七百多個學生，數得出的幾個學系，即：教育系、史地系、數學系、理化系、國文系、英語系、音樂系、藝術系、體育系和博物系。靠路邊的禮堂經常有活動，陳致平教授每週定期演講歷史故事，戴粹倫教授則不定期有小提琴演奏會，還有就是以藝術系同學為主的話劇活動，而我則成為基本觀眾，散場後就到馬路對面的麵館子吃一碗肉絲麵。有時還到宿舍裡的大澡堂洗一個熱水澡。因為在教育系和藝術系有我好些同鄉好友，所以他們的床鋪都是我休息落腳的地方。其中不乏單身的流亡學生，所以在精神上反而彼此都有依恃。最值得記憶的是常常湊合身上僅有的零錢去買幾支香煙來抽抽，或則向宿舍門口駕著腳踏車來賣滷味的胖子買幾條小燻魚或雞翅膀什麼的來打打牙祭。這就是當時的標準學生生活。（〈準校友的心聲與祝福〉，原載《國立臺灣師範大學校友學術論文集》下冊，頁二三五一——二三五六。）

根據學生之一——林良——當（四十）年的記述，劉真對師院學生的要求，是這樣的：

> 每一個師範學院的學生，都要受過國語跟體育的嚴格訓練。國語不標準，不能畢業；身體不活潑、體育不及格的，也不能畢業。院長理想中的中學教師，是身體結實、國語漂亮、有道德、有學問的年輕人。

又說：

> 他（劉真）反對一般大學生那種蓬頭垢面的名士派頭。他喜歡敏捷、決斷、誠懇、整潔的有生氣的大學生。（〈我所知道的劉院長〉，《劉真先生文集》㈣，頁一九八二。）

潘重規、李鍌、陳勇和林良應是這一時期大學教授、青年學生的代表人物，也便是這個海外孤島得以生存壯碩的中堅力量。當時師院由於劉真的領導，得以凝聚起來。時局動亂，生活艱難，而大家決心力挽狂瀾。雖然只是一所規模不大的師範學院，卻在暗中滋生出無限的光輝。

2. 舉辦郊遊與藝文活動

這（四十）年政府通知各大學院校，為了預防中共空襲，應自行選擇適當地點，設立分部。劉真因而約集了若干教授及行政部門的負責人員，到臺北附近的鄉間，尋找合適地點，以備疏散。當時，公路既不發達，就是有，也多屬顛簸不平。有時尚須步行甚久，腳力差及平日不太活動者便打了退堂鼓。

唯有梁實秋始終不懈，且不時對沿途風景，多所讚美：

「這地方如此美，何不約集同仁來這兒一起郊遊呢？」

「梁先生的意見，我們非常贊同。」馬上有同仁應和，「只是交通問題——」

「沒有問題，」劉真覺得意見很好，「由學校提供校車好了。這樣的集體活動，無論身心，都是有益的。」

回到學校，梁實秋馬上將一位胡助教找來，說明構想：

「你負責策畫、連絡，這次是獅頭山。」

一聽說由學校提供車輛集體郊遊，上上下下，無不樂於參加。那年月大家難得有此機會，一是荷包不滿，二是交通困難。現在可以輕鬆出遊，且是大伙一起參加，自然熱鬧有趣了。尤其是李辰冬、蘇雪林、謝冰瑩、孫多慈、管公度以及鄭美瑛等，最為熱心。這是文、理、教育各方面學者的聚會，一路上談笑風生，氣氛和樂，使劉真相當感動。他希望這種非正式的聚集，促進全體一心，加強團隊精神。

「我們可以利用這輛校車，來舉行小型的校務會議了。」

「何必開會，還是多聽聽梁先生的風趣談話吧！」有人插嘴湊趣。

於是，更引起大家的興致。看到大家如此和樂，劉真便宣佈：

「只要大家有興趣，我們以後可以按月舉辦。」

師院的這一活動，不久便傳揚開了，時任第一軍團司令的胡璉（曾任駐越南大使，陸軍一級上將）將軍聞悉，因力邀劉真帶師院同仁到其駐地附近的大溪旅遊。那天，劉真率同師院同仁先抵桃園龍潭，胡璉將軍為了表示熱誠歡迎，先偕同政治部主任高魁元（曾任國防部長）將軍在道旁迎候。

由於胡將軍與劉真乃多年老友，又久聞梁實秋的文名，這天中午，胡司令特邀師院同仁到大溪齋明寺享用素食餐點。

更意外的是，見到在寺內一位潛心修持的屈映光先生。他曾在北洋政府時代擔任山東省長。

「當時，正逢下一代的孔聖奉祀官將誕生。」屈映光說，「我奉命前往曲阜親自觀察誕生情形，然後以見證人身分電告北洋政府。」

這意外的「軼事」使劉真、梁實秋甚感奇趣。

「可惜達生兄沒來郊遊。」劉真幽默的說：「否則，可真是『他鄉遇故知』了。」原來達生即孔德成的別號，也即當年誕生的那位「奉祀官」，其時擔任師院的兼任教授，後任國府考試院長。

那時，師院為了調劑師生的生活情趣，有國劇社的組織，也有話劇社的社團。當時在校參加演出的，其後獲有盛名的不少。李行、白景瑞（均成為名導演），及楊承彬（後任臺北商專校長，在商專也推動國劇活動，每年均有公開演出）、楊承祖（曾任東海大學國文研究所主任）、謝一民（曾任成功大學中文系主任）等均曾粉墨登場，後任師大校長的梁尚勇則擔任文場操琴。梁實秋除了自己參加外，還邀其好友如沈宗瀚、蔣復璁及時昭瀛（後任外交部情報司長多年）等，前來觀賞。名伶徐露其時方在臺北女師附小讀書，有一天晚上也隨國劇大師齊如山惠然來臨，並在臺上清唱一曲，有如乳鶯出谷，全場報以熱烈掌聲。這些活動，使原來沉悶的師院，聲華洋溢，成為大家注意的焦點。

3.為建圖書館，專訪蔣復璁

直到民國四十年春天，時間已過了一年，師院籌募的圖書館興建經費，卻依然不足。劉真雖然焦急，並不灰心。「錢既然不是短時間可以湊足，那麼就先進行能做的事吧！錢嘛，慢慢的想辦法吧！」

於是，劉真拿起電話，請陳可忠教授到院長室來。

「請你陪我去看望蔣復璁（慰堂）先生一趟！」

「有事嗎？」一時陳可忠不知道究竟。

「我想請蔣先生給我們的新建圖書館，提供點意見。」劉真說，「他是圖書館專家，經驗自然值得參考。」

「修建經費不是還沒籌齊嗎？」

「沒有。籌齊恐怕還得一些日子。現在，先研究好建築設計圖，其他的事只好再想辦法了。」

蔣復璁為浙江硤石鎮人，與近代名詩人徐志摩為小同鄉。民國十六年畢業於北京大學，其後浙江省政府選派他赴德國留學，曾在柏林大學與普魯士邦立圖書館合辦的圖書館學院研究。二十二年自德返國，即出任中央圖書館籌備處主任，可以說是少數圖書館學的權威之一。

劉真與蔣復璁素無來往，為了興建師院的圖書館，因陳可忠教授是蔣的老友，所以請他同往訪晤蔣氏。蔣是臺大教授，住溫州街臺大教授宿舍，離師院甚近，不過幾分鐘車程。

蔣復璁為人篤實木訥，身材瘦小。對於劉、陳的往訪，有點意外。而蔣復璁居處簡樸，隻身在臺，完全是「苦行僧」的生活方式，使劉真更感可佩。他完全想不到眼前這位看來瘦弱、質樸的學人，竟能在抗戰期間，奉政府之命，化名潛往淪陷後的上海，負責蒐求善本書數萬冊的繁重工作。因為自日寇佔據後，陷區文獻收藏家迫於生計，紛紛出售藏書，包括江南藏書名家嘉業堂劉氏、群碧樓鄧氏的珍藏善本。由於蔣復璁的努力，都重歸國有，可說是保全文化的大功臣。劉真提出興建圖書館的構想之後，蔣復璁一本專家的觀點，非常詳細的講述了若干實際問題，請劉、陳兩位參考，態度非常虔誠。最後他輕鬆的說：

「大學興建圖書館，校長親自來跟我研究的，您是頭一位。」

「如您這般的專家，近在咫尺，不來請教，豈非莫大的損失嗎？」劉真坦白的說。

直到四十一年初，師院全體員生共募得新臺幣貳拾萬元，距離建一座稍有規模的圖書館所需，仍然相差甚鉅。其他方面，獲得約十萬元。統計只有新臺幣三十萬元上下。劉真想，就以這三十萬元的數額，先行開工，估量可以建築中間門廳及閱覽室兩部份工程。

「若待全數募足，不知要等待何年？」劉真力排眾議，決定開工，「至少師生們可以先多一個閱覽的場所。」

沒想到這舉措，一開始便惹起一些閒言讕語：

「劉真是熱心有餘，自找麻煩啊！」

「把這筆錢先用來買書，豈不更合適麼？」

他聽了，只是一笑置之。心想：「你們說得好像都有理。不過，沒有房子，將書放在那兒？

沒有房子，讓師生去那兒做研究工作呢？」

但在一片廣闊的空地上，孤零零的聳立著一座未完成的圖書館，看起來也確實刺目。首先兩側暴露出的鋼筋，便意識到殘缺無力的景象。劉真自己仍默默的籌措經費，進行全部工程事宜。口舌之爭，千古如一。有幾人具有與人為善、樂觀其成的襟懷呢！可是不到兩年，一座雄偉的圖書館終於落成了。在落成典禮茶會中，與會人士無不對劉院長備加讚揚。

4. 梁實秋、陳可忠及胡適

四十一年的三月間，美國駐華的教育顧問組介紹了一位美國籍教育專家來師院演講，原先顧問組說有翻譯陪同前來。這在當時也算一件「大事」。不意那譯員因病未來，而且，演講時間是晚上八至九時，這位專家於七時四十分才到達劉真院長辦公室，且值狂風暴雨的天氣。

時間過於迫促，又突起狂風暴雨。學院太小，並無專職英文秘書可以派用。情急之下，劉真只好打電話給梁實秋，請他找一位英語系的教授來傳譯。那時，電話也是罕物！若是公家宿舍，通常是二、三十家共用一部電話，由傳達來找說話人。

「時間太晚了。」梁實秋回話，「他們又多住在和平東路二段的教職員宿舍。……況且也連絡不到。」

然而，頃刻之後，梁氏直截了當的說：

「何必麻煩別人，乾脆我去為這位美國人傳譯好了。」

這頗使劉真不安，讓這位莎氏比亞權威來傳譯，委實過意不去。然而，不等劉真的回答，梁氏說了一句「馬上見」，便掛了電話。

這晚當然演講順利，賓主盡歡，梁實秋又是位言談風趣的人，以致聽眾也無不欣然。「從這件小事上，便可看出實秋是一個多麼熱誠、爽快，並肯為朋友解決問題的人！」（〈實秋先生不朽〉，《劉真先生文集》・㈢，頁一四〇八。）劉真於梁氏去世後，仍縈念不忘。

那時候，「出國」深造，如登天之難，簽證時的兩千元美金存款保證，沒幾個人拿得出來。一天，理化系的陳可忠教授向劉真談起：

「我們系裡的一位助教，學業優異，已經得到美國一所大學的全額獎學金，就是沒法湊足保證金，不能成行。」

劉真雖為院長，但也無此財力相助。可是，「為國育才」的念頭，使他不能淡然，因而向梁實秋探詢解決之道。

「只好求助於胡適之先生了。」梁實秋建議，「最好由您、陳可忠及我三人聯名。」

劉真當即表示贊同，並說，「可忠兄自然更樂意，就這麼辦。」

「別人雖有能力，」梁實秋補充，「但未必有胡先生的熱忱。」

於是，這位助教終於踏上新大陸。

過了幾天，梁實秋打電話來，說：「各學系一年級的《基本英文》，甚為重要，一定要請最好的教授擔任教學。現在，我有兩位清華大學及留美的老同學，是很合適的人選，想請他們幫忙。」

梁實秋推薦，當然沒有問題，劉真立即表示：

「請把兩人的簡介送過來，我立即發聘書。」

但到了第二年暑假前，梁實秋在擬聘教授的名單中，卻少了他的那兩位同學。劉真惟恐有誤，便直接詢問梁實秋：「是否有什麼問題，還是漏誤了？」

「那兩位同學學問確實不錯，教學經驗也夠。」梁實秋說，「過去一年都教《基本英文》，可是一個批改作業不認真，另一位在課堂上亂發與課無關的議論，不太專心上課。」

劉真聽了，頗為感動。他對梁實秋這種公而忘私，一切為學生學業著想的精神，尤為悅服。一般人絕對做不到。

到了四十一年秋天，師院與臺大聯名聘請胡適之先生返國講學。當時，政局雖漸安定，但社會人心，仍若冬眠狀態，缺乏生機的點燃。胡適於辭去駐美大使後，即長居紐約甚少返國，故一直是朝野大眾注目的焦點。

又由於胡氏為中外著名的哲學家、史學家，素為國際觀瞻之所繫；故對於社會之安定、政治的認同，均發生無與倫比的力量。以他為發行人名義出版的《自由中國》半月刊，不僅鼓吹學術思想的自由，且也是反極權、反暴政的重鎮。無形中，胡適成為高等知識份子心目中的偶像。大陸上毛共政權成立之後，第一位被清算鬥爭的，便是胡適。胡適指出，「在共產黨統治下，沒有不說話的自由」這句話，立即傳遍世界各個角落，成為對共黨最嚴厲的批判。

因此，當胡適抵達臺北機場之際，歡迎人群以「人山人海，水洩不通」來形容，竟是最平常的辭藻了。自從下飛機起，他的一言一行，無不成為記者追蹤的新聞。論其轟動和引人，非任何中外名人顯要可及。對於安定人心而言，劉真和臺大校長錢思亮均作了直接的巨大貢獻。

胡適在臺大講的是「治學方法」；在師範學院演講的是「杜威哲學」。由於胡適素有善於演講之名，故每次演講均造成極大的轟動。整整兩個月的學術講演之餘，劉真與胡氏也多所往返，有了非常深切的友誼。有時兩人小酌長談，有時與更多朋友歡聚。劉真雖為晚輩，以晚輩的身分陪侍胡適，但胡氏向來對人親切和善，仍口稱「白如兄」不絕。士林雅話，自然增加了一章。

5. 大學聯招的緣起

大約民國四十二年新曆年前的一天，劉真忽接到教育部的通知，邀約全省各大學、獨立學院校、院長前往開會。張其昀部長那時頗為當局倚重，對教育行政亦有其理想。他於會議上首先宣佈：

「自本學年起，教育部決定實施大學聯合招生辦法。所謂聯合招生，就是臺灣省各大學及獨立學院共同組成一個招生委員會，統一命題，統一閱卷，而且統一分發。」接著，張其昀又補充，「也就是各校不再單獨招生。這樣將減少考生時間和金錢的負擔，並可絕對公平合理。」

對各大學院校而言，各校有各校的特色，各校有各校的特殊要求，如此將使其自身的傳統特性，完全喪失。出席的校、院長們立即表示：「不能贊同。」因而陷入僵局。張其昀無法，只好宣佈「休息幾分鐘再討論」，說畢卻向劉真暗示「到部長室小坐」。

張部長當下向劉真表示：

「大學聯招是中央考慮再三的決定。現在中樞遷臺，各軍事學校也陸續來到臺灣，教學設備完整無缺。但因政治局勢不安，臺灣青年可能對讀軍事學校，意願不高。如果各軍事學校招收不到足額的學生，則不僅談不到光復大陸，恐怕確保臺灣的安全，也值得顧慮。現在以聯合招生的方式，使軍事院校和普通大學均在同一考試中招生。在招生簡章規定，所有考生均應填列一所軍事學校。這樣軍事學校便不致招不到足額的學生了。」

「稍停一下，我們當繼續討論此一問題。」張其昀接著說下去，「請你務必支持，而且儘可能說服與會人士。」

劉真只好點點頭，表示同意。張其昀又說：

「但是這項配合軍事學校的腹案，事關機密，千萬不能公開出去，以免引起各校、院長的誤會與反感。」

劉真回到會場，因基於國家情勢的需要，便盡力作說服的工作。又因當時校院僅寥寥數所，再度討論「聯招」問題時，大家便勉強予以通過了。

當四十二年劉真出國考察時，聯合招生主委係由臺大校長錢思亮擔任，副主委則為國防部龔愚廳長。四十三年聯招主委便由劉真出任。不過兩年後，軍事學校自動退出，所謂大學聯招制度，也只限於一般普通大學與獨立學院了。

第十二章　美國考察

1. 華盛頓與紐約

這期間，政府已開始注意經濟建設，發展職業教育，民國四十二年，師院與美國賓州大學合作，首先創辦了工業教育系及家政系。劉真便在美援合作計畫之下，應邀於四十二年二月赴美進修、考察一年。

當年二月二十七日的晚上，臺北的松山機場，擠滿了許多師院的師生，歡送劉真往美國作為期一年的考察。其時舊曆春節過去不久，他離情依依，無限別意。

尤其是英語系主任梁實秋，一向不喜送往迎來，竟然前來送行，頗出劉真的意外，因而低聲問他：

「你是向來不大送往迎來的。今晚怎麼破了例？還帶了這許多學生來？」

梁實秋立即把劉真拉到一旁，低聲說：

「你此次出國，為時一年之久，我今晚帶許多學生為你送別，至少表示大家對你的支持。學校需要安定。我這樣做，也許能夠發生一點作用。」

劉真聽了，禁不住萬分感動。他同梁實秋本無任何淵源，只因久慕梁氏的大名，便帶了聘書，逕行訪晤梁氏，請他到師院任教。三年多來，相處甚得，在校務上，更得梁氏不少協助，但梁氏親率學生前來送行，卻是出乎意外的。這種君子之交，使他特別感念不已。（參閱〈實秋先生不朽〉，《劉真先生文集》・㈢，頁一四〇九－一四一〇。）

這是劉真任內的第一次出國；離開師院實有無限依依之情，在抵美後的第三週——三月十九日，致師院同學的信中，表示出他的萬千關懷：

> 我自從二月二十七號離開臺北，到今天已經三個星期了。在這三個星期裡，大部份的時間雖然消磨在匆忙的旅途上；但是只要在一個地方稍稍坐定下來，你們的影子便自然而然的浮泛在我的眼前。四年來的朝夕相聚，使我們彼此生活上、精神上建立了永遠分不開的關係。尤其當我每一想到臨別的那天晚上，大家在松山機場那樣熱烈的表示，我的情緒便激動得無法抑制了。（〈從臺北到華盛頓〉，《劉真先生文集》・㈢，頁一四七一。）

三月四日下午，劉真自西雅圖到達華盛頓，此後十天中，他參觀了美國國會圖書館、國立博物館、喬治華盛頓大學、威爾遜師範學院、白宮、國會、最高法院、華盛頓故居等著名勝地。但讓他印象最深的卻是國會圖書館。他感慨的寫道：

……那裡面所收藏的中國圖書的數量，除北平的幾個圖書館外，恐怕比我們其他任何圖書館都要多。尤其方志類最為完備。我想我國政府和學術界如果再不注意圖書文物的收藏和保管，也許我們將來只好到外國來研究中國的學術了。（〈從臺北到華盛頓〉，《劉真先生文集》・㈢，頁一四七三。）

他想起正在修建中的師院圖書館，不禁惻然。

這次的美國之行，加重了他的國家民族觀念。戰後的中國人，飽受國際上的人情冷暖。劉真於四月二日晚上到達紐約。他到唐人街一家餐館吃飯，和一位僑胞談起美國華僑的情形：

他說許多年來，由於中國國勢的不振，華僑在海外很難得到外國人的重視。只有對日抗戰的最後幾年因為中美併肩作戰的關係，美國人確實改變了過去歧視華人的觀念。尤其是抗戰初勝利的時候，華僑更被美國人捧到天上，處處受到歡迎，那一段真是華僑在海外的黃金時代。可是好景不長，等到大陸全部淪陷，政府退守臺灣以後，華僑在國外的地位便又一落千丈了。所以他最後很慨嘆的說：不到國外不知同胞的可愛，不到國外不知國家的可貴！這兩句話給我的印象，實在太深刻了。（〈紐約觀感〉，《劉真先生文集》·(三)，頁一四七六。）

在劉真的生命裡，原就深植了國家、民族的熱愛。這次出國訪問，經由流落海外的同胞——不論名重一時的大學者，抑或忙於衣食的市井之輩——使他痛感國家與個人的命運息息相關，不能分割。

2. 胡適、梅貽琦與于斌

劉真於三月初抵達美國華盛頓時，胡適正在我駐美大使館作客，聞知他的到來，特留下一張名片給使館秘書，請他轉致劉真，希望劉真到達紐約時，能夠聚談。不久之後，劉真又收到胡適給他的一封信，信中並留有電話號碼，希望劉真能和他聯絡，以便相見。

四月間復活節，劉真由費城賓州大學前往紐約，先以電話和胡氏連絡。胡適異常高興，電話中非常仔細的告訴劉真前去胡宅的路線，以及公寓的標誌。

那時胡適住在紐約中央公園附近的一座公寓的五樓 。面積不到三十坪，看來相當的侷促。因胡太太江冬秀女士是纏過腳的女性，不懂英語，不便外出；胡適又不會開車，一應日用品便靠市場的人送來。劉真到胡寓當晚，胡太太下廚，在坐的還有梅貽琦夫婦。而胡適則親自端菜奉茶。梅貽琦向有不善言談之名，說話很少果斷語。文化界把他的口頭禪編為兩句打油詩：「不過可能也許是，但是我們不敢說。」但那晚梅有很好的談鋒。劉真因問梅氏：「聽說從前在北平的時候，有一次，山東大學校長趙畸（太侔）去看你。你們兩位都以寡言出名，面對面抽著紙煙，呆坐了半天，一句話沒說就各自走了。有這回事麼？」梅貽琦答覆劉真：「這件事記不清了。今天因為喝多了酒，又遇到你很遠的從國內來，當然話就多了。」

那時，清華大學有一筆基金存在美國銀行，由梅貽琦負責保管，梅氏即以這筆基金的利息幫助在美國的中國大陸留學生及臺灣的大專院校。胡先生知道師範學院設備不足，便以飯局的方式，使劉真得以拜識這位教育界的前輩。梅貽琦做事向來是乾淨俐落的，聽了劉真的簡單說明，便應允補助美金五千元給師範學院。這數字在當時是相當龐大的。為他的美國之行，增添了豐收的一章。

胡適於吃飯時並叮囑劉真，「一定要到普林斯頓大學參觀 。」胡適曾擔任過普大東方圖書館的名譽館長，現任館長則是著名圖書館專家童世綱。

飯後，胡適隨即打電話給童世綱，請童為劉真預作參觀普大的安排。他的一言一行，都顯示了對人的體貼與照應，使劉真深深的感動。

也就在這個時期，劉真在國內寄來的《自由中國》雜誌（胡適為發行人）上，讀到一則讀者投書的文字，言及師院師生中有人認為劉真對師院貢獻甚大，應立一紀念碑。惟因某些教授反對，以致作罷等等。凡知悉劉真個性的人，無須揣測便知是出自中傷者的心機。在那個時代，或其前其後，均無「樹碑」的陋規。何況劉真任事以來，立身處世，從不敢有所逾越。他明知如此，內心仍感困擾，因胡適是該刊發行人，故而便中道及。

「萬勿介意，」胡適有些抱歉地表示：「更不可生氣。」

「這樣子的造謠，實在不可思議。我才出國兩個月，離臺灣有萬里之遙，怎會發生此事？」談到這兒，劉真不免有些不快。

「萬勿介意。」胡適再度勸慰，「若論被中傷、被辱罵，誰能比我遭遇得多呢？早在民國二十年，任卓宣使用葉青的筆名寫了一本《胡適與郭沫若》的書，在上海出版，對我大張撻伐。去年我回臺灣，又有一位臺大教授寫了一本《胡適與國運》的書，說中共之為禍，都是我的罪過。更有些無聊之輩，竟誣我為胡人的後代呢！可是，我不介意。」

「名滿天下，謗亦隨之嘛！」劉真因了胡適的開導，心情便輕鬆了些。

「所以，」胡適再度勸慰劉真，「你必須容忍一切不實的謠言和惡意的中傷。不然，你更划不來了。」

「謝謝胡先生的指點。我可以把它置之一笑了。」劉真細想一下，也發現為那些無聊的中傷而困惱，未免太不值得了。

他們還談到大陸上毛澤東正在進行的所謂「思想改造運動」。那些在毛共壓迫下受折磨的教授、學者，多半是胡、梅二氏的門生故舊；胡適尤其憫然。中國本可在戰後平步青雲，走上建設復興之路。想不到竟是今天的局面。民窮財盡之外，戰禍頻仍。最可嘆的是，高等知識份子在中共的愚民政策下，輾轉哀號於飢餓、及尊嚴掃地的深淵。

「要想建設現代化的中國，仍需要從教育方面，腳踏實地的做起。我們教育界必須先有這種自信，中國才有辦法。」兩位五四運動時代的領袖人物，和新進的劉真得出這一結論。是的，中國的先賢早有精要的啟迪。《禮記》上不是早說過「化民成俗，其必由學」的名言麼？

在紐約訪問中，劉真當然也忘不了師院的在美學生。一位音樂系的女生吳漪曼告訴他，于斌總主教想和他談談。這當然是劉真所樂意的。于斌是位了不起的宗教家，開門見山的說：

「我雖然沒有參觀過臺灣省立師範學院，但你們的校友，卻時常向我提起貴校的情形。尤其是你們的教授陣容堅強；學風淳樸，提倡民族精神，最為我所讚佩。」

劉真對於于斌的讚美，非常感激。這位傑出的宗教領袖，是不輕易然諾的。在文教界，乃至政治上，于氏是具有極大影響的人物之一。

「我沒想到總主教對民族精神，也非常重視。」劉真由衷的表示敬佩。

「有人說宗教無國界，教徒無祖國，這是很容易誤解的論調。」于斌有感而發的說，「實際上，宗教家的最後目的和教育家是完全一樣的。教育家要教學生愛國，宗教家也要教信徒愛國。」

以後，于斌升任樞機主教，並擔任輔仁大學校長。他對劉真的辦學成績，頗為欣賞，便託人示意，若劉真皈依天主教，國外的天主教大學願贈予名譽博士學位❶。

但未為劉真接受，他明白表示：

「我怎能為了名譽博士學位，而輕易皈依一個宗教。如此，我將何以教我的學生呢？」

3. 費城的惆悵

劉真本來預定要到費城(Philadelphia)一行的，由於胡適之先生的叮囑：「要想看美國開國的重要文獻，不可不到費城去，尤其應該看一看費城幾個博物館所收藏的中國古物。」所以更決心前往那個文化城參觀。四月二十八日清早，他隨同賓大幾位同學，由賓大搭汽車出發。對於華盛頓當年在福基山谷的堅苦作戰，「每天赤著腳在積滿了冰雪的山谷裡來往，去過的地方，

❶ 關於于斌託人示意，頒贈名譽博士與劉真一事，請參閱李瑞爽〈我所懷念的劉校長〉一文。（見《國立臺灣師範大學校友學術論文集》下冊，頁二二二七—二二三二。）

便印下了一片一片的帶血的足跡。」（〈費城春色〉，《劉真先生文集》・㈢，頁一四八二。）至為感動。

費城是美國的文化古都。對於深受中華文化、歷史影響的劉真而言，感懷尤其劇烈。他在市立博物館參觀時，看到甚多中國古物，「幾個八吋直徑的水晶圓球和高達一尺的翡翠花瓶，其雕琢之細，真是巧奪天工。」與劉真一起參觀的伊拉克學生因問：

「你們中國這些名貴的古物為什麼會運給外國的博物館呢？」

在無可奈何的情況下，劉真只好出之以半開玩笑的說：

「你不知道中國有五千年的歷史文化麼？今天看的這些東西，在中國並不算是最好的，我們特別名貴的古物還保存在我們自己的故宮博物院哩！」

美國之行，在四十年代而言，確為難得的機會。這個新大陸的年輕國家，顯然使劉真感懷良多。六月十一日上午，他乘火車到達紐海汶(New Haven)。由師院旅美教授洪紱及耶大中國教授李田意陪同參觀耶魯大學。他在著名的耶魯大學參觀了兩整天。特別是耶大的圖書館和體育館，使他留下極深的印象。他說：

耶魯大學圖書館的藏書數量，在美國大學中，居第二位，總數約在四百一十五萬冊以上。其中關於英國、美國十七、十八、十九世紀文學方面的書籍，最為豐富。歐美很多第一流作家的手稿和函札，均闢有專室庋藏。美國近代著名文豪如路易士(Sinclair Lewis)、卞奈特(S.V. Benet)和當代大詩人麥克利(Archibald Macleish)等，都是耶大畢業生，我想這與圖書館的設備，也許不無關係。(〈美東之行〉，《劉真先生文集》・(三)，頁一四九〇。)

所以劉真之破除萬難，銳意要為師院建築一所略具規模的圖書館，也就更為堅決了。

六月十四日的下午，出身於耶魯的學者何廉，特別駕車陪他遊覽紐海汶的兩個名勝——東巖和西巖。何已年近六十，新近學會開車，與年輕的劉真縱談生平。

「在中國辦大學比在外國更難。」何廉感慨甚深地對劉真說：「民國三十七年，張伯苓先生出任考試院長，我繼任南開大學校長，雖然時間很短，但已吃足了苦頭。」

那是中華民國最黯淡的時期。大陸淪陷，毛澤東正在進行對知識份子的清算和鬥爭。中國的文化也在共黨的專政下，進行史無前例的大破壞。到美國半年多，劉真在和海外的學者接觸傾談下，內心更為感慨。他想到中國最早的留學生——「容閎畢業百年紀念會」的事，因而向何廉打聽。

「耶魯大學最初本有一部份人預備在今年替容閎舉行紀念會。」何廉說，「還有人主張在耶魯大學的紀念館裡，選擇三位耶魯大學出身的當代中國名人的照片，陳列進去。其他各國著名的耶魯校友，均有照片陳列。誰知這項動議，竟被無形中擱置了。」

「什麼原因呢?」劉真很關心的問。

「真正的原因，不太清楚。」何廉慨然的說，「據推測，大概是由於中國目前的處境太艱難吧!」接著，何廉告訴他：

「現在的世界，大多數國家只看得起『強的敵人』，卻看不起『弱的朋友』!」

劉真深表同感。何止國際上，近幾年國內又何嘗不是如此呢?

「留得青山在，不怕沒柴燒。」何廉陪劉真瀏覽耶魯大學附近的一片遠山，含義很深的向他說。這所謂「青山」，即是災難中的中國。

這次紐海汶之行，劉真曾與當地中國學人柳無忌及李抱忱相見，彼此作過多次長談。大家的一致結論只有一句話：「今天我們教育界最大的責任，便是好好的教育我們下一代的青年，使他們能夠永遠保衛中華民族所托足的那片青山。」

對於美國，劉真雖然剛剛抵達這片土地才三個多月，卻已獲得若干瞭解。他於六月二日，在《容忍與合作》這篇〈民國四二級師院畢業同學錄序〉中說：

最近我看到美國一般社會的情形，我認為美國國民最大的長處，就是他們相互之間，充分表現了容忍與合作的精神。美國的政治所以能夠進步，社會所以能夠安定，這是一個最重要的因素。我們中國現在正值實施憲政的初期，如果一般國民缺乏這種基本的修養，民主政治的前途是很難樂觀的。所以我希望本院畢業同學在做教師的時候，一定要特別指導學生養成這種容忍與合作的習慣，使他們能夠適應目前民主社會的生活的需要。

4. 哈佛的隱憂及愛因斯坦的卓見

劉真於六月十一日上午離開紐海汶，搭乘火車，中午十二時到達波斯頓。下午乘地下火車去參觀哈佛大學。自然，劉真念茲在茲的仍是圖書館。他注意哈佛的圖書館及博物館，更注意學生宿舍的設計、位置、學監制度及人格培養的方式。設備優良，遠非中國學校可比。可是，當時每位住校生一年至少要繳美金一千四百餘元。中國學生的家庭多數難以支付，這時候的臺灣大學教授每月的薪資大約五十美元而已。

劉真在波斯頓一共住了十二天，參觀了著名的哈佛大學、麻省理工學院、克拉克大學、威爾斯萊女子學院 (Wellesley College) 等學府，還和朋友閻應明一道前往普里茅斯 (Plymouth) 一遊，「面對著大西洋那浩瀚無際的萬頃碧波，談到美國三百多年以來建設的成績，我們真不能不佩服當時那一百多位『拓荒者』渡海遠征的創業精神。」（〈美東之行〉，《劉真先生文集》・㈢，頁一五〇〇。）

六月二十四日清晨七點，劉真搭早車至紐約，八時到達紐澤西的普林斯敦。普林斯敦大學圖書館中文部主任童世綱在火車站接他。

「我是接到胡適之先生的電話，特來迎候你的。」童世綱說。

當然，劉真念念不忘的仍是參觀圖書館。他對耶魯、哈佛和普林斯敦大學的藏書、館內組織和管理，作了比較。普林斯敦大學的圖書館樓上有五百個小房間，專供研究生使用。

而最為幸運的是，他於參觀普大高級學術研究院時，巧遇了舉世聞名的科學家愛因斯坦。童世綱陪了愛氏到會客室和劉真見面，這時愛氏已七十多歲了，鬚髮全白，不修邊幅。「他身穿一件麻布翻領襯衫，一條黃卡嘰的西裝褲子，腳上是一雙拖鞋，不著襪子」，……（〈美東之行〉，《劉真先生文集》・㈢，頁一五〇五。）談到宗教與科學問題，愛氏說：

「沒有宗教的科學是跛子，沒有科學的宗教是瞎子。」接著又說：

「宗教的一切，全在個人的信仰，如果對宗教有信心的人，便不會懷疑宗教的價值。至於說從事科學研究的人，其目的乃在追求真理，當然也必須對真理有同樣堅定的信心，才能有所發明和創造。」

劉真並請教愛氏對大學教育的看法。愛氏自謙「對教育沒有研究」，不過，他認為「大學教育的主要目的，應該在培養青年獨立思考的習慣和辨別是非的能力」。（同前注。）

5. 美中漫遊談留學

十月一日，劉真寫了一封題為〈美中紀遊〉的信，致師院學生。文長在一萬字上下。在信中，劉真告訴同學，他參觀了印第安那大學，而且遇到一位西維吉尼亞大學(West Virginia University)的副教授凱斯(Case)先生。他們相談半日，討論詩文。他發現美國的教育，特別是中、小學教育，不僅要教學生「會工作」，而且也要教學生「會休息」。

九月四日下午，劉真到達密歇根州安那堡城，發現有幾個學校下了半旗，原來是聯邦教育總署署長賽斯頓博士(Dr. Lee Mohsmom Thurston)去世。賽斯頓博士臨終遺言稱：「今後美國各級學校，應特別加強愛國教育。」憂時之思，溢於言表。劉真告訴學生：「凡是真正忠誠於自己國家民族的教育家，沒有不充滿了高度的愛國熱忱的。」（〈美中紀遊〉，《劉真先生文集》㈢，頁一五一六。）

他也注意到美國大學的學生生活；就他觀察所得，美國大學生的優點有四：一、愛國；二、尊師；三、自立；四、合作。十月二十日，更以「中國學術人才的培養問題」為題，專函師院「人文學社」同學。他說：

我們這一百年來，如果把用在國外留學的經費（包括政府的和私人的），拿來在國內充實我們的大學和研究機關的設備，聘請一部份外國的著名學者到中國來講學，這比無限期的大量派遣學生到國外留學，一定更為經濟而有效。……如果我們國內能有設備完善的大學和研究機關，不僅過去留學歸國的學術人才可以繼續研究，不致落伍；同時國外的中國學者，也願意回國工作。……經過相當的時期以後，我們中國在科學或其他方面，自然可以逐漸達到先進國家的水準，更不需要完全仰賴外國替我們培養學術人才了。（原刊於《人文學刊》創刊號，見《劉真先生文集》・(三)，頁一五三八。）

這（四十二）年底，賓州大學放假，劉真利用空暇，到華盛頓參觀並訪問朋友。在華府，他也會見了不少旅美的中國學人。其中有位極負聲望的前輩，和劉真談到中國的留學政策，頗為感慨的說：

我們中國過去的留學政策，真是誤了國家。從前有些青年（他說他自己也在內），從上海坐船離開祖國跑到別的國家去。一下碼頭，便搬進學生宿舍，然後接著上課堂，聽演講，寫論文，一旦學位到手，便捆起行李，買船票，又回到上海。結果所知道的，只是外國一部份書本上的學問，對於外國社會的實際生活情形，並不真正瞭解。而回國以後，負了政府重要的責任，便硬說某國如此如此，我們中國也應如此如此。其實，外國的實際情形，並不一定真正是那樣；縱然外國的情形確實是那樣，我們中國也不一定便應該那樣。可是結果由於這班人既不真正瞭解本國情形，又不真正瞭解外國情形，當然所訂出的一套政策和辦法，便不能完全適合中國的需要。（《劉真先生文集》・㈡，頁一一〇五。）

劉真對於這位前輩的話，表示共鳴。事實上，中國自有學生出國留學以來，始終缺乏正確的政策，也甚少有目標可言，浪費人力物力，不可勝計。這位前輩因為劉真辦學有成，便希望他能明瞭留學生的近況，就從書架上抽出一份《時報世界週刊》，指出其〈論留學生〉一文，請劉真過目。這篇文章對留學生批評最嚴厲的話，便是下面的一段：

> 歸國留學生，往往妄自尊大。不屑以碩士學位之資格，與未出國門者同列。未先嘗試，即求大用。……外國學生，於大學畢業後，皆從小事練起。而中國留學生，則多數好高誇大，豈非誤於虛浮。
>
> 去年留美學生內鬨，有所謂某聯合會長者，投函紐約華文報紙，不能自寫中文信。余聞而異之。後見美國書肆刊一巨冊，即出此人手筆，英文非常可觀。此等學生，從外國人

> 皮相觀察，能不視為中國之救星？然由我國人自視則何如？此等喪失民族固有文明之怪象，實不能全歸咎於留學生，蓋中國教育當局於選派毫無根柢之青年出洋時，即種惡因也。
>
> 留學生因犯虛浮與蔑視國學之病，當然缺乏深沉的思慮與獨立的精神，模擬而不創造，依人而不自主。……故經商則為買辦，辦理教育則傳播拜金主義。

劉真為了消除海外學人對政府的隔閡，以增強對祖國的向心力，便說：

「近幾年在留學政策方面，已經作了改進。公費留學的人數也較以前為多。教育部、中山獎學金，都有一定的條件，鼓勵有志的青年出國深造。」

雖然如此說，劉真的內心卻始終激盪著這位前輩的談話。

6. 堅辭立法委員

這期間，他在國內寄來的報紙上看到關於立法院的一則新聞，說有幾位立委質詢：「立法委員不應兼任院外職務。」雖然並未指明劉真，但已使他不安。那時立委中兼任院外職務的有蕭錚（兼土地銀行董事長）、薩孟武（兼臺大法學院長）、任培道（兼臺北女子師範學校校長）

等多人。他經過一番考慮，便專函立法院院長張道藩，請辭立法委員職位。

當時，張道藩頗難處理，向劉夫人表示：

「白如兄若辭，其他在外兼職的立委，就難以自處了。」

而兼任臺大法學院長的薩孟武也託人向他說，最好由美國回國之後，彼此交換意見，再決定是否辭去立委職務。而他的知交郭驥更親至劉宅，向劉夫人說：

「立委得來不易，這是金飯碗。怎麼能輕易放棄呢？」

「再說，」郭驥又補充：「白如兄的立委兼任師院院長，經過內政部解釋，完全合法。對於少數立委的質詢，根本不必理睬。」

「白如的事，我從來不過問。」劉夫人向郭驥說，「他一向做事，都是堅持自己的原則；即使是我勸，也沒有用的。」

「最重要的是，」劉真向關心的朋友們以函電解釋，「我對政治沒有興趣。以前競選立委，完全因本（安徽）省長者的鼓勵與支持。後來同意出任臺灣省立師院院長，自應全心全力投入學校，專心辦學。如果一面做院長，一面又做立委，必然使社會上及師院師生產生『官學兩棲』的印象。所謂『身教』，就無從談起了。」

在如此的函電往來之後，民國四十二年，終於由立法院函知內政部，同意劉真辭去立法委員的職位。

處理了立法委員的問題，他更為坦然，從此可以無牽無掛的挑起教育的擔子。

在美國的一年考察期間，劉真於旅途勞頓中，陸續寫給師院學生的信共八封，約六萬言；文字清新，論述精湛，不僅具有高度的可讀性，而且充分表現出一個教育家對學生的愛心。民國四十三年三月劉真返抵臺北後，商務創辦人王雲五即請他交由商務出版，書名為《旅美書簡》；並且在精彩之處親筆加圈，促使讀者注意。他認為這本書與文學批評家朱光潛的《給青年的十二封信》，可以相互媲美。

第十三章　師院改制為師大

1. 遴選學院院長，不問政治背景

劉真在美國考察了一年，民國四十三年三月中旬，經歐洲返抵臺灣。他內心有無限的興奮。這一年，他雖忙，雖然辛苦，卻非常愉快。行囊中有不少考察所得的資料，也有不少個人思考的心得。以前蔡元培先生曾數度在歐美考察，對辦北京大學頗有助益。他一向仰慕蔡先生，對於辦學，他有無比的熱忱，自認不敢後人。

回到臺灣，也回到他日夜想念的師院，他向代理校務的孫亢曾，特別面致感激之情。他知道這是一付相當沉重的擔子。首先，為了謀求院務的發展，迅即商請有關人員，組成五個小組，負責研究改進各項業務事宜：

一、教室及辦公室分配事宜：由教務主任顧柏岩任召集人。

二、改進學生營養小組：由訓導處代主任葉守乾任召集人。
三、學生學業輔導小組：由訓導處代主任葉守乾任召集人。
四、圖書管理改善小組：由圖書館主任潘成義任召集人。
五、學校環境衛生小組：由總務主任彭光毅任召集人。

原先的各專修科，已在四十年以前予以結束。此時——四十三年間的師院，已有十二個學系、一個國民教育專修科。學生人數增了兩倍多，已達一千四百餘人。班級由十七班，增為五十班。

這時，臺灣政局業已漸趨穩定，積極發展經濟已成為重要目標。首先是大刀闊斧的實施「耕者有其田」政策，原公營事業逐漸改為民營。同時美援在資金與技術方面，均有顯著的效益。國民收入增加、擺脫了貧困的壓迫。各級學校學生人數隨之直線上升。民國四十四年二月，教育部長張其昀面告劉真，蔣總統因重視師範教育，計畫將師範學院升格為師範大學。臺灣省政府不久便呈請行政院，請求將師院升格為師範大學。並於六月五日正式任命劉真為首任校長。部長為示鄭重，親至學校頒發師大校長印信，省政府主席嚴家淦及有關政府首長與外賓多人，參加成立典禮，儀式相當隆重。

劉真以戒懼的心情，挑起臺灣第一所師範大學的重擔。這個成立甫滿九週歲的學校，正如一個剛剛讀小學三、四年級的孩子，不像歷史悠久的大學，基礎穩固、身強力壯。幾經思考之後，他聘了素負時望且為著名學者的田培林、梁實秋、陳可忠三位先生，分別出任教育、文學、理學三院院長。其中梁實秋並兼英語系主任及英語研究所主任。但三位聲譽卓著的學者，一再謙辭，表示對行政工作，素乏興趣，只願從事於學術和教學的工作。劉真誠懇的敦勸，非常坦白的表示：

「現在學校的基礎還很薄弱，跟那些具有悠久歷史的大學不同。若沒有適當而傑出的學者擔任院長，就聘不到理想的教授。凡事開頭難。我必須勉強三位先生，為師大建下紮實的、遠大的根基。」

同時梁實秋對於出任師大文學院長，仍有疑慮。他向劉真表示，他曾擔任過民社黨的宣傳部長，師大是培養師資的學校，不知會不會引起國民黨當局的意見。

「現在你已經脫離了民社黨，就是無黨派人士了。」劉真隨後並加解釋：

「我是替學生聘請好教授。蔡元培擔任北大校長時，也聘請了不少異議份子；甚至連過去的中央政治學校（政大前身）由蔣先生（中正）兼校長時，也曾聘請了青年黨領袖左舜生擔任教授。可見蔡、蔣辦學，聘請教授都非常開明，絕無黨派成見。再說，我從師院到師大，也一直秉持不分黨派、只問學問的原則。」

梁實秋聽後，方決定應聘。他雖然一生為文，可是處事卻非常周延，體諒主其事者的立場和環境。劉真因而對梁實秋的出處進退，愈加佩服。

於是三人在盛情難卻下乃勉強同意；劉真又一再表示：

「聘請教授的事，請各位全權負責，我絕不向各學院推薦任何教授；但停聘的事，交我出面，以免院長遭受困擾。各位只要專心院務、課程便行了。」

劉真說到做到，學年開始之前，三位院長把擬聘的教授名單交來，他照單延聘，不作任何可否。為了使院長與延聘的教授相處和洽，聘書則請院長分別轉致。總之，他儘可能的支持院長的一切措施。他是院長們的「援手」，而不是「礙手」。領導者不具是項美德，豈有不僨事之理？

這是國民政府遷臺後新成立的第一所大學，而且是師範大學。顯示了當局提高師範教育的決心。劉真以戒懼的心情，接過這個重擔。因為培養全省（也可說全國）中學師資的責任，從此便落在他的肩上了。

2. 師範大學之使命及辦理方針

同月十三日，也就是師院升格一週之後。劉真應邀在中央紀念週上發表演講，以〈師範大學之使命〉為題，向出席人士提出改制的三項意義：一為世界的趨勢；二為事實的需要；三為政府的決策。並將師大的使命，歸納為四大要項：

一、培養健全師資。怎樣培養？首先是養成蓬勃的朝氣，其次是注重品格的修養，第三是訓練勞動的習慣。

二、推行教育實驗。對教育問題，應該以科學的客觀態度，從實驗中解決。

三、加強輔導工作。師大將仿照美國大學的教育推廣工作，舉辦暑期學校、通訊研究及教學演示等。

四、倡導學術研究。成立「教育研究所」、「國文研究所」、「英語研究所」，並與國內、外著名大學及研究機構建立合作關係。

對於師大，劉真懷有很大的期望。暑假開學後，首先成立了「華僑師資專修科」。次年，六月五日，新建的僑教館舉行落成典禮，並且增設了「社教系」。社教系內設立「新聞組」。特別是「華僑師資專修科」及「社教系」的「新聞組」，在任何大學史上，都是絕無僅有的創舉。「華僑師資專修科」修業時間為一年，畢業生回到僑居地後，多數出任中、小學校長及教師，對海外僑教貢獻良多。

對於這所升格為師大的學府，其課程與學分的調配，頗引起關心人士的討論。不少人主張應參照歐美高等教育的新趨勢，儘量減少學分。劉真盱衡中外，深覺在現階段的條件下，不宜完全學習歐美大學的制度。民國四十二年三月至四十三年三月間，他在美國這段時間，曾考察過彼邦教育狀況。西方的大學圖書設備之完善，教授待遇的優厚，決非臺灣可以比擬。學生除上課外，教授還指定了分量極重的課外作業。學生在圖書館的時間，遠超過在教室的時間。選讀的學分雖少，而獲益卻相當豐富。

臺灣呢，教授們因待遇菲薄，不便要求他們經常留在學校、指導學生研究。在這種情況下，學生能多上幾節課、多選幾個學分，不失為補救的方式之一。他不願好高騖遠，希望腳踏實地的進展。所以，詳加考慮之後，決定了六項方針：

一、在師資設備經費等條件未能改善以前，系科暫不擴充。

二、就學校原有各種條件，並配合國家需要，集中力量先辦好少數幾個系科；然後再把所有系科都健全起來。

三、不要希望每一系科都比其他大學辦得好，但要有少數突出的系科，辦得最有成績，成為本校的特色；並與其他大學密切聯繫，俾在高等教育方面，發揮分工合作的精神。

四、顧名思義，師範大學的任務，應該「師範」先於「大學」，故健全師資的培養，較高深學術的研究更為重要。

五、加強國際合作，充分運用外援，以充實各項設備，提高教學研究水準。

六、儘量增聘新的教授，和維繫原有的教授，並有計畫的資送對學術研究有希望的青年人出國深造，以儲備未來的師資。

同時，他深知只有短短八、九年歷史的師大基礎，要想和其他大學相競爭，一時還嫌不足。

但有若干系科，師資相當優秀，若能配合國際的合作，卻未始不能表現出特色來。

3. 全力以赴

(一)創設國語、英語教學中心

那時，臺灣光復雖近十年，惟限於種種條件，本地居民的語文素養，還亟待加強。而語文不僅為相互溝通的工具，更為加強愛國情操的必要科目。再說，身為教師的人，不能說標準的國語，寫通暢的文字，如何達成化民成俗的重要使命？何況國際關係日趨密切，語文的人才自必需求更多。如不預先籌謀，將來外人雖想學習我們的語文，也將無人引導或推廣了。

因此，不久之後劉真就創設了「國語教學中心」與「英語教學中心」。

然而，這兩個中心的創設，政府沒有固定的預算。無錢不能辦事，只好向校外尋求支援。幾經周折，方獲致「臺灣省國語推行委員會」支援「國語教學中心」；而美國的「亞洲協會」，則予「英語教學中心」大力協助。兩中心分別於民國四十四年及四十五年，順利成立。

開辦「英語教學中心」的消息，很快便傳到社會各界。有一天，劉真忽然接到農業專家沈宗瀚的電話。說將帶一位外國朋友前來造訪，請劉真略候。

不久，沈宗瀚偕了一位洋朋友前來，沒什麼客套，便開門見山的說：

「聽說師大要開辦『英語教學中心』，採用『密集的』教學方法，培養兼具『讀、寫、聽、說』能力的中等學校英語師資。這種實驗性的教育，我非常贊成。」

「能得到沈先生的支持，對我們的鼓舞太大了。」劉真說，「但不知沈先生可有什麼高見，供我們參考。」

「這位美國朋友非常熱心英語教學，他願意完全義務教課。我特地陪他來，即為此事。」沈宗瀚說。

劉真當即表示歡迎，決定聘為兼任教授。對於沈宗瀚的熱心協助，則再三致意。如此樂於成人之美的人，若能多有幾位，還有什麼難為之事呢？

劉真和沈宗瀚之相識，是在蔣夢麟歡宴胡適之的餐會上。相談之下，便有一見如故的感覺。其後，沈特別將一本自己寫的自傳——《克難苦學記》——致贈劉真。文字誠實淳樸，一如其人。胡適之先生曾特別推薦，因而頗引起士林的注意。劉真於是選了一個星期一的上午，邀請沈到師大的週會上，發表公開演講，果然受到同學們的一致歡迎。他誠懇的講述讀書、教學的經驗，充滿親切的期勉之情。其中有一句話對青年特別具有警惕作用，他說：「一個人必須真正有學問和能力，才會有選擇職業的自由！」

這兩個中心不久之後，便成了非常熱門的教育機構。凡是來華留學的外籍學生，十之八、九都先到師大的國語中心，接受短期的國語訓練，然後再往各大學從事專門科目的研究。至於「英語教學中心」，由亞洲協會負責派遣美籍語言專家來校授課，並且資助師大教授去美國研究。雙方合作，尤為密切。這批經由「英語教學中心」訓練出來的學生，到了中學任教，很自然地改進了英語的教學方法。

㈡創設教育、國文、英語研究所

四十四年秋天，師大首先創設了「教育研究所」。次年，更增設國文、英語兩研究所，再次年，即四十六年初，「國文研究所」進一步奉准成立了博士班。「國文研究所」由潘重規、高明先後主持。「英語研究所」則由梁實秋主持並兼英語系主任。凡此種種，無不說明了升格後的師大，不僅注意中學教師的培養，同時，也為大專教師預作儲備了。政府遷臺後的第一位文學博士羅錦堂，即出身師大國文研究所。

在師大剛辦的國文、英語、教育等三個研究所，大家都喜歡「英語研究所」。劉真跟學生說：「你們英語再好，也比不過外國人，我看，將來國文、國學人才最吃香，不要眼光太短淺了。現在必須搶救中華文化，因為大家不知重視國文，輕視經典。從中學、甚至小學就開始學英文，大家都在傳外國的『道』，不傳中國的『道』。而對外國的『道』也是一知半解。一個國家的大文學家、大思想家、大藝術家，乃是民族的靈魂，也是精緻文化的表徵。若是這類人才中斷，這個民族還有什麼振衰起弊的辦法？」

也幸而劉真有此先見之明。因為十餘年後，臺灣高等學府大量增加，所需國學方面的教師已有供不應求之勢了。

(三)強化職業學校的師資

在師院時代，已在美援計畫之下，設立了工業教育系和家政系，旨在培養臺灣職業學校的師資。如今升格為師大，劉真認為與其招收一般高中畢業生，實不如鼓勵工職畢業具有服務經驗的優秀青年，以保送或考試的方式入學，更可適任將來的工職教師。在理論與技術上，後者更能得心應手。其後，更接受工教系主任顧柏岩的建議，成立工場師資班，限定招收具有專門技術和工場實務的青年，施以相當期限的教學方法及有關訓練，再分發到普通中學或職校擔任工藝或技能教師。這一新的更張，受到普遍的歡迎。

其次是家政系。劉真認為不宜空談理論，希望一切課程和訓練，應以適合我國的中等家庭為原則。基於此一理想，他特別延聘了一位著名的旗袍專家授課。因授課者具有實際經驗，學生無不歡迎。可是為了教師任用資格問題，卻遭遇到很多麻煩。在資格與能力之間，原應該以能力為優先；而呆板的教育法令，卻捨本逐末，使銳意於教育改革的劉真，受到嚴重的困擾。

(四)華僑師資專修科與視聽教育中心

其三，為了配合政府的需要，師大應僑務委員會和國立教育資料館的委託，於民國四十四年八月，創辦了「華僑師資專修科」與「視聽教育中心」。翌（四十五）年六月，新建的僑教館舉行落成典禮。這時，鄭彥棻擔任僑委會委員長，非常熱心支持。政府當局對於此項攸關華僑教育的措施，尤其關切。這些由僑師科畢業的學生，畢業後仍返僑居地，擔任中小學校教師。在華僑對政府的向心力方面，發揮了極大的影響力。

視聽教育中心的目的，則在指導中小學教師利用視聽教育工具，以改進各科的教學方法。在今天看來，當然不足為奇了。而在一九五五年前後，卻是全國僅有的新設施呢！

4. 聯招制度的缺憾

臺灣自民國四十三年實行大學院校聯合招生制度；統一命題，統一閱卷，統一分發，自然有不少優點。不過，師大的使命在培養中等學校師資，如果志不在從事教育工作，而在聯考制度下，卻分發入師大就讀，將來從事教職，怎能期望他們敬業樂業？

特別是國文程度，不能太差。劉真一再的撰寫專文，一再的於公私場合，大聲疾呼：「必須重視國文。」他主張師範大學應該單獨招生，這是最大的原因之一。在他看來，國文的程度高下，可以說是稱職與否的關鍵。他深知法令上的合格教師，不一定是稱職的教師。國文不夠水準，首先便不易獲致學生及相關人士的尊重。遑論其他。

而師大之日益發展，亦使劉真的負荷，愈益沉重。那些來自海外的僑生，習慣原就和臺灣不同。他深怕自民國三十八年四月以來所努力培養的淳樸校風，在學生人數的激增後，因管理的鬆懈而受到很大的影響。

如何保存優良的傳統，及如何增進學生的身心健康；休閒活動便成為劉真苦思焦慮的問題。他竭力勸導同學向體育、音樂等系的師生求教，以養成良好的休閒習慣。可惜成效不大。

按當時國家財政經濟的狀況，能夠維護教育的成長，已非易事。而堅持「為國育才」懷抱的劉真，卻仍若有憾焉。有幾次，他在集會中告訴全體學生：「我希望你們個個以『人師』自勉，以『國士』自期。」這種恢宏的心胸與以身作則的風範，自然會對學生發生激勵的作用。

劉真想起：中國近代由於政局的不穩定，內憂外患的層層逼迫。絕大多數的青年，既已喪失了讀書的機會。文盲的比例，雖然沒有正式的調查數字，估計必不在少。而在校青年，又有不少淪為野心家的工具。遠的別說。大陸的淪陷悲劇，便有無數在校或不在校的青年們，不知不覺中，成為禍國殃民的幫兇。如何懲前毖後呢？最好的途徑，還是注重思想和歷史的認識。他告訴學生：「青年是屬於國家的，所以要愛國，師範生更要具備國家民族的觀念。無論何人，不可把學校做為個人的地盤，把學生造成個人的工具。」

無形中，他與校內全體師生產生了無法分割的感情，彷彿學校已是他生命的一部份了。除了辦公，連假日或暇時，他也會不自覺的到學校去巡視一番。每年中的重要節日，像新年、春節、端午、中秋等，他也到學校去，邀請留校的大陸來臺及華僑同學，共同聚餐過節。

他不能解釋這種情感。直到十多年後，他才找出一個答案：教育的愛。

5. 蔣總統垂詢改制師大後情況

四十四年六月下旬，劉真依例到陽明山革命實踐研究院——這是中國國民黨的最高訓練機構——參加　國父紀念週。散會之後，蔣總統突然在會客室召見他；首先問到師院改制後的師資問題。

「雖然升格為大學，但學校的範圍並沒擴大多少。只是遵照大學法的規定，將原有的系科，劃分為三個學院。實際上沒有太大的變更。」

「三位院長人選聘定了嗎？」這位最高領袖對教育一向相當關心。

劉真向蔣總統報告：教育學院院長由原來的教育系主任田培林擔任，文學院長由原英語系主任梁實秋擔任，理學院長則由原理化系主任陳可忠擔任。

「很妥當。」過後，蔣總統很剴切的告訴劉真：

「師範大學為培養精神國防人才的學校，與培養軍事國防人才的軍官學校同等重要。此次將師院改制為師大後，將更可吸收最優秀的青年，從事國家百年大計的工作。」對師大期許之殷，不難想見，而且指示：

「你把全部教授名冊送一份來。我想看看師大的師資情況。」

劉真回到學校，立即命人繕呈一份。一週以後，總統府的副秘書長黃伯度打電話告訴劉真：

「總統看過師大的教授名單了，他認為陣容相當充實，非常放心。」

從此等處可以想見，這所培養中學師資的新大學，是如何為當局所重視了。

而升格為大學後的校區，隨之更嫌狹小。五年多前，他初任師範學院院長不久，便曾設法取得學校對面的一大片農地，如今建了圖書館外，還興建了其他房舍。現在需要擴大校地的情形，更為嚴重。這天，劉真聽說學校附近約一公里、位於金華街的臺北監獄，有關當局已決定將其遷往他處。這乃是天大的好消息，師院今已升格，必須擴充校舍，且金華街距師大頗近，正是一塊最佳土地。於是，劉真迅速向省府洽辦。

「劉校長，您的消息可真快啊！」承辦的官員表示，「這一方案才剛剛決定，還不知有否變數。」

「為了學校的發展，不得不經常注意這個問題。」劉真說，「附近並沒有什麼需要擴充的機構，撥給師大方是物盡其用。」

「可是，聽說另有兩所學校也在打這塊土地的主意呢！」那承辦官員異常神秘般的透露。

「如此說來，師大更要積極爭取了。」他聽了之後，不由擔心起來。在歸途中默念，「師大再增加這片土地，以後的發展將更方便了。」惟恐失之交臂，他即刻向省府高層主管協商。幸運的很，省府原則上同意。不料，正要進行公文手續之際，四十六年六月中旬，他應邀前往美國費城，參加美國全國教育會一百週年紀念大會去了，洽辦之事，只好暫時作罷。

在費城的會期為六月三十日至七月五日。

這一次在費城開會後，劉真順道美西一行。前次來美一年，只在美東的著名大學，作過訪問。這次他補救了前次的遺憾，訪問美西的重要大學數所，和負責人商談彼此交流合作的技術問題。師大要想辦得出色，必須與世界著名大學作學術交流。

原來劉真頗想多待一陣子，再對西部幾個著名學術機構作深入的考察。無奈他今年擔任臺灣各大學院校聯合招生委員會的主任委員，不得不迅速返回臺灣。八月初，他在飛往臺北的飛機上，異常快慰。對於未來的師大，已有更多的資訊，幫助他為師大營造更好的藍圖。「當然，回到臺北後，最重要的事是：積極交涉臺北監獄那塊土地。師大有了這塊土地，才更易發展。」劉真想到這兒，靜靜地望著機窗外的雲天，腦海中浮出他在師大大門內的橫匾上所寫的「止於至善」四個大字。如何達到呢？他想這個原則是不能違背的：

最重要的是，學術界不能搞小圈子，不要有「門戶」和「派系」的觀念。因為「派系」和「門戶」都在無形中具有排他性，這就違背了大學教育「兼容並包」的崇高理想。學術是天下的公器，文化的命脈。為造就下一代，主其事者的器量一定要大。做校長的人聘請教授是為學生，而不是為自己拉關係。即使是罵我的好教授，為了學生，我一樣也要聘請他。今天不論是政治或學術，都不能再搞派系了。（見民國七十八年十二月一日第十九版《中央日報》。劉真口述，張堂錡、顏瑞芳整理。）

第十四章　就任臺灣省教育廳長

1.固辭再三，未能如願

七月上旬，劉真自美返抵臺北，因他擔任本（四十六）年臺灣大學聯招會的主任委員，故其忙迫，遠較任何時期為甚。

繁瑣而龐大的聯招考試剛剛結束，劉真便開始進行請撥臺北監獄的土地問題。他急切的希望能將那塊土地，爭取到手。師大改制後雖然校譽蒸蒸日上，而侷促的校地，實在使人有「巧婦難為無米之炊」的遺憾。所幸現在已獲省府原則上的同意，此外便是辦理請撥手續的問題而已。

聯招的閱卷工作早已展開，為了慰勞參與工作的人員，劉真不時到各聯考單位巡視。這是決不能有絲毫差錯的工作，否則可能鬧得天翻地覆，無法收拾。

時序已八月初了，聯招尚未放榜。這一天早上，劉真剛在辦公室坐下來，想清靜片刻，忽然接到教育部張其昀部長的電話。他開門見山的說：

「臺灣省政府即將改組，新主席周至柔將軍想請你擔任教育廳長。」

這太出乎意料了。劉真雖然與周主席認識，然而並無深交，況且，他對政治亦無興趣，更不願離開師大。

「我怕擔任不了。」劉真請張其昀代為婉辭，「我的志趣不在教育行政工作。請部長轉告周主席，考慮更適當的人選。」

「我恐怕無法改變周主席的決定。」稍停之後，張其昀說，「我想，唯一的辦法是你親自去看周主席，說明個人的苦衷。」

「事已如此，只好這樣試試看了。」

由張其昀代為約定，劉真在當天中午，拜訪了周至柔。他把不能擔任教育廳長的理由，非常懇切的向周再三說明。最後特別補充：

「基本上，我的志趣和個性，也不宜於行政工作。」

「我絕不勉強你擔任教育廳長。」周至柔非常誠懇的表示，「但這是總裁（蔣中正）的意思。你的意見，我將儘速轉報中央。如果中央同意你的請求，我個人決不勉強。」

劉真非常欽佩周至柔的開明作風。不過，他仍擔心這一任命的無法變更。八月八日，劉真專程到陽明山謁見陳誠副總統，向陳求助，希望政府免調他出任教育廳長。

「基本上，我也不贊成你離開師大。」陳誠表示，「你在師大做得很好。我瞭解你的個性，只願專心辦學，不喜歡從政工作。」

劉真聽陳的談話後，以為陳可以為他挽回這一新命。然而陳又接下去說：

「現在，你可寫份書面報告，向總裁說明，目前只能如此試試了。」

劉真告別出來，隨即返回師大，寫了一份書面報告，請求蔣總裁收回成命，讓他繼續留在師大。為了確切掌握時機，他親至中央黨部，面請秘書長張厲生轉呈。

八月九日，國民黨中央常會開會，對於劉真出任教育廳長一事，討論了約一個小時。教育部長稱許劉真辦師大甚有成就。羅家倫則肯定劉真出任教育廳長，可能貢獻更大。

「我也認為教育廳長一職，由劉真出任最為合宜。」即將被任命為省主席的周至柔將軍，也作此表示。

在眾說紛紜之下，蔣總裁乃問：

「如果劉真不去，誰可勝任教育廳長一職？」

「吳兆棠也可以。」陳誠向總裁建議，吳時任中國青年反共救國團副主任，蔣經國為主任。

蔣總裁久久不語；隨後表示，由與會者舉手表決。結果是，全體一致贊成由劉真出任教育廳長。至此劉真的願望，已經不能達成了。

當天下午，蔣總裁在陽明山官邸召見劉真，向他說：

「教育廳比教育部還重要。目前教育部只管一所臺灣大學，教育廳除臺灣地區（當時臺北、高雄尚為省轄市）外，還兼管金門、馬祖地區的教育，擔任教育廳長比師大校長對國家可有更大的貢獻。現在既經中央常會通過，不必堅辭。」

但對劉真而言，無異是一項相當大的失望。離開他慘澹經營的師範大學，實在有無限的牽念。他喜歡相處多年的同仁和學生，不想投身政治的漩渦，尤其是對於梁實秋和陳可忠兩位老同事，更感無限的內疚❶。原來準備和他們同心協力辦好師大，如今自己竟中途離開了。可是有什麼辦法呢！

屈指算來，從民國三十八年四月十日，接任臺灣省立師範學院院長，並續任升格後的師大校長，為時達八年又四個多月之久。對於這八年多的生活，他有甚深的懷念和回憶：

這是我過去半生中最愉快的一段生活。特別引以為慰的，就是許多我素昔仰慕和從不認

---

❶ 劉真調任教育廳長之後的當（四十六）年暑假，梁實秋便立即辭去了師大的行政兼職，專任教授職位了。「文人有行」一語，梁實秋徹底做到了與劉校長共進退之言。在梁實秋的《年譜》中即如下記載：民國四十六年（丁酉）、五十六歲。繼續在師大執教兼英語研究所主任及文學院長，劉真校長卸任時力辭行政兼職。

識的教育界的前輩和學者，都因在師院和師大共事的關係，結成為忘年之交和莫逆之交。古諺說：「人生難得一知己。」可是我自信在這一段辦學期間，卻得到了不少知己。而且就我個人這幾年在大學服務的經驗，我覺得大學乃是最講理性的地方。在我任職的八、九年中，尚未發現一位不可相處的教授；同樣，我也尚未發現一個不可教育的學生。只要辦教育的人，對人對事能發乎至誠，秉諸大公，我相信學校裡面的事究竟比其他部門要單純好辦得多了。（〈從事教育行政工作的一段經歷〉，《劉真先生文集》㈢，頁一二四三。）

這是一位教育家的最佳風範；也唯有具備這種風範的人，始能辦好以「止於至善」為目標的教育。

2. 大老至友，齊聲期勉

原本志在教書和辦學的劉真，從來不曾想過擔任普通教育行政首長。現在，必須離開他支付過太多心血、太多辛勞的師範大學，內心有無限的依戀。況且臺灣省的教育廳長本就是眾所周知，吃力不討好的職務。以他耿介的個性，又何能周旋應付得了呢？

時任考選部長的陳雪屏得知，便勸慰他：

「教育廳的業務，誠然繁重，但是努力為之，也許比你辦師範大學，有更多的貢獻。何況政府在人事安排上，也確有苦衷。你還是勉為其難吧！」

陳雪屏是位心理學家，曾任北京大學訓導長、臺灣省教育廳長，一向以穩健著稱。劉真想想，事已至此，實在也不宜太計較個人的得失了。

「事在人為。」另一批老友也鼓勵他，「臺灣目前的教育問題，可說一言難盡，也正需要如你這般有理想、有魄力的人，做一番切實的整頓和創新。」

朋友的好意勸勉，他是深為感激的。不過，想到要擔任一個省的教育首長，且在國家處境特殊的情況下，責任之大，更是不必言喻。想到這兒，劉真至為戒懼。「還是向鄉邦大老吳禮卿先生請教一下吧。」

那是八月十四日的上午，也即劉真前往臺中接任教育廳長之前，他去拜謁吳禮卿（忠信）先生。

吳先生非常親切的會見了劉真，而且，開門見山的向他說：

「你這次去做一個省的教育行政首長，最要注意的就是用人。用人的基本原則，就是天下為公，選賢與能。你不僅要起用好人，而且要防備壞人。在中外歷史上，壞人本身不一定有力量打擊好人；但壞人卻可利用好人去打擊好人。你作教育廳長，一定要鼓勵好的校長，保障好的校長。目下社會風氣很壞，尤其在一個機關改組前後，因為人事上的恩怨，更難免有匿名控告、挾嫌中傷的情形。你到任之初，務必特別注意。」

接著他又說：

「無論古今中外，無論擔任任何一級的主管，用人的道理都是一樣的。從前幼年讀了很多古書，當時也不十分瞭解其中的意思。後來在社會上閱歷多了，才曉得中國古人有些話確實講得高明。希望你有空時，可以把中國古人所講用人的道理，細細研究體會一下，作為今後用人的參考。」（《從事教育行政工作的一段經歷》，《劉真先生文集》‧㈢，頁一三〇七—一三〇八。）

劉真對這些語重心長的話，萬分感激。他自少年時代離開家鄉，在社會上已閱歷有年。時日愈久，愈體會出中國文化的精深。

第二天，也即八月十五日，劉真由臺北前往臺中，也離開了臺灣師範大學的校園。

既然竭盡一切力量，無法婉拒教育廳長這一職位後，劉真便斷然竭其全力，決心將其智慧、學識、經驗、時間，投入他的新職了。國家的愛、教育的愛；使他於八月十六日上午十時的宣誓就職典禮中那一霎間，不再牽念往日的師大生活，而全心籌畫今後的工作方針了。

那時，中央政府的最高決策乃是俟機反攻大陸，光復失去的國土，所以政府大部份支出仍是國防和軍事方面。可是在教育方面，社會上卻普遍的希望政府多辦學校，以容納所有希望升學的青年。再加上臺灣和大陸各省的情況，原就不同。如今又是國家戰時首都所在地的唯一行省；在此種複雜環境下推動教育，劉真深知特別艱難。他覺得這些情況，該向周至柔主席坦白說明：

「我絕對無法解決這些教育方面的一切問題。不過，……我將盡最大的努力，使這些問題影響的範圍，縮小到最小的限度；減少到最低的限度。」

軍人出身的周主席，頗為謙虛，言詞非常明朗，就劉真所提出的問題，表示了自己的看法：

「現在的學校教育，分為國民教育、中等教育、高等教育三部份。國民教育應量重於質，中等教育應質量並重，而高等教育則應質重於量。」

「目前，最重要的是先把國民教育和職業教育辦好。」周至柔又懇切的指出，「在中、小學校中，應該特別注意四權的行使與實用技藝的訓練。這樣，學生離校以後，將可成為一個健全的公民，並能充分就業。」

劉真對於周主席的觀點，表示完全贊成。他深知，中國必須邁向民主之路。中山先生的遺教，必須立即推行。過去，由於種種關係，根本沒有訓練全民行使四權的機會，以致民主憲政久久無法實施。現在，也許是因禍得福吧。在臺灣這塊新光復的國土上：環境單純，倒是千載難逢的時機了。接著周至柔非常謙虛的說：

「我對教育沒有專門的研究，但是教育應配合社會的實際需要，應該不會錯。」

3.服務理念，輿論讚揚

四十五歲的劉真，現在決心全力投入教育廳長這一職位了。八月十九日，即就職之後的第三天，臺北市各報記者來訪問劉真，詢問他對於擔任教育行政工作的態度，劉真當即表示：

> 教育行政人員應該瞭解教育行政機關是輔導和協助學校解決問題的，要改變「權力」的觀念為「服務」的觀念；重視行政的「效果」，減少官場的「形式」，使教育行政機關與學校的關係，完全建立在一種合作的精神上。基於此種觀念和態度，我認為教育行政機關應以「便民」為原則；尤其要便利學校。例如減少公文旅行，儘量簡化手續，爭取時間，提高效率等是。至對所屬學校，則應以校長為中心，做到「少干涉，多協助；少命令，多商量。」校長無必要最好少離開學校，應當是「廳長多去學校，校長少來教育廳。」
>
> （〈從事教育行政工作的一段經歷〉，《劉真先生文集》・㈢，頁一二四九—一二五〇。）

劉真並且指出：

人事制度是教育行政最重要的一環。校長既為學校的中心，自應慎選校長；最好由優秀教師中選拔。因為有好的校長才能聘請到好的教師；有好的教師才能教育出好的學生。

（同前，頁一二五〇。）

劉真所持的行政工作態度，立即獲得輿論界的讚揚。八月十九日的《民族晚報》專欄〈日日談〉中指出：

今日辦學校的人最感痛苦的事，是上級對於學校行政的干涉，尤其是人事的干擾，使許多學校校長更是頭痛。其次許多學校校長不能安心在校辦理校務，而為開會與奔走上級機關，耗去了不少精力與時間。往往一件公事，奔走多日，不得要領，校長變成了學校的跑外人員。為能使學校辦得好，所以劉廳長列舉幾點施政原則，看起來平淡，實則才真是今日教育上的大問題。

這篇評論的題目為〈新觀念、新作風〉，說明了劉真的施政原則，正是對症下藥的措施。多少年來，所謂「校長」，便扮演這種「總務角色」。才智之士，視校長為畏途；而鄉愿之輩，又視校長為「拉關係」的最好職位。劉真完全說中教育的弊端。他辦大學有卓見；而辦地方教育行政，竟也有其深刻的觀察。

就任廳長二十天之後，民國四十六年九月六日，劉真為使各校任用教職人員，謹慎將事，乃寫信給全省省立中學校長：

> 此次省府改組，真奉命承乏教政。視事以來，深維時艱任重，覆餗是虞，所幸我全體教育工作同仁，均能堅守崗位，熱心任事，此則真所引以為慰者。竊思學校辦理之良窳，繫於學校負責主管者至鉅；是必專心致志，勿怠勿荒，以鍥而不捨之精神，樹身教言教之楷模。故今後各學校負責同仁如無重要事務，切盼不必離校。至緊急公事，有須與廳接洽者，可用長途電話聯絡，以爭取時效。再者各學校聘用教職人員，當就事實之需要，本選賢與能之原則，精遴慎用，各適其任，自不宜以職位作酬應之工具，以人情為用捨之權衡。除已切囑本廳各科室主管人員，嗣後不得以私人關係，向所屬各機關學校介紹教職員外，並盼各學校主管亦予注意及之。教育為國家百年樹人之大計，自非一蹴可幾，尚希我各校同仁一心一德，勉赴事功，是所企盼！（《劉真先生文集》㈣，頁一七一二。）

這是實事求是的措施，是切中時弊的大決定。中國多少年來累積的官僚惡習，劉真要斷然予以割除。《民族晚報》稱之為「打破了官僚主義、形式主義的積習，在教育行政上樹立了一種新作風」，誠為允當。

劉真並且認為「處罰不是解決問題的根本辦法」。主張建立學生資料袋，每個學生自入初中起，便納入資料袋，記錄其生活情形。此袋由初中轉高中，由高中轉大學，由大學轉到服務機關，以備考查。劉真希望各學校能即時起，開始實施。

4.施政藍圖，高瞻遠矚

素性淡泊的劉真，工作上卻異常積極。他首先對於當時的教育問題，提出解決的原則：

教育是國家的百年大計，教育行政的一切措施，需要作久遠的打算。教育設施不一定立竿見影，也許要在十年二十年後才能看到實效。今天的教育問題，可能是十年二十年前的教育設施所產生的結果。主持教育行政工作的人，無論決定任何一項教育措施，必須有方針（不能泛說理想）、有重點（要斟酌輕重緩急）、有計畫（不能空言原則）、有步驟（不要想一蹴而幾），腳踏實地，循序推進。譬如就教育的最高理想而言，我們固然希望教育「量」的迅速發展，而同時我們也希望教育「質」的逐漸提高。希望學校設得多，也希望學校辦得好；希望學生收得多，也希望學生學得好。要想真正達到教育上質量並進的理想，一方面要適應兒童與青年就學的實際需要；一方面要顧及經費與師資的可能條件；目前國家正處於戰爭的邊緣，各種教育的設施都要適應「守常」和「應變」的雙重要求。（〈從事教育行政工作的一段經歷〉，《劉真先生文集》・㈢，頁一二五二。）

同時，基於他平日對教育行政工作的想法，以及針對當時臺灣所面臨的困境，確定了三項施政重點：

第一是改進國民教育　為什麼我要說「改進」國民教育呢？因為目前臺灣的國民教育，已經相當普及，量的發展，業已不成問題。但是國民教育方面最為社會所詬病的，乃在學校設施和教學方法上的缺點；如教室不足、實行多部制上課；學校規模和班級過大，學校實施惡性補習，教師任意體罰兒童等等。如果這許多缺點不能徹底改進，便無法達到國民教育所規定的目標。

第二是發展職業教育　為什麼要說「發展」職業教育呢？因為臺灣省原有的職業學校，不僅在質的方面未能達到理想標準；即在量的方面亦嫌為數過少。為配合經濟建設的需要，以及防止青年失業的危機，必須積極發展職業教育。除應繼續提高原有職業學校的素質外，尚須大量擴充各種類別的職業學校。尤其對海事水產教育，更應特別注重，以適應臺灣特殊的地理環境。

第三是充實高等教育　為什麼我要說「充實」高等教育呢？因為高等教育的目的，在研究高深學術，培養專門人才。而且在原則上說，高等教育是應該多由中央負責主辦的。臺灣自光復以來，公私立大專學校大量增加；但以客觀條件所限，師資與設備多感不足。當時本省高中畢業生升學率，約在百分之六十五左右，足見本省高等教育量的發展，已達相當飽和程度；所以我以為今後只應先就原有的省立大專學校充實內容，不必再作量的擴充。

這三項教育施政重點，從表面上看彷彿是分立的；但是從整個國家的需要講，卻是互相配合缺一不可的。這是什麼道理呢？因為國民教育的目的在培養健全的國民，職業教育的目的在培養生產的技能，高等教育的目的在培養優秀的領導人才。在一個國家內，如果一般兒童因受良好的國民教育，而都能成為健全的公民（人人都是好國民）；一般青年因受良好的職業教育，而都能夠有謀生的技能（人人都有飯吃）；另外，再經由良好的高等教育，造就一些優秀的領導人才或各種專家，為大眾服務，這還不能稱為是一種理想的國家嗎？所以我認為這三種教育，乃是一個國家最需要的教育，不能不加以特別的重視。（同前，《劉真先生文集》．㈢，頁一二五二——一二五四。）

針對上列三項重點，劉真覺得，必須在教育的實際推行方面，有所配合。否則，或將有落空的可能。他特訂出三項目標：

一、教育人事制度化　教育是一種精神事業，人的因素關係甚大。有了好的教師才能教出好的學生，有了好的校長才能辦成好的學校。所以樹立健全的教育人事制度，實為改進教育的重要關鍵。現在世界各國對於學校教師和教育行政人員的訓練任用，都是非常嚴格的。大家認為：如果讓一個沒有受過教育專業訓練的人去做教師，等於讓一個沒有受過醫學專門訓練的人去做醫生，同樣是一件危險的事情；而在另一方面，教育工作不僅需要專門的學識，而且需要豐富的經驗，所以政府對各級教育工作人員的遴用，必須依照其學歷、經歷等作適當的規定，並使成績優良者的工作獲得確切的保障，藉期消極的打破奔競鑽營的積弊，積極的培養蓬勃奮發的朝氣。必須教育方面先做到人事制度化，才能達到人盡其才的目的。

二、教育設備標準化　一切教育活動的實施，必須有適當的場所和設備。如果教育的場所和設備不夠標準，一定會影響到教育的效果。一般學校校舍的建築固不必美輪美奐，但必須符合安全、衛生、堅固、經濟及教學需要等條件。各項教學和實驗實習的設備，也要訂有最低的標準，以適應教學的要求。過去本省很多國民學校對於教室的採光和課桌椅的使用不知注意，以致造成部份兒童發生近視、駝背的現象。我認為今後設計的教室和課桌椅等應力求避免這種影響兒童身心健康的因素。至於新設學校校地、校舍及設備的最低標準，以及自然科學教學與實驗必備的儀器標本等，亦應參照聯合國文教組織所提供的資料作適當的規定。我以為要想使我們的教育內容能夠迎頭趕上國際的水準，則我們教育的設備也就必須急起直追，期能逐漸達到歐美各國的標準。

三、教育方法科學化　教育的改進，固有賴於優良的師資和適當的設備；但欲提高教育的效果，仍須採用最科學最進步的教育方法。例如舊式教育以書本為中心，一般人以為只要熟悉教材就可以擔任教師；但新式教育則完全不同。教師除了熟悉教材外，還要瞭解兒童的心理，精嫺教學的方法。近數十年來，教育已成為一種專門的科學，諸如課程的編製、教材的選輯、教法的運用、訓導的實施、成績的考查等，大都應用科學研究實驗的結果，日新月異，精益求精。例如現在各國的中、小學均普遍重視所謂視聽教育，利用幻燈、電影、錄影機、模型等輔助教學，以提高兒童興趣，增進教學效果。可是本省目前有少數教師卻仍故步自封，相信過去一些陳舊的理論，採用一些落伍的方法；所以如何使教育的方法科學化，也是改進本省教育所不容忽視的問題。

這三項目標，從表面上看起來，好像只是很普通的三句話；但是這實在是經過我的深思熟慮，針對臺灣教育的實際需要而決定的。因為如果沒有健全的人員、使用適當的設備、採取有效的方法，來推動教育事業，怎能希望臺灣的教育真正有所改進呢？（同前，《劉真先生文集》・㈢，頁一二五四——一二五六。）

這些深思所得的結論，劉真決定採取具體的作法求其實施。他確信在民主政治制度下，必須獲得社會的認同與支持。正好，一所由名報人成舍我創辦的「世界新聞專科學校」邀請在週會中講演，劉真便藉機作了一次公開的報告：

> 有些人認為最好的做事精神是只做不說，或是做了再說。這對一個普通的私人而言，當然是很好的美德；可是作為一個民主時代政府的負責首長，我以為是不容易辦得通的。因為現在任何一項政府的措施，凡是涉及人民負擔與權益的，都要經由議會的通過，才能編列預算，才能明令實施。同時，除民意機構以外，還要取得輿論界和一般大眾的同情與支持，才能化除阻礙，順利推行。如果政府的首長不把一項政治措施先向民意機構和社會方面儘量說明，則民意機構怎肯通過政府所提出的預算和法案？輿論界和一般大眾怎能由衷的予以同情與支持？所以英國有一位政治家曾說：「民主政治就是說明、批評與解釋。」可見在一個真正實行民主政治的國家中，只做不說或是做了再說，並不是一個政府負責官員應有的最合適的做法。因此，我自到教育廳以後，就抱定「多看、多

問、多想、多說、多做」的態度。為什麼要多看？因為教育方面的實際情況，必須多看才不會以耳代目，以偏概全。自己親眼看到以後，對於不真正瞭解的地方，便須向有關方面不厭其詳的問個明白。當然在別人解說一件事實或問題時，自己一定要耐心地聽個清楚。所以多問和多聽只是一件事的兩面，我所謂多問也就連帶的包括了「多聽」在內。看過、問過以後，便可對一件事情或問題的真相大體有所瞭解。這時，就應該依據自己的或專家的智慧、知識和經驗，作冷靜的深刻的思考，然後決定處理的態度或辦法，這便是所謂多想。在一個民主國家中，政府關於教育方面的任何一項決策或計畫，負責的首長都應該在執行之前，利用各種機會向社會加以詳細解釋，以爭取廣大的支持，這自然需要多說了（這也就是　國父所昭示的喚起民眾的道理）。等到大家的觀念溝通，有了心理上的準備，政府便可將所確定的決策或計畫，付諸實施。不過教育問題是非常複雜的，大家對任何一項教育問題都不會有完全一致的看法。所以政府在實施一項決策或計畫的過程中，必然會遭遇到很多困難，這時，一個教育行政首長如果缺乏多做的決心、勇氣和毅力，那就很難貫徹到底了；或是做了一件便不願再做第二件了。因此，一定要打破「少做少錯、多做多錯、不做不錯」的觀念；改為「少做少對、多做多對、不做不對」的觀念。必須這樣，教育事業才能不斷的發展和進步。總之，我所謂「五多」中的多看、多問、多想、多說都係手段，多做才是目的。如果只會多看、多問、多想、多說而不會多做，那自然沒有意義。可是如果只知一股勁的多做而不肯在未做之前多看、多問、多想、多說，則結果也可能流於盲目的任意亂做，得不到圓滿的結果。（同前，《劉真先生文集》，㈢，頁一二五〇—一二五一。）

劉真並且再三提示教育廳全體同仁：

「雖然我們是省教育廳，但實際上主管的卻是全國的教育行政。不過，教育廳與各級學校的關係，和警務處與各警察局的關係不同。我們廳內同事的教育知識和經驗一定要超過各級學校行政人員，然後才能領導他們；只有知識技術的領導，才能獲得被領導者的信賴。也就是說，知識技術的權威，才是真正的權威。」

他鼓勵同仁，一有餘暇，即應讀書進修，使機關學校化。尤其是年輕的同仁，更不要放棄進修的機會。

一天，劉真問起在廳長室服務的女工友（通稱小妹）阿珠，僅有初中學歷，便鼓勵她利用晚間進修，「你可以去讀商職夜間部，充實自己。」

「可是，商職夜間部的上課時間，怕趕不上。」阿珠說，「若下了班再去，已經上課半小時了。」

「你可以提前下班。」劉真說，「讀書是大事。你提前半個小時下班可以趕上吧？只要你在下班前把事情做完就行了。」他覺得任何人上進，都是應該鼓勵的。（請參閱本書第二十二章，第七節有關阿珠部份。）

他時常期勉全廳員工：

「我們對於任何一個學校的問題，任何一個家長的意見，任何一個學生的請求，都要加以重視，都要加以處理。我們應該站在校長的立場，站在家長的立場，站在學生的立場，設身處地為他們著想，為他們解決困難。這樣，我們自然不會對他們的事，漠不關心，自然不會敷衍應付，更自然不會積壓公文了。所謂『教育行政』這四個字的意義，應該把教育和行政分開來看，就是以教育為目的，以行政為手段。教育行政人員應該是為教育而辦行政，不能只辦行政不辦教育。」

過了不久，他到立法院教育委員會報告臺灣省的教育概況，向原本是同仁的立委們，扼要說明自己的工作態度：

一、瞭解現狀：本（臺灣）省由於受過日據時代長達五十年的殖民教育政策之影響，地理上為一海島，經濟和其他方面均有其特殊性。故應從歷史、地理、經濟和社會各方面，作正確審慎的考慮，以為施政的參考。

二、發掘問題：探求本省現行的各項教育措施，檢討其是否合乎實際的需要，俾作改進的依據。

同時，劉真懇切的表示，決以「虛心」和「誠意」來負起應負的責任。因為身為教育廳長比師大校長的影響更大。在師大，如果做錯了，影響僅限於一校；而廳長做錯了，影響將擴及全省（全國）。所以，他特別以戒慎恐懼的心情來處理所有的行政問題。他特別引唐甄的《潛書》中一句話：「發政如發矢，矢發不可復反，政發不可復收。」

5. 實用技藝訓練與教師在職研習

劉真為了引起大家對「技藝訓練」的重視，他特以〈創設實用技藝訓練中心教育〉為題，說明這項訓練的重要，其中有云：

> 我們每年竟看到百分之六十的小學畢業生，百分之四十的初中畢業生和百分之二十的高中畢業生，不能升學，又無適當出路。這是何等的浪費、何等的損失。因此唯有全力展開技藝訓練，才能化人力為技術，用技術於建設。（原刊四十七年十二月一日《中央日報》，又見《劉真先生文集》・㈣，頁二一四一。）

劉真同時想到，政府正在加速經濟發展，他依據臺灣的客觀條件，認為應特別發展水產海事教育，於是首先為基隆水產學校勘定新校址，不再與海專合設於一處；而且增設了蘇澳、安平、東港等分部；又分別為基隆、高雄、澎湖三所水產職校建造百噸以上的實習漁船四艘，以加強學生的實習教育。

當時，由於職業教育法令規章的缺乏彈性，諸如教師任用資格、學生修業年限，及畢業生之任用和待遇等，均有重重束縛。但教育法令之修改，權在中央，一時甚難改革。在深思熟慮之後，劉真終於闢出一條蹊徑，即以實用技藝訓練中心的名稱來突破職業教育上的瓶頸。

此項辦法經提請省府會議通過並呈報教育部備案後，指定省立臺中商職與工職兩校試辦，名為「實用技藝」，即係說明訓練內容注重技術、而不偏重理論。他在「實用技藝訓練中心」開始試辦時，曾告訴主辦的學校說：「實用技藝訓練中心的施教原則應為『社會需要什麼就辦什麼，青年想學什麼就教什麼』；以求完全適合社會和青年雙方面的實際需要。」至於實用技藝訓練中心的實施辦法，與一般正規的職業學校完全不同。參加學生的入學程度、年齡、性別、資格、上課時間及訓練期限等，均富有彈性，不受現行學制及法令的拘束。凡具有一技之長足以任教的專門技術人員，不必具大專院校畢業的資格，均得由主辦學校以技術指導員名義聘用。儘量利用各主辦學校及企業機構原有的設備，以符合經濟的原則。至於科別的設置及課程的內容，則力求配合各行業界的需要。普通學科僅占百分之十，技藝學科及實習占百分之九十，藉使受訓青年易於習得實用技藝。自四十七年二月創辦以來，截至五十一年十一月底止，全省已有中等學校四十餘所相繼設置。每年全省各校所附設之訓練中心結業學生約在五千名以上，就業率平均達百分之八十左右，可以說，為臺灣省的職業教育與補習教育，開闢了一條新的途徑。

這時，劉真就任廳長才半年而已，多年停辦、該辦的事，已獲得了生機。

又由於普通中學在事實上乃一種升學的預備教育，為了加強語文工具與自然科學方面的教學，因此，劉真一方面在師範大學創設了「中學在職教師研習中心」，分批調集全省中學的數、理、化、博物及語文等科教師，施以一個月至半年的講習，以充實各該科中學教師的專科知識，改進教學方法。另一方面則聘請師大及其他大專學校教授，到全省各中學進行實地調查與教學輔導工作。

「實用技藝訓練中心」開辦之後兩個月，在四十七年四月中旬，劉真鑒於一個普通行政機關的人才究竟有限，尤其教育學術方面，必須借重社會各方面的專家，才能解決教育上的實際問題，遂酌採美國一般政府機關及工商企業和大學或其他學術團體合作的辦法，提出了「行政機關應輔助學術團體的發展，學術團體應注意實際問題的研究」的原則，商得「中國語文學會」及「中國自然科學促進會」的同意，於民國四十七年四月間由毛子水、管公度二先生代表以上兩個學術團體，與教育廳簽訂合作計畫，雙方共同努力，切實改進臺灣一般中（小）學的國語文與科學的教育。這一種學術團體與行政機關的合作，不僅在行政方面可以逐漸由「科員政治」進入「專家政治」，而一般學人雖不參加政府實際工作，亦可透過合作方式向政府貢獻其所長。

自四十七年五月起，這兩個學術團體便開始為教育廳進行改進中、小學語文與科學教育的工作。「中國語文學會」由於趙友培的認真負責，在五年期間，對臺灣省中（小）學國語文教學的改進，確實有很多的貢獻。至於「自然科學促進會」方面，不幸該會負責人管公度因病逝世，致與教育廳合作計畫，只進行了兩年便告中止，是件極為可惜的事。（請參閱〈學與政〉，《劉真先生文集》・㈣，頁二一三六。）

第十五章　鴻猷初展

1. 沒有班底的廳長

通常，各單位首長都有「班底」，尤其是像教育廳這樣的大機構。依例，廳長必須有隨身「班底」上任。劉真向來不喜此套作風。現在走馬上任，只帶了原師大助教周應龍及陳壽觥兩位，都是剛剛畢業不久的校友。辦教育不能固執學派的偏見。一有偏見，便難有超脫的思想和作為。何況為政、面對的是眾人之事？學派之間正是一種無形的囹圄。他特別告誡陳壽觥：

「你和周應龍隨我到教育廳，可要特別謹言慎行啊！通常，原機構的人都會對你示好，乃至逢迎。但你應更謙誠才是。」

這一天，有位縣教育科長打電話到辦公室來，說是在報上看到，他本人竟被派為某省立中學校長。「究竟是怎麼回事？」言外之意，好像不太相信，「這事沒人跟我商量過；也沒連絡過。」

辦公室內隨即三三兩兩的竊竊私語。因為這樣的事，以前未發生過。以前省中校長們時來教廳走動，各縣教育科長也多有來往。但自從劉真到任，發表了「廳長多去學校，校長少來教廳」的談話之後，那些現象便立即改觀。倒是有些縣教育科長或中學教務主任在本人不知的情況下，忽然被升為校長之類的消息，突然披露出來。

更奇怪的是，廳內的「老人」以為，陳壽觥是跟廳長來的，大概知道一些「行情」，便旁敲側擊的希望「套」出一點風聲。結果一無所獲。原來陳壽觥所知者不見得更多。

特別是暑假之前，總有些人事上的變動，如屆齡退休、辭職他就、原有校長調動、新設學校校長任命，以及師範生之分發等。這時關說請託者，可以「函電交馳」來形容。至於想向教廳說項者也自然不少。自廳長以至科員，無不受到不同程度上的干擾，以致影響政務措施的運作。

一天，廳務會報中，劉真坦誠的告訴各單位主管說：

「我來廳裡只帶了周應龍和陳壽觥兩位剛畢業的校友，幫我處理瑣事、文書。其餘都是原來的工作人員。所以我根本沒有什麼『班底』可言。老實說，現在的同仁，個個都是我的『班底』。」

他才說畢，同仁間便揚起微微的笑聲。而劉真卻接著說下去：

「我主持全省教育行政工作，用人的基本原則，就是要適當的人，做適當的事，也就是要用天下人，做天下事。」

劉真說畢，即有兩位承辦人事案件的陳梅生科長（主管國小教育）、崔叔和主任（人事室）表示憂慮和擔心：

「每年暑期為這類事常獲罪於人。但凡所求不遂，便在外捏詞誣陷；甚至挑撥離間，混淆黑白。對承辦單位更多無稽之詞，希望廳長不要輕信。」

「大家凡事依據法令規章。」劉真坦然的表示，「我當然也絕對不會相信那些無的放矢之言。務必把握原則，大公無私，不可稍有徇情。一有例外，便難防他人援例，這就難辦，甚至無法辦了。同時，也易滋生疑竇，終至不可收拾。」

「不過，廳裡再公平，但那些有求而落空的人，總會製造一、二藉口，說什麼非個人條件不夠，只因別人有特殊關係之故。」一位承辦人似乎有口難言。

「那就管不了許多了。」劉真安慰大家，「豈能盡如人意，但求無愧我心。」

這天下班回到臺中宿舍，劉真對陳科長、崔主任的話，頗有所感。他就任廳長以來，比之在師大，精神上的負荷，何止十倍。凡來「關說」的人，無不有其背景。他們關說不成時，有的尚能諒解，有的表面上諒解，暗中破壞你的，卻更多。至於公開表示不滿的，當然更難以計數了。

然而，有些不明白的人，總以為陳壽觥是廳長帶來的人。遇到困難，便旁敲側擊的想從陳壽觥處套出一些訊息。在不勝其煩的狀況下，陳壽觥便說：

「我倒是有個秘密，可以公開給你；但絕不可講出去，不然，我就不說了。」

「什麼秘密？」聽的人馬上提神了，「我們絕不透露出去。」

「劉廳長的長子肖孔在成大讀書，他的女友在中興大學讀書，前幾個週末，來臺中會女友（按：現在已是肖孔的太太了）。兩人情話綿綿，錯了回臺南的末班車。若去臺中的家，害怕父親罵他；而住旅館身上又沒錢。」

「怎麼辦？」聽說的人倒也好奇起來。

「怎麼辦？」陳壽觥說，「只好睡臺中火車站罷了。」

從這件小事，便可看出劉真家庭教育的成功。劉真自出任教育廳長以來，即全心投入全省教育行政工作，深為社會各界所讚揚；但重視私利的社會，予他的壓力也極大。民國四十六年十二月二十五日的日記中劉真沈痛地表示：

> 日來因處分一違法失職之教育人員，連接各方來信為之緩頰；而此一失職人員，因聞政府即將予以處分，遂迭以恐嚇信對余橫加威脅。余以為政府如決心整飭教育風氣，必須抱定昔人所謂「以菩薩心腸行霹靂手段」之態度，公事公辦，無所瞻徇。否則，倘對少

數違法者寬容，即不啻對多數守法者苛刻也。今日承辦此案人員已將文稿擬妥，余詳加核閱後，即予判行，以免愈延宕則愈困擾；而一般妄圖玩法者，亦可不再存僥倖之心矣。

近日友人來信中，有勸余做事不必過於積極者；有勸余應注重公共關係，勿因堅守公事公辦之原則，以致因公結怨成為公敵者；有勸余多讀老莊之書，稍稍體會無為而治之哲理者。余思之復思之，唯有本諸「豈能盡如人意，但求無愧我心」之態度處理公務，為毀為譽，聽之於人而已。

余常思中國道家無為而治之思想，其基本精神乃在主張一切應順乎自然之發展，不宜為揠苗助長之舉，否則，愛之適以害之。此種原則在自然界或古代人類生活極為簡單之社會中，或可言之成理，有其哲學上之價值。惟倘以此種思想處理今日之政治事務，則政治甚難有進步之希望。因政治既係管理眾人之事，焉有「無為」而可以言「管理」者？故其結果「無為」則「不治」矣。但欲有所為，自不能不打破現狀，或改變現狀，更不能不遭遇阻力。其幸者或可為而有成，其不幸者事未成而自身已為社會所不容矣。

今日之社會情形，余非不知；余之所以不願擔任行政主管者在此；但既已擔任政府公職，自當盡我所有之智慧與能力，為我良心上與職責上之所應為。嘗聞凌竹銘先生述其先人所言「要爭天下所不爭的氣節，不要爭天下所共爭的功名。」洵足發人深省。蓋吾人一生之中，做官之時短，做人之時長（位可失而品不可失），焉能重其時之短者而輕其時之長者耶！

這是一位對教育懷有極大熱忱者的內心控訴。中國歷史上的名流篤學之士，每每視入宦為畏途，是有其原因的。時至今日，社會仍不能協助一位賢良的官吏，寧可包容違紀貪瀆之輩，誠令人扼腕之至！

2. 提高中、小學教師待遇

民國四十六年前後，國家雖然在風雨飄搖中趨於穩定，但國民經濟仍在極端困窮之中。尤其是中、小學教師的生活，僅足餬口而已。劉真對於教育的施政和努力的目標，既已確定，而橫在眼前亟待解決的，便是「師資」和「經費」兩大問題。

先說師資，這包括了訓練、任用、待遇等問題。而最迫切需要解決的，仍是待遇問題。如果教師的待遇不能改善，原有的在職教師尚多不能安於其位；又怎麼吸引優秀的青年接受師範教育、志願充任未來的教師呢？換句話說，倘若待遇問題不能解決，則訓練、任用等等，縱使有所改進，也難發生較大的效果。

怎樣解決呢？劉真認為應該先向議會提出：在對臺灣臨時省議會的施政報告中表示：

談到提高教育的素質，自然牽涉的問題很多。不過我認為最關重要的，還是師資問題。目前本省各級學校，都普遍感到師資的缺乏。今後固然要有計畫地培養新的優良師資，以配合增班設校的需要；但是更緊要的，乃是要使現在在職的教師，不感受生活上的嚴重困難。尤其要使許多優秀的教師能夠安於其位，專心致力於教育事業。要想做到這一點，絕不是普通幾句鼓勵的話所可收效的。我們一定要拿出具體有效的辦法，來解決他們生活上的實際問題。（〈從事教育行政工作的一段經歷〉，《劉真先生文集》・㈢，頁一二五六。）

另外，他在一次全省性的教育行政座談會中，也特別強調這種看法：

要想提高學生程度，必須教師肯熱心教學；要教師肯熱心教學，必先安定教師的生活。如果說，提高學生程度是教師的責任；那麼，安定教師生活便是政府的責任。也唯有政府方面先盡到安定教師生活的責任，然後才能要求教師盡到提高學生程度的責任。（原載《臺灣教育發展的方向》。）

劉真知道單憑說幾句空話，是不能解決實際問題的。在入大學以前，他曾擔任過短時期的中、小學教師。現在臺灣教師的待遇，比之他那一時代，更要艱辛數倍。即在同時代中，中、小學教師的收入，比之同時代的軍、公教人員，也相形見絀；若比之那些特殊機構，如銀行、金融機構的員工，便更望塵莫及了。

但是究竟怎樣來改善他們的生活呢？什麼方法才最為可能而有效呢？經過詳細研究的結果，他得到初步的結論：目前救急的辦法是增加一點現金的給與，使中、小學教師每月的收入，最好比同級軍公人員高一點，至少不要低於同級的軍公人員。這樣才可以表示國家真正的重視教育，和政府對教師生活的關切。然而，那時政府正積極作反攻復國的準備，自然不該忽視國家財政的負擔，而作過分的奢求。再說，一般軍公人員的生活和教師同樣的清苦，政府又怎能不顧軍公人員而單獨調整教師的待遇？左思右想，他只好先在可能範圍內暫時增加中、小學教師一點現金給與，以後再想比較久遠的妥善辦法。

於是，劉真先行研擬出一套辦法，提請省政府自當（四十六）年起，提高中等學校處主任、導師、組長的職務加給，提高中等學校教員兼課及代課鐘點費，並自四十七年八月起，加發中、小學教師每月研究費一百元。

不過，當時政府的財政，極端困難。劉真並無把握；不得已他去見周至柔主席報告，希望在短期內，能將中、小學教師研究費，每月增加一百元。

「目前，中、小學教師的待遇，實在過於微薄，我們空言尊師重道，是不夠的。」劉真又補充說。

他知道這不是小問題。全省中、小學教師達六萬多人。每人每月增加一百元，一年就得增加近七千萬元的預算。

「原則上我同意。」周至柔主席的回答甚為乾淨俐落，並向劉真表示：

「可以先成立一個專案小組。秘書長、財政廳長、教育廳長、主計處長和人事處長為當然成員。……自然，計畫及推動工作由教育廳負責，其他單位是配合性質。」

事情就這麼迅速決定，使劉真喜出望外。他興奮的回到教育廳，立即與賴副廳長順生、主管科長及主計室主任等面商此事。

「一定要保密。」劉真特別叮囑他們，「這方案不能洩露出去。大專教授有研究費；用研究費的名義，順理成章，變相調整待遇，別人不易找藉口。」

最後，劉真又特別囑咐與會人員，「事以秘成，語以洩敗。大家務必守密，因為目前有些機關，公務保密不夠，往往很多辦法或計畫，還沒定案便引起有關人員的反彈，以致政令未出公門，社會上已爭吵起來。」

很快地，教育廳便提出一筆約七千萬元的追加預算；於省府唐縱秘書長主持開會討論時，幾乎獲得一致的支持。

「目前省庫並不充裕。況且是在年度中途。我們希望教育廳能在預算方面撙節兩千萬元，其餘的由財政廳負責籌措。」財政廳長提出自己的困難。

劉真知道教育廳的預算也不寬裕，但是，如果他不許諾，案子必然不能通過，便勉強的表示：

「我當盡力配合。」

小組會議結束以後，劉真極為快慰。上任以後的心願，已得到了反映。一向企圖為中、小學教師謀求福利的抱負，已落實了頭一件事情。幾乎是迫不及待的回到教育廳，他再度與賴副廳長及主計室主任商談，經查：教育廳年度預算，尚剩餘兩千多萬元，可以配合這項計畫之用。他立即以電話與財政廳長陳漢平聯繫，約定第二天上午九時在財政廳見面。會簽之後，請周主席批准。

不料第二天適逢颱風過境，風雨交加。劉真由臺中市寓所冒著大雨趕到中興新村財政廳長辦公室。陳廳長尚未上班，有些職員見劉真在此惡劣天候下親自到財政廳，頗感意外。等了將近一個半小時，陳廳長方到辦公室。

劉真將提案的內容向陳漢平概括的說明，獲得同意之後，當即往秘書處，請唐縱秘書長、主計、人事兩處處長簽名，然後聯署向省府委員會議提出。

「這麼大的雨，何必親自跑來。」他們幾乎一致的表示：「你派人送來就可以了。」

「我親自來比較省事。照普通公文會簽程序，可能就要三、四天工夫了。」劉真懇切的解釋，「時日一久，難免夜長夢多，發生枝節。」

大家聽了他的解釋，深為欽佩。

會簽完畢，劉真急忙的去見周主席，將簽呈遞上去。

「你辦得真快！」周主席接過簽呈，對這位由大學校長轉任廳長的劉真，其篤實認真，說做就做的精神，頗感意外，立即批示了「同意」兩個字。

這一天是星期二，下午便是省府委員會議的例會。他走出周主席的辦公室，草草用過午飯，到秘書處找人印好提案。他希望快馬加鞭，把「調薪」的事辦妥。恰好有位高級職員走過，便打趣似的幽了劉真一默：

「劉廳長可真是枵腹從公啊！」

他為人謙和，公而忘私，也許正是他能多方獲得助力的原因。

調整中、小學教師研究費的案子，當天（四十七年六月十七日）在省府委員例會中，無異議通過❶。散會後走出省府大門，天已大晴了。想到早上在大雨中趕到省府，一連串的奔忙，如今終於一塊大石頭，自心頭卸下，不由感到萬分輕鬆。「一百元」數額雖然很小，但是當時

❶ 關於劉真提高中、小學教師待遇一事，時任教於國立臺灣大學之屈萬里（其後當選中央研究院院士）聞悉，特函劉氏，至表欽佩。

中、小學教師每月的薪金才四、五百元，等於增加了四分之一的收入。這天又是端午節前兩天。有一家報紙在新聞報導中，譽之為省政府贈送給中、小學教師最有意義的節禮。這報導頗可說明劉真的心境。他想，全省中、小學教師在精神上所獲得的安慰，也許比物質的收入，還要大得多。不久，有一位小學老師便寫信給劉真說，他深為受到政府的重視而驕傲。

這是劉真履任後所做的一樁影響深遠的新猷，長久以來，仍有人感念不忘。

3.用人唯才，不分地域

正在略事休息之際，秘書向他報告，將有幾位東北籍的立、監委員來訪。這使他頗為詫疑，「為什麼事呢？」素來他和這幾位委員來往不多。可是，想著想著，他們已經到辦公室來了。

「省立清水中學陳校長病情很重，大概難以治癒了。」他們開門見山的說，「我們想推薦一位東北籍的人士來繼任。」

「陳校長的病況如何，現在還不知道。」劉真說，「既然人還在世，教育廳並未考慮繼任人選。」

「我們希望陳校長病故後，劉廳長能任命一位東北籍的人擔任校長。」幾位立、監委員異口同聲的表示。

劉真聽了頗感不耐，認為太不近情理。送他們離去以後，仍然難釋於懷。自從政府播遷來臺後，在這彈丸之地上，若干人仍有「瓜分」的想法，把臺灣當成具體而微的大陸來看。縣市教育科長比擬為一個「教育廳長」的地位；至於廳長則視為大陸時代的部長職位。等而下之，中學校長、小學校長亦然。事實上，有不少在大陸時代擔任教育廳長、行政督察專員之輩，來臺後出任中學校長或出任國校（小學）校長者不乏其人。在此風氣之下，凡出一缺，若干民代便認為此乃「政權瓜分」的良機。能夠盱衡全局者，當然大有其人。但抱此心態者，倒也不少。

「目前，臺灣雖是一省，但實際上是『全國』，我應該就全國各省在臺灣的人才中，遴選合適的人才來作省立中學校長。」劉真有些憤憤的想，「為何大家不就這方面著想，來協助我，僅從一地區的私利而打點呢？」

以後不久，清水中學陳校長病故，劉真得知曹緯初（山東人，時任教廳視察）頗有長才，乃命曹出任清水中學校長。東北籍立、監委員聞之，表示：「劉真未免太不給面子了。」

這天劉真自臺中返回臺北家中，夫人便告訴他，孔德成及秦德純兩位山東大老將來造訪。劉真和孔、秦素稔，卻也不知何事。如此凝想間，孔、秦兩先生已經到了。

「我們是代表員林實驗中學來的。這個學校的學生大部份是山東子弟。民國三十八年大陸形勢逆轉時，山東八所中學隨政府輾轉遷徙，經上海、南京、湖南，最後到達廣州。其後全體師生一千餘人由廣州到達澎湖。由於學生年齡不齊，學籍也非常亂。到澎湖後，澎湖防衛司令官李振清將軍組成一所子弟學校，以年齡及學力分班，使他們繼續學業。李調職後，這批學生便遷到員林，改為國立員林實驗中學。目前竟問題重重，所以前來請劉廳長大力解決。」

劉真早聞此一國立員林實驗中學，但因剛擔任廳長不久，一時還摸不著頭腦。因說：

「你們兩位山東大家長出面，我自當力求解決。請放心，下週我到廳裡，當先瞭解狀況，看看究竟有什麼難題。結果如何，即盡速向二位說明。」

孔、秦聽了劉真的懇切談話，便興辭而別。

原來這所「國立員林實驗中學」，政府並未編列正式預算。人事經費、教學設備、學生公費均有問題。劉真覺得不能再拖延下去，兩三天後，便驅車到員林實驗中學視察。此時校長為楊展雲，以前曾任山東省教育廳長，教育經驗，頗為豐富。

為期全面瞭解實況，劉真請楊展雲召集師生座談，聽取大家的看法。果然問題繁雜。單單學籍問題，便不易處理。回到廳裡，劉真再派許伯超科長前往，與楊展雲校長磋商。劉真交代許伯超：

「原則上我們尊重楊展雲校長的意見，因為該校情況特殊，我們也難以插手。凡事予以支援，不必多加干預。」

在這個大原則下，「員林實驗中學」的問題便順利解決了。也許正因為這一學校的「身世」艱苦：其後竟然人才輩出，千餘名學生中，在政、軍、學各界中，出類拔萃者甚夥，單是博士便有二百餘位，軍人而升至將官者，也達一百餘人。俗云：「多難興邦。」員林實中則是「多難好學」了。

這一點得力於劉真之妥切解決。很多年後，劉真去臺北市一家「宏恩醫院」看病時，主治醫生一看「劉真」這個名字，便異常親切的自我介紹：

「我叫王振湖，是員林實驗中學畢業的學生。我的證書還是您任廳長時發給的呢！」

「那是許多年前的事了！」劉真聞後也禁不住快慰之情。

「是啊，我畢業以後考入國防醫學院。原任三軍總醫院直腸科主任。近年轉至宏恩醫院。」

「你們這一批苦難中成長的學生，真了不起啊！」

「已經有一位同學，在澎湖入伍，現在已升任澎湖防衛部司令官了。」王振湖提起當年的同伴，異常興奮，引以為榮。

「這就是孟子說的『天將降大任於斯人也，必先苦其心志』啊！」劉真深表讚許的說。他想，教育這一事業的耕耘，永遠不會浪費的。

這天，那王振湖像是對親長般的，為劉真做了細心的診斷和治療；看完病後，王對劉真還表示感激之意。

4. 教職員婚喪節約互助辦法

那時，為了發掘實際問題，劉真常常到各縣市中、小學巡視，發現許多年齡已屆退休的老師，仍然繼續任教；最令人同情的是：一些五、六十歲的女老師竟然仍在教授小學生舞蹈。

「退休金太少，」他們向劉真訴苦，「簡直難以餬口，如果無後顧之憂，我們早辦退休了。」

有一次，劉真到省立嘉義中學視察，幾位來自大陸的老師向劉真陳述：

「待遇菲薄，每月應付婚、喪吉慶，實在吃不消，又不能不理會。」

「特別是紅色炸彈，」一位單身老師表示，「一月中若收到三、四次，我們便非透支不可了。」所謂「紅色炸彈」，便是結婚喜帖。有些無聊的人，為了多收幾筆禮金，便隨意濫發；被稱為「紅色炸彈」，足見人們對它的懼怕。

劉真同情的點點頭，不由也皺起眉頭。他對這些情況，早有所聞，便回答說：

「各位的問題，我非常清楚，在最短期間、教育廳會為大家解決。」

「還有，」另一位老師有些黯然的表示，「有些單身在臺的老師，一旦有什麼意外或者病故，更無錢來辦理後事。」

身為全省教育行政長官的劉真聽了，愈為惻然。當時，全國軍、公、教等公職人員，待遇菲薄，政府無能為力。在自大陸播遷來臺之後，百廢待舉，彼時有所謂「房租津貼」一項，但僅有新臺幣二十元而已，你就是到任何地方，租一間小房也不夠的。何況租屋呢？然而政府無力照應。一般公務人員只求有蔽身之地而已。最好者是分得公家因陋就簡的一間約莫十坪的宿舍，便於願已足。有些單身宿舍，甚至僅有三、四坪大，真正是除可「睡覺」以外，一切免談了。

劉真在返回教育廳的途中，便考慮這些實際問題。空喊口號沒有用處，到了辦公室，他立即召集有關人員訂定「省立中小學校教職員婚喪節約互助辦法」。這項辦法包括「結婚互助」及「喪亡互助」兩部份。前者旨在提倡節約，以消除送禮、請客、鋪張浪費等積習；後者旨在推動互助、惠及孤寡，以發揚教育界同仁患難相扶持的精神。依照結婚互助辦法，凡學校教職員結婚者，每人致送十元至二十元為互助金，不再送其他禮物。結婚當事人對致送互助金的同仁，亦不再宴客。此項辦法不僅使結婚當事人節省不必要的開支，復可一次淨得相當數額的互助金，對結婚所需不無小補；而致送互助金者，以每次數目不多，亦不感難於負荷。至於喪亡互助辦法，係規定凡參加喪亡互助的學校教職員，對其他參加互助單位之教職員死亡者，一律致送賻儀三元，彙由教育廳轉發死亡者之家屬具領。當時省立中、小學教職員及教廳附屬機關人員共一萬四千餘人；每人以三元計，則死亡者之家屬，一次可得互助金約四萬元，對於遺眷生活與子女教育費用，裨補甚大。（見《劉真先生文集》・㈢，頁一二五九。）

這一辦法的推行，對於當時的教職員而言，真是惠澤良多。尤其是「紅色炸彈」若一月「不幸」而達三、四張，即造成相當大的壓力。倘或連月如此，便非舉債不可了。以至於一些中下級公務人員的太太，由於飽受「紅色炸彈」之苦，莫不產生極大的反感。更甚焉者，竟至欺矇丈夫，將「紅色炸彈」私下撕毀丟棄，也不是沒有。凡此種種，無不說明了社會之貧困，婚喪問題之嚴重。

劉真所創設、倡導的「教職員婚喪節約互助辦法」，委實造福了全省一萬四千名教職員工。那個時代的結婚住所，最多是一間約二十坪大的公家宿舍；再購買四把籐椅、一張雙人床、幾雙碗筷而已。不少新郎、新娘的禮服都是向朋友借來的。以今天的環境水準來觀看，自然無法體會箇中滋味了。

第十六章　無中生有

1. 鍥而不捨，謀求教師福利

中、小學教師的待遇經過前次調整後，已較一般軍、公人員略高；一位師範生充任國校教師者每月現金給與（約七五〇元）高於其擔任政府公務員二百餘元；大學畢業生充任中學教師者每月現金給與（約九百元）約高於其擔任政府公務員三百元左右。

「然而，問題仍然很多。」劉真覺得應該再作改進。此外，實施的「中小學教職員婚喪節約互助辦法」所能解決的問題，只是減輕一時的艱困，偏於消極的性質。

何況這種加薪的辦法，金額有限，在短期內可一不可再。若是能在不增加政府財政負擔的原則下，運用教師自身和社會各方面的力量，採取互助合作通盤籌劃等方式，來切實有效地改善中、小學教師的生活，他們就可長期受益了。只是這類全省性的大問題，牽涉太廣，必須與各有關方面先行溝通，建立共識，才有實施的可能。

「何不從增進教師福利著手呢？」一天，劉真苦思熟慮之餘，終於獲得一條希望之路。

「是各校成立合作社，年終多分點紅利？」有人一聽劉真的主意，便作這類推測。

「不是這個意思。」劉真向這班還不明就裡的人們解釋，「第一是規模太小；第二是範圍有限；第三是難以持之以恆。有時候甚至會引起不必要的滋擾。」

「難道還有別的辦法？」有些人禁不住懷疑起來。

「有的，我想以『無中生有』的辦法，來創造教師的福利制度。」劉真將熟思多時的想法，公開出來，「臺灣中、小學校均有家長會的組織，每一名學生於學年開始時，繳納會費新臺幣五元。這是日據時代留下來的制度；目的在用以充實學校設備，或者辦理教師福利事宜。」

「可是，我從沒聽說充實什麼設備或提供教師什麼福利呀！」有人表示異議。

「正因如此。」劉真解釋，「就是家長會長一職，也常有其子女已不在校，而仍擔任會長的情形。而且大多數學校的家長會費，並未按規定使用，只校長和會長二人決定用途。有的會長甚至藉此而干涉校政，實在是紕漏百出。」

「這筆家長會費數目不小，全省一年約有三千萬元以上。」劉真又說，「很少認真而妥善使用過。我想第一，健全家長會的組織。沒有子女在校者，不得擔任家長會長。第二，每年提撥會費五分之一；一年下來，將有六百萬元左右的經費可充作教職員的福利金，辦理福利活動。」

此一「無中生有」的構想，在場同仁立即表示贊同。

「多少年來，這筆錢多數在不明不白的狀況下花費了。」劉真補充說明下去，「現在，我們若組成專責機構來運用，豈不是嘉惠於全省教職員的最佳途徑？」

民國四十七年的冬天，劉真仍照過去的方式，首先向省議會透露有關「教職員婚喪節約互助辦法」的輪廓，同時，又提出創立「教師福利制度」的構想，大家對於劉真關懷教師的熱誠，甚表欽佩。大多數人們認為：這項美好的措施，最好出之以「自動」的方式；行政當局，以指導性質，從旁協助，效益可能更大。

這種呼應，給劉真的鼓勵甚大。到了民國四十八年元月二十三日，臺灣全省的中學校長舉行座談會，劉真於會中提出三項具體辦法：一、設立一個統籌全省中小學教職員福利的組織。二、實施教職員婚喪節約互助辦法。三、舉辦各種教師福利事業。他並且說：

「這項辦法，只是提供座談會研究，將來完全由教職員組成的福利會負責推動。」

錢，從何處來呢？劉真向與會的人透露：

「臺灣全省中、小學生約二百萬人左右，均須繳納家長會費。每年提出會費的五分之一，約有六、七百萬元，便可舉辦很多福利事業。」

當時全省中、小學家長會費高達兩千萬元左右，但因來自每一位家長身上的金額，微乎其微，誰也不在意。可是「集腋成裘」，以幣值而言，這是一筆相當龐大的經費。劉真為了改善中、小學教師生活上的急難需用，把向來濫用的這筆鉅金，加以有效的運用，說是「無中生有」，真是毫不誇張了。

但是，這項造福全體教職員的措施，竟仍有一、二專扮反派角色者反對。當時的宜蘭縣某省議員即為其中之一。劉真為了爭取這位民代的支持，親自前往宜蘭縣縣議會說明成立福利會的必要。更表示，如果宜蘭縣不同意，即不應徵收家長會費。他這種堅持的態度，使宜蘭縣終於同意了。

這項以家長會費辦理教師福利的新構想，頗獲新聞界的讚揚。《徵信新聞報》於其〈今日春秋〉短評中說：

> 每年家長會費共達二千萬元之鉅，向來不明不白，化為烏有。劉廳長為改善教職員生活著想，在無辦法中想出辦法，將這筆化為烏有的經費，移為有效用途，如此「無中生有」為當前行政上難能可貴的好榜樣。

另一大報《聯合報》著名的〈黑白集〉專欄，則以〈五福臨門〉為題，備致讚揚說：

中、小學教職員的生活清苦，乃盡人皆知的事實；在國家財政拮据，未能全面調整公教人員待遇的現狀下，如想改善其生活，殆只有出以增進福利設施之一途。最近教育廳以「無中生有」的辦法，從歷年化為烏有的家長會會費項下，籌集一筆基金，舉辦公立中小學教職員五項福利，正是所謂「五福臨門」。從這件事可以證明，負責任，想辦法，做官而能做事者，仍然大有人在。

所言中肯，只是言「大有人在」，也許與事實並不完全符合了。

2. 教職員福利金籌集管理辦法

劉真鍥而不捨的精神，使不少友好、部屬，為之動容。過去擔任行政首長者雖然不乏福國利民的抱負，但如劉真之出諸至誠的本性，卻實在不多。為了實現造福教師的理想，他先由教育廳制訂「公立中小學校教職員福利金籌集管理辦法」。民國四十八年四月正式成立了「臺灣省公立中小學校教職員福利金籌集管理委員會」的組織。當時，臺灣全省（臺北、高雄市尚未升格，亦包括在內）中、小學生人數約二百萬左右，每年可籌集的家長會費約新臺幣柒佰伍拾萬元。省議會對於此一措施，極為支持，甚至有人建議將家長會費增加一倍。有些議員率直的表示：

「這種『自力更生』、『無中生有』的助人、助己的辦法，當然應該支持與協助。」

「教師生活得以改善了，他們心情愉快，教書賣力，受惠的仍是我們的子弟啊！」

福利會成立之後，劉真立即促請先行辦理「大專院校助學貸金」的考試❶。凡是中、小學教師的子女，均可參加。錄取後，每年均貸予助學金三千元，足夠繳納一年的學雜費。大專畢業後，分六年歸還。彼時一位中、小學教師的薪資，每月大約七百餘元上下，現在規定在畢業以後，且分六年還清，其造福學子，自無庸說。

一年多前，他甫行就任教育廳長，曾接到一位自稱是屏東籍臺大學生的來信，向劉真求援，自云其父是小學教師。臺大每年需繳學雜費約三千元。因無錢繳費，面臨即將輟學的困境。這封信使劉真久久不能釋懷。他難以想像這位父親一年到頭，辛苦教學，作育英才，而自己的兒子卻被拒於大學之門，將是何等悲痛。這件往事，使劉真印象深刻，現在終於稍微得到一絲安慰了。他交代承辦助學貸金考試的人員：

❶ 綜計劉真擔任廳長的五年多期間（一九五七年八月—一九六二年十一月），福利會成立之後（一九五九—一九六二）這項考試共舉辦了三次。經過錄取而獲得助學貸款的中、小學教職員子弟約一千二百餘人。這個數字與全部大專學生錄取數相比，無論如何，算得上頗為可觀了。不僅給一般中、小學教職員工予以精神上莫大的鼓勵，而且也無形中為國家培植了很多優秀人材。

「儘量錄取，我們的宗旨是在助人。」

那個年代的政府雖已開始實行退休制度，但由於財源短絀，所謂「退休金」實在微薄可憐；更甚者，有些地方政府，由於籌不出經費，以致若干公教人員已屆退休年齡，也不能辦理退休，只好抱著老病之身，勉強服務。這當然是既不合適，且有失人道精神的。

若干貧困的地區，籌得出的退休款項常不敷應用，不得已竟有出之抽籤方式者，也時有所聞。在此一環境下，「臺灣省中小學教職員福利會」所推行的年老退休補助，當然發生很大的效益。原來不敢貿然辦理退休的，得到福利補助，便不必太擔心生活問題了。依照規定，凡服務期滿十年者，即可得補助金一萬元。超過一年者增加一千元。民國四十八年九月第一位服務三十五年的南投縣營盤國校教師曾汝煆退休，於領取福利會發給的退休補助金時，非常感動的說：

「這對於我們教職員的精神鼓勵，數十倍於物質的補助。」

當時的第一大報——《中央日報》，為此特發表短評：

服務三十五年的南投營盤國校教員曾汝煆退休了。當他告別教書生涯之際，從本省公立中小學教職員福利會領到了退休補助金一萬三千元。這是福利金制度成立後第一個領到退休補助的老教員。我們應向曾汝煆先生道賀，認為他在退休式中所說的那幾句話意義

> 十分深長。他說：「今後將有許多教職員會跟著他後面退休。福利金的設立，對教職員精神上的鼓勵，數十倍於物質上的補助。」
>
> 我們曾再三主張：知識日新月異，尤其是教育界必須建立一種新陳代謝的退休制度，既可產生新血，且可讓年老體弱的教員，能夠提早多呼吸些不帶粉筆灰的新鮮空氣。但多年來所推行的退休制度實在形同虛設，因為沒有保障的退休，又何異於失業？
>
> 教育廳長劉真於今年一月建議提取家長會會費五分之一興辦教職員福利，曾受到少數不識大體的縣市議員反對。如今看來，這個福利制度正是高瞻遠矚而腳踏實地的作法。雖然若干職業家長私人利益受到損失，但全省五萬五千個公立中小學教職員皆蒙其利。
>
> 退休補助金當然還不能解決退休後的全部問題，但誠如曾汝煅先生所說：它的精神鼓勵作用數十倍於物質援助！（民國四十八年九月十九日《中央日報》「短評」。）

這些報導評論使劉真愈加激勵起為教師謀求福利、改善其生活的決心。他相信政治既是管理眾人之事，自應積極的解決眾人的問題。當政者的一分努力、一分愛心，將使社會、人群、國家植下無限的生機。劉真想起顏習齋的話：「天下皆吾儒分內事，儒者不費力、誰費力乎？」到任兩年，陳誠院長、周至柔主席均竭力支持，自己也說得上宵旰憂勞，終於為教育界開展出一片比較潔淨的園地。當時由於各項福利措施的舉辦，安定且鼓舞了教師生活，也激勵了他們的服務熱情。風氣所趨，居然更有想不到的事發生了。有一次，劉真視察省立嘉義中學時獲悉、一位教師本已取得一間大專學校的講師聘書，卻在考慮之後放棄了。劉真便說：「教師福利制度中，我認為『大專院校助學貸金』與『教職員年老退休補助』兩項，最有意義。」

「為什麼呢？」事情太不正常。幾乎所有從事教書的知識份子，均盼望躋身大專院校之林。劉真對於此事自然有些不解。

「大專雖然比中學層次高」，一位在場的教師解釋，「但沒有任何福利措施。如果轉任大專教職退休，吃虧更大。」

沒想到類此的情形，也發生於屏東農專：一位教師雖然獲得大專副教授的職位，也婉辭不就。

「如果轉任大專教席，他會吃虧多少金錢上的損失呢？」劉真想再瞭解問題的所在。

「至少約三萬元吧！」

在民國五十年代左右，這當然是個大數目。

3.省、縣、地方三對等補助方式，興建國小教室

當時一般國民小學「由於經費不足，教室不敷應用，很多學校不得不實行二部制」，甚至

「三部制」者也不少。什麼是「二部制」、「三部制」呢？那就是將全校同學的上課時間，分為兩批或三批。有些學校的二部制採上、下午方式，即一批上午上課，一批下午上課。或者一批為星期二、四、六，另一批為星期一、三、五，還有利用晚間及星期日等時間為一批。甚至因教室不夠而在走廊上課者也時有所聞呢！

更可憐的是向別校借用教室。如果是人數不多，借一部份已足，乘原校下課之時，利用上課。最怕的是人數較多，必須向兩三個學校商借，手忙腳亂，當然是可以想見。所謂「教育品質」，自然無從說起了。

「這是最嚴重的問題，必須迅速解決。」劉真向幕僚人員表示，「要儘快興建教室。」

「但是，經費短絀，沒有財源。」有關作業人員回答，「所謂巧婦難為無米之炊呀。由於近年人口激增，每年都必須增班。只能用『多部制』或『輪班制』來暫時解決了。」

「我曾到各縣巡視中、小學教育。許多家長對此也非常關心。」劉真沉思有頃，又說：「目前若想完全靠省政府解決，絕不可能。我們必須借助於民間及地方的財力；就是用對等補助方式興建教室。若由民眾自籌三分之一，縣市政府與省政府便各補助三分之一。這樣，在人民心理上，認為只出了三分之一的錢，便得到一間教室，為自己的在校子女，解決了大問題，自然樂於為之。而省、縣當局，也認各出三分之一的錢，便替省、縣解決了財政的困難，自然更樂觀其成。」

在這一構想之下，劉真立即簽報省政府，付諸實行。「這一辦法也就是國父孫先生所稱的『人民與政府協力共謀』主張的實現。」劉真向人解釋。同時，教育廳嚴格通令各縣市於各校增班時，若必須增建教室，儘量興建小型國校、以「一村里一國校」為原則。

「這樣所有的學齡兒童，不必走遠路或趕時間了。」劉真說，「原有規模太大的國校，以後不得再行增班。」（〈從事教育行政工作的一段經歷〉，《劉真先生文集》・㈢，頁一二六七。）

「新建的教室，教育廳要訂出標準來。」劉真又向主管人員指示，「臺灣土地面積有限，原則上以建樓房為宜，而且必須棄絕因陋就簡的觀念，要建永久性的教室。過去的木造傳統，必須廢除，一律改採鋼筋水泥建材。」

「可是，現在的預算……」那承辦人員欲言又止。

「我當然知道，」劉真表示，「我們想辦法克服。有些事是不能遷就現實的。尤其是臺東、花蓮山地區域，現在還有茅草教室，必須立刻改建。」

劉真當然知道，預算不足、經費困難，不是簡單的問題。但是，他怎能忘記，大多數孩童、少年都坐在雖稱不上舒適，但至少不必挨風雨的侵襲；而花蓮、臺東地區，卻還有一些孩子擁擠在走廊上、屋簷下讀書，時時要忍受風雨炎涼的可能傷害。身為全省教育行政的首長，怎能坐視這種現象存在呢？他想起少年時代讀過的《孟子》：「人皆有不忍人之心，……以不忍人之心，行不忍人之政。」如今，正需要實踐這一懷抱了。他立即通令各縣市，以後所有新建教室，應參照教育廳所定標準，採用水泥鋼筋材料，建築永久性教室；並鼓勵興建樓房，以節省土地面積之使用。所有臺東、花蓮山地原有茅草教室，一律撥款改為鋼筋水泥的建築。

第十七章　策定教育發展大計

1. 設置教育建設基金

總而言之，要想解決教育經費之不足，不能完全仰賴政府增加教育預算，更不能永遠求助於外援。怎麼辦呢？劉真想來想去，最好創設教育建設基金，政府方面以貸款代替補助；學校方面（尤其私立學校）以自立代替依賴。事不宜遲，他立即草擬方案，預定基金總額為新臺幣貳仟萬元。隨後，他將此案提交省府委員會議，說明教育建設基金設置的目的，旨在提供公私立學校建設之用❶；除了以貸款方式代替補助外，並可鼓勵私人捐資興學、扶助現有私立學校

❶總計劉真任廳長五年多期間，新建教室約一萬一千餘間，占全省國校教室總數三分之一（臺灣自日據時期迄今六十餘年，共有國校教室三萬餘間）。過去多部制上課情形，逐年均有改善。除臺北市、高雄市、臺北縣等少數縣市外，本省所有國校中、高年級多已全日上課，臺南、南投、澎湖等縣，自低年

的發展。意義甚為重大。

最初，劉真在向省府委員會提出此案時，深恐財政廳表示異議。誰知周至柔主席意外的支持，不待財政廳開口，便說：

「教育廳這個構想極好。不過錢太少了，可增為新臺幣三千萬元。」

這使劉真更感意外。三千萬等於增加了原來的二分之一。他想，對於全省公私立中、小學校，將可作更多的協助了。於是省政府自四十九年起，指撥專款三千萬元，作為一種循環基金，儲存臺灣銀行，以最低利息貸與本省公私立中等以上學校，藉以配合學校經費，擴建校舍或充實設備。臺灣全省一般公私立中等以上學校，每年雖可徵收若干學雜費，為數究竟不多，甚難有計畫的作重點使用。一所中學每學期大約可收得學雜費十餘萬元，要想修建一所科學館或圖書館，便感錢數不足，往往零星的支付用掉。倘能另外獲得一筆較大的款子配合起來，湊足五十萬至一百萬元，便可完成一項規模較大的修建計畫。特別是若干私立學校，向來有一種依賴政府的心理，事事希望政府撥款補助；而政府每年所能補助的款項為數不多，私立學校也很難用以完成一項有計畫的建設。教育廳在設置這項教育建設基金以後，便通知全省公私立中等以上學校，可自行提出修建校舍或充實設備的具體計畫，並附具自己所籌配合款的證明書（規定學校必須籌足相等的配合款）申請貸款。教育廳核准了，便由「教育建設基金會」如數撥付。

級至高年級也均能全日上課了。

這項基金第一年貸款予各校所新建之工程，計有教室二十二幢（二〇六間），宿舍十幢（一二二間），科學館八幢，大禮堂四幢，辦公廳五幢（四十間），學生活動中心二幢，其他圖書館、倉庫、廁所等三十間。全部建築費總額為二千七百八十二萬七千餘元，其中學校自籌經費為一千九百三十一萬七千元。總計基金貸款金額與受貸學校自籌經費相較，比例為一比二強，即學校自籌經費超過貸款金額達兩倍以上，亦即政府每一元之貸款，能夠收到幾達三倍之效果；更可以說，等於學校為政府減少了兩倍教育經費的負擔。長期的循環運用，無異政府每年增加了一筆很大的教育預算。（〈從事教育行政工作的一段經歷〉，《劉真先生文集》‧㈢，頁一二六六—一二六七。）

另一方面，自劉真的日記中，更可發現他對教育經費考慮之深遠。民國四十九年二月二十五日的日記中，他述及與美援會尹副主委仲容等會商之經過：

> 日前為教育美援問題，曾訪晤美援會尹副主任委員仲容與李秘書長國鼎，希望美援會能將數年來尚未用完之教育美援臺幣部份，撥付相當數額，併入此項教育建設基金。在美援日趨減少之趨勢下，政府不能不作未雨綢繆之計。否則，如一旦美援完全停止，則原來接受美援之學校，特別是職業學校，必感有無法克服之困難。余提議省府設置教育建設基金之主要目的，一在以貸款代替補助之方式，改變一般公私立學校過去完全仰賴政

府或美援之觀念，謀求自力更生之途徑。一在政府可以掌握一部份建設基金，於美援減少或停止時期，對原來接受美援學校尚未完成之計畫予以有效的支援。尹、李兩氏對余之意見，均極贊同。余當向李祕書長表示，俟臺灣省教育建設基金管理委員會組織規程經省府通過後，即敦聘其擔任委員。故今日府會完畢，隨將委員聘書寄出，甚望美援會能早日撥款充實此項建設基金也。(《劉真先生文集》・(四)，頁一七四〇。)

誰知教育廳對新建教室的要求，竟然引起一位縣長的異議。他走訪劉真時表示：

「一間鋼筋水泥的造價，可建兩間比較簡單的普通教室。兩三年下來，也便可把全縣欠缺的教室全數補齊了。」

「可是，你說的這種簡單教室，能支持多久呢？」劉真知道，必須出之以婉轉的說辭。

「少則十年，多則二十年，沒問題。」

「如果其間碰到颱風或地震呢？」

「那當然不及鋼筋水泥的堅牢可靠了。」

劉真將話轉入正題：

「你做縣長、我做廳長都是短期的。即使你、我任內沒有颱風、地震，一些簡陋的教室勉強可用；但萬一我們離職之後發生這些天災，教室承受不了，豈不是無處上課了麼？那時，我們縱然沒有行政的責任，但良心上又怎麼過得去呢？」

自此以後，不僅國小的校舍，悉數採取鋼筋水泥建築，其他中學、職校、專科、大學，也紛紛跟進。這在當時並非易事。日據期間，茅屋、木屋之類的房舍，隨處可見。其時，美國駐華安全分署教育組主任許明德(Harry C. Schmid)於參觀完東南亞幾個國家的學校後，便向劉真這麼說：

「臺灣各級學校這幾年新添的建築物，經濟實用。和美國一般中、小學的校舍相比，亦不遜色了。」

劉真當即表示：

「我對臺灣各級學校的房舍建築，有個基本標準：一是比日據時代的校舍品質要更好一點；其次，比目前中共在大陸所建的校舍，也要好過許多。」

許明德聽了，頗表欽佩。

2.健全國校人事，省、縣分辦高、初中

國民學校的校長，其時多有未受專業訓練者，形成領導校政上的一大障礙。劉真為了健全國校的人事制度，乃規定國校校長必須師範學校畢業。凡未受專業訓練者，命其入師範學校的

特別師範科，帶職受訓。

然而有一位省議員卻提出質詢，「據我所知，有些師範生辦學的成績反較非師範畢業生為差。政府此項規定，豈非忽視了這種客觀的事實？」

劉真以誠懇的態度，向這位省議員解釋：

「也許事實上有一兩位非師範畢業生辦學的成績比師範生好，但這只是一件或兩件個別事實，不能據此局部的事實歸納為一個通則，認為非師範生比師範生好。以甲、乙兩人為例，如果二人條件完全相等，甲曾受師範教育，乙沒有受師範教育，我敢斷言：甲辦學的成績必優於乙。所以根本否定教育專業訓練的價值，那是非常不合理的。」

這番話終於使對方不再堅持了。

此外，為了保障優良國校校長及教師，減少職業上的壓力，專心教學，劉真規定各縣市調動國校人事，僅能於假期中為之，使教師們的士氣，因之大振。

這時，臺灣的民主政治已在推行，有些政治人物為了選舉獲勝，便將國校校長列為部署的手段之一。劉真獲知許多非常優秀的校長，在此種情況下成為犧牲者。「這太不公平了。百年樹人的大計，怎可毀於少數政客之手呢？」最後，劉真決定，每一次調動校長之人數，不得超過全縣（市）校長總數的十分之一。

「這個規定可以讓校長安心辦學，不受政治派系的牽累。縣長縱想操縱，三年一任，最多調動十分之三為其利用，無法控制全局。」劉真向屬員說明。他深知教育之所以辦不好，其根源便是受政治的干預和利用。若捲進地方派系，就更可怕了。「我們要保持教育界的清白風氣。」他一再強調這一觀點。

他自少至長，便深知政治派系對教育的傷害；以他所肄業的安徽大學為例，校長一職，便多次成為政治爭奪下的犧牲品，受害的當然是學生、是青年。可嘆有些教育首長對這些竟視而不見，甚至自身也介入其中。在這般情況下，所謂百年樹人的教育，焉得不江河日下，造成社會、文化、學術的危機？

當時的國校師資，尚多缺乏專業訓練。而這一問題，又非一朝一夕所能解決。劉真苦思焦慮之後，想：

「只好採用變通的措施了。不然，何日何時方能有所改進呢？」

於是，民國四十七年三月，教育廳成立了「臺灣省國民教育巡迴輔導團」。由許多富有學識、經驗的各學科教師組成。這個輔導團定期巡迴到各縣市的國民學校，舉行教學觀摩會、示範表演、修理教具及介紹新教育方法等。像是一劑營養劑，為當時的國民學校師生增加了無限的活力。

特別是長年在偏遠地區及山地學校的教師們，更對這一舉措，極表歡迎。那時交通不便，國民收入有限，即使是一張公車票，也捨不得開銷。在無法吸收新知的狀況下，這個輔導團的到來，當然更普受歡迎了。

國家仍在窮困中掙扎。劉真便以教育廳的名義，求助於聯合國兒童基金會，請他們協助臺灣推行改進國民教育五年計畫，來訓練在職教育人員；並採取重點輔導國校，編印國校兒童讀物，以及在國校附設技藝進修班等。在劉真離職之前，已獲得「聯合國兒童基金會」的同意，撥款美金五十萬元。這數目在當時亦算是筆可觀的金額了。

那時，因為高中的設置太濫，水準不齊。畢業生升學則基礎不足，就業則又缺乏專長，造成極大的社會問題。劉真詳加考慮之後，決定「發展初中、限制高中」的原則；並實施省辦高中、縣市辦初中的政策。他認為初中的教育應與國民學校密切聯繫，高中的教育應與大學密切聯繫。將初中變成國民教育的延續，高中變成大學教育的預備。省辦高中、縣市辦初中的目的，即在使初中與高中的性質有顯明的區分。初中應普遍設置，注重量的發展；高中應力求嚴格，注重質的提高。規定以「一鄉鎮一初中」為目標，作為延長義務教育的準備，也即由省辦高中、縣市辦初中而實施學區初中辦法。在各項準備工作大致就緒時，即可宣佈延長義務教育年限。他深知，如不按此步驟先做準備工作，想立即一舉延長義教年限，勢必遭遇很多不易解決的困難。（〈延長義務教育的步驟〉，《劉真先生文集》，㈠，頁三六二—三六五。）

幾個月後，省議會的教育小組，到臺北市、臺南市、高雄市及苗栗縣考察「省辦高中、縣市辦初中」的成效報告，一致認為對延長義務教育的準備、緩和初中入學考試的競爭、提高縣市立中學的水準、乃至扶助私立中學的發展，均收到良好的效果。這是劉真審慎考慮之後的大膽改革。結果終於獲得成功。

3. 整頓私立學校

對於全省的私立學校，劉真也作了全盤性的整頓；規定所有私立學校一律辦理財團法人登記。許多社會人士、教育學者對此頗表懷疑。劉真耐心的向這班人說：

「規定私立學校辦理財團法人登記，是保障私立學校經費最有效的辦法。在實質上，與政府教育經費的負擔問題，密切相關。再說，有些私立學校，開辦時係由少數私人負責，經費對外向不公開。一旦發生人事糾紛，小則涉訟法院，大則校務停頓。過去學校向政府所領的土地與補助款項，不是盡入私囊，即是化為烏有。這在整個教育事業來說，當然是很大的損失。如辦理財團法人登記，則所有私立學校，均為財團之公產，即不致發生此種現象了。」

「這樣來說，辦理財團法人的登記，對整個教育發展，亦有相當的重要關係了。」聽的人終於明白過來。

「還有，這對政府負擔的教育經費，也有很大的影響。」

「怎麼會？」有些人仍不明究竟。

劉真耐心的分析、說明下去：

「從表面上看來，這彷彿與教育經費無甚關連，但實際上，對政府所負擔的教育經費卻有很大的影響。私立學校辦得多、辦得好，便等於替政府開辦了很多不須支付費用的學校。此一節省下來的開辦經費，政府便可移用開辦公立學校或作其他的教育用途。私立學校一旦因經費使用不當而停辦了，政府為了容納原有私立學校肄業的學生，勢必在原有公立學校中增加班級，或另行創立新的學校；這樣，政府就要增加教育經費的負擔。」

「在另一方面，」劉真進一步闡釋，「私人教育事業的日漸發達，就變相的減少了政府用在教育方面的經費負擔。」（〈從事教育行政工作的一段經歷〉，《劉真先生文集》・㈢，頁一二六九。）

由於劉真深知：辦教育、興學校，乃是政府的一大負擔，故而呼籲社會上熱心人士，創辦私立學校。特別是臺灣這塊彈丸之地，更非專靠政府的力量，可以滿足青年求學的需要。教育廳除獎助私人興學外，更特別鼓勵工廠兼辦職業學校，以加強職業學校的發展。一時之間，企業界名流吳三連、林挺生等人紛紛響應；相繼創辦了天仁工商職業學校及大同工商職校。接著其後頗負盛名的再興、衛理和聖心三所私立中學，也分別申請籌設。還有原上海的徐匯中學，也均完成復校；為萬千青年學生增加了就學的機會。

雖然高、初中作了辦理上的劃分，但是在觀念上，卻是整體的。劉真認為任何一部門教育的設施，均與整個國家、社會，息息相關。高雄市在實施省辦高中、市辦初中之際，要求將市立中學之一改為省立。教育廳的官員聞悉，便企圖將高雄市最好的一所改為省立。照傳統的官場作風，這是完全正常的現象。試問，誰願意接一個脆弱、少這沒那的學校呢？不意事為劉真知道，予以否定。他說：

「站在教育廳的立場，應該把省和縣市的教育視為一體。我們要儘量協助縣市政府，發展教育，豈可專挑好的學校改為省立，形成和縣市立學校競爭的情勢？」

在場聽到的人，頗為愕然。過去，上級機關揀剩下的再分給下級機關消化、收拾，乃是司空見慣，理所當然。沒想到劉真又說下去：

「縣市教育辦不好，教育廳仍然要負責任的。」基於此一理念，凡是偏遠、經費拮据的地區，教育廳應給予特別的協助。劉真說：「受教的都是我們全省的子弟。」

即便是私立學校，也完全一視同仁。例如教育建設基金的設置、美國友邦的援助，也充分的貸予私立學校，以協助他們的發展。

「教育機會應該是均等的，教育權利也是均等的。」劉真堅持，「教育而分等差，其本身已不是教育了。」

4. 八二三砲戰前，緊急安頓金門中學師生

民國四十七年八月二十日，劉真突然接到副總統兼行政院長陳誠的電話，約他到陽明山寓所一談。事出意外，他迅即前往。一向重視教育的陳兼院長面色凝重的告訴劉真：

「據軍事情報，中共可能於近日進攻金門。你立即與國防部副部長馬紀壯聯繫，務望於三、兩日內，將金門中學師生撤退來臺，以免遭受砲火犧牲。」

茲事體大。國府播遷來臺後，雖然一直與中共處於備戰狀態，但僅限於傳聞，現在卻是面對現實了。劉真立即與馬紀壯聯繫。

「我已接到陳院長的通知，要我與教育廳配合，迅速撤退金門學生。」馬紀壯向劉真說。

「國防部已派妥專艦前往金門載運學生。而來臺以後的安置，便全賴教育廳的幫忙了。」

事出倉促，劉真必須當機立斷，方可達成任務，因立即指派兩位科長，一赴基隆，一赴高雄，會同當地的教育局長，成立臨時工作小組，接待金門來臺學生。

「金門中學師生和眷屬大約一千五百餘人，」劉真指示兩位科長，可以分別安置在交通便捷的省立中學就讀，不要集中在一所中學。

「他們不是希望單獨設校，像已有的華僑中學一樣嗎？」一位科長向劉真報告說。

「那是辦不到的。」劉真分析，「第一是省議會怎肯通過這筆預算。再說，讓金門中學的學生編入這些較好的省立中學讀書，也可接受較好的教育。這一點，我已向福建省主席戴仲玉說明過了。」

「最重要的是，」劉真繼續說明，「戰事必定會在一段時間後結束，他們仍然要回金門去的。」

兩位科長受命之後，在基隆、高雄迅速安置好這批金門師生。而舉世矚目的八二三金門砲戰隨即展開了。非常不幸，開戰的第一天，金門防衛部陸、海三位副司令官竟然同時殉國❷，連正在金門巡視防務的國防部長俞大維也身負輕傷。但俞部長和胡璉司令官均能指揮若定，隨機應變，掌握了戰況，造成戰史上罕有的勝利；也為臺灣數十年的安定，奠下基礎。

劉真在安置金門師生的事件上，充分表現了他臨事果決有為的才幹。戰事結束後，蔣中正以國民黨總裁身分在中央常會上深表嘉許，行政院也因他在三天之內，妥善搶救金門中學學生來臺就學等，特記大功一次。而那幾年，金門中學學生在臺灣畢業時，因感念劉真的妥善安置，還特地到教育廳獻旗致謝。可見政府的任何德政，是不會被人忘記的。

---

❷ 三位副司令官為陸軍中將吉星文、趙家驤，海軍中將章傑。

5.師範升格專科及成立中興大學

當時，全省共有臺北、新竹、臺中、嘉義、臺南、高雄、屏東、花蓮、臺東、臺北女師共十所師範學校。全是初中畢業後入學，肄業三年，相當於高級中學。畢業時年齡均在十八歲左右，身心發展尚未成熟。以之投身國小教育，顯然並不合適，也難勝任愉快。

而歐美各國，甚至東南亞如菲律賓、泰國、韓國等國家的師範教育程度，均已提高到專科，乃至學院。劉真認為，這已是世界潮流所趨。況且，全省師範學校已足敷全省國小所需師資。當務之急，即為素質方面的提高，於是首先向美國駐華安全分署教育組商洽，請其將師範教育納入美援之內。過去美援的重點限於中學科學教育及職業教育。很幸運，美方對教育廳的建議極表贊同，且承諾改制為專科的師範學校一應設備，可以撥款補助。同時，美方且希望，最好全省師範學校，能在一年至兩年內一律改為師專。為了考慮到有關問題，不易解決。教育廳在民國四十九年四月二十八日，提案於省府會議中通過；分期將原師校升格為師範專科學校，招收高中畢業生，肄業兩年，初中畢業生肄業五年。根據決議，教育廳乃先將臺北、臺中、臺南三師範學校升格為師專。臺灣省的師範教育自此步入一段新的里程。

這案子通過之前，社會上已有風聲，知道若干師校將陸續升格為師專了。一天，劉真接獲劉季洪、梁實秋兩位老友的來信，推薦原任臺中師範學校校長某人繼任升格後的師專校長。某校長是劉真的安徽同鄉，甚願繼任。劉季洪和梁實秋又是劉真的多年好友，公私交誼至深。但是，劉真覺得升格後的師專校政，應有一番新的風格。幾經考慮之後，決定派教育廳第四科科長朱匯森出任臺中師專校長。將原任臺中師範學校校長改調臺中一中校長。一中為臺灣中部最負盛名的中學，經費遠較臺中師範學校為優。然而，那原任校長仍不滿意，認為劉真不念鄉情，及劉、梁兩人的情面。很少有人為主政者的決策著想，雖高等知識份子亦然。

前述三所師專的圖書館，均為美援撥款興修。設備亦較以前充實。

那時，中上學校運動會，多半在臺中市體育場舉行，體育界聞人江良規、關頌聲兩人認為若能將臺中市的體育場加以擴建，改為省立，則對未來體育運動之發展，當有重大助益。江、關兩位非常熱心，為此多次自費往返臺北、臺中之間，從事規畫工作。並向教育廳建議為了配合臺中體育場之改為省立，在該場範圍內，籌設體育專科學校一所，如此則體育場便可經常獲得良好的管理和使用了。劉真經過審慎的考慮之後，也認為江、關兩人的建議極好，且可培養體育人材。於是向臺中市政府及議會協調，四十九年五月，向省府委員會提出體育場及省立臺中體專兩案，獲得通過。在劉真任內，這一創新設施算是順利完成了。

劉真主張，大學不必多辦，但專科可以配合實際需要增加。故於創設省立體專之後，在屏東新設了一所農業專科學校。在臺北市將原來的省立高級護理職校改制為護理專科學校。

當時的高等教育機構，除臺灣大學係國立外，餘均為省立院校。師範學院已升格為大學，臺南工學院也改為成功大學，其他的公私立大專院校，由於光復後增加迅速，師資及設備等，均欠理想。劉真認為，應該首先充實內容，提高素質，以擔負研究高深學術、培養專門人才的任務。客觀條件既然不能設立新的大學，只好從整頓的工作著手。其時，臺中有所省立農學院，臺北有所省立法商學院，劉真考慮再三，覺得將之合併後再增加兩個學院，組成一所大學，不僅困難少，而且也不會因師資、設備之不足，降低了高等教育的水準。

這所合併而成的新大學，命名為中興大學。當時的省府所在地在南投中興新村。劉真想，將來政府光復大陸，省府重返臺北，中興新村這一完整的社區，便可作為中興大學的永久校址。如此一來，臺南的成功大學，以其前身臺南工學院的條件，可加速高雄地區的工業發展；臺中、彰化地區農產豐富，中興大學以原有臺中農學院之基礎，也可配合中部農業發展的需要。而北部的師範大學，則負責培養全省的中學師資，如此，正好每一大學均能分別表現其特色。

第十八章　為政之難

1. 僑中之改隸與回歸

民國四十七年六月，國府任命副總統陳誠再度兼任行政院長。陳氏為借重梅貽琦的聲望，邀其以清華大學校長身分兼任教育部長。梅氏領導教育部的作風，幾乎和辦清華大學完全一樣。他只掌持國家教育政策、大學教育和國際學術合作事務。中、小學及地方教育，完全交省教育廳負責，決不干預。當舉行部務會議時，若有涉及中、小學及地方教育者，梅便即席指示：「請打電話給劉廳長，本部不必討論。」

這天，教育部政務次長浦薛鳳告訴劉真：

「梅部長希望國立華僑中學與國立道南中學交教育廳接管。」

起初劉真有些詫異，因而親到教育部，向梅部長叩詢原因。梅說：「中學是地方教育，教育部不宜多管。」

劉真只好同意。何以教育部有此決定呢？瞭解內情的人向劉真表示：

「這兩所中學基本上是燙手山芋。最好不要接管。」

劉真也明白此中蹊蹺。但是，他怎能拒絕教育部的決定呢？

這兩所中學，均為安置海外僑生回國就學而設。前者多來自香港、韓國、新加坡及日本地區；後者幾乎純為來自越南的女僑生。由於生活背景、習慣不同，來臺後復受社會不良風氣感染，彼此之間，滋生事端。報紙上對這些事件，時有報導。故當劉真將此案提請省府會議通過時，有幾位委員便不表贊同：

「教育部將這爛攤子丟給省府，省府實在沒有出錢接辦的義務。」

「梅部長很想集中全力，推動高等教育，所以一再商請省政府接辦國立的中等學校。」劉真向委員們婉為解釋。

周至柔主席也認為不便拒絕教育部的決策，希望委員們不必反對，於是此案獲得通過。

但派誰來接任華僑、道南兩校校長呢？這就頗費周章了。因為，謀求校長職位的人，已紛至沓來。若是為了增進私人公共關係，自是良機。只是對這兩校學生的情緒及兩校未來的發展，便未必妥當了。

最主要的原因是，兩所本是國立中學，而今竟「降」為省立，兩校學生定不滿意。劉真經過慎重思考，乃決定：

「以建國中學校長賀翊新兼任華僑中學校長，以一女中校長江學珠兼任道南中學校長。」

果然，兩校師生聞訊之後，無不歡欣，因為建中和一女中，一直是海外青年嚮往的明星學校。現在華僑和道南雖然「降」為省立，但若和建中、一女中沾上邊，亦與有榮焉。所謂政治藝術，高下之分正在此處也。

建中和一女中的設備，因賀、江兼任華僑及道南兩中學校長，名正言順地得以利用。教師們也可分別至華僑、道南兩校兼課。很快的，華僑、道南兩所學校，逐漸走上軌道。校風為之丕變。

誰知過了兩年，梅貽琦辭職，黃季陸出長教育部。大概是部中官員們認為業務太少吧！一日，黃季陸向劉真表示，已改省辦的華僑中學及道南中學，仍以重歸教育部辦理為宜。事情雖出意外，但是劉真仍表同意，只得再向省府委員會議提出。委員們自然不滿，因說：

「這兩所學校以往常常鬧事，教育部便把爛攤子交給省府。如今辦好了，又想收回，真不可思議！」

這是劉真意料中的情況，他只好向委員們解說：

「省政府節省了兩校的經費，未嘗不是好事。反正教育部也是為國家育才，何必斤斤計較呢？」

於是兩所中學又交還了教育部。

另外還有設立景美女中的問題。

近代著名書生政治家，而以平定太平天國著名的曾國藩常言：「為政須規模遠大，綜理密微。」劉真為政，也常以曾氏之言為懷。這（五十）年教育廳計畫在臺北、高雄創設兩所省立中學。在臺北（當時係省轄市）市的中學，多人以為已有第一女中、第二女中在先，新設女中自宜名之為臺北市第三女子中學。事聞於劉真，他認為學校地點既在景美，應名之為「景美女中」。「最重要的是，若以第一、第二、第三來排名，極易使考生產生次第、高低的心態，也影響在校學生的不平衡心理。」

誰知這周延的考慮，居然引起一小部份立、監委員及地方人士的不滿，加以責難。然而，遠見畢竟是經得起考驗的。臺北的第二女中，於劉真辭卸教育廳長之後多年，終於改名為「中山女子高級中學」了。景美女中之命名雖屬小事，而其影響學生心態、社會觀感，卻也未可小覷呢！

2. 免試常識的反彈

這時候，所謂「惡性補習」愈來愈為嚴重。特別是初、高中的入學考試，競爭激烈。尚在幼年的小學生，最為可憐。為了擠進優良的初中，個個被逼著死讀、死記。不少參考書、補習班，多如牛毛般的應運而生。小學生不啻是待宰的羔羊。大多數小學生，因為日、夜忙於補習，以致患有近視者日多，健康狀況令人至為憂慮。

本來「補習」並非壞事，但強迫至此，被指為「惡性」，便嚴重了。劉真接到不少民意代表的呼籲，又看到報紙上連續不斷的攻擊。「正本清源，只有從『考試』科目的改進方面著手。」他邀請了一批教育專家來討論解決之道。

「目前，初中入學考試科目共有國文、算術、常識三科。」劉真指出，「國語、算術是工具科目，而常識乃內容科目。現在國小高年級的常識包括公民、歷史、地理、自然等四科。教科書共達十六冊之多。為了考試，這些孩子們不得不死記書本上的人名、地名、年代。……反而把真正學習常識的興趣，弄得蕩然無存。」

專家們也各就所見，提出不少建議。大家咸認：這些「常識」在升入初中或初職以後，絕大部份要再學一遍，而今加之於十二歲以下的兒童，空勞精力，為害至多。要想解決此項弊病，最好採釜底抽薪的辦法：廢除初中、初職「常識」一科的入學考試。

劉真知道，這一決定定會引起若干反應，既經考慮周詳，便去向教育部長梅貽琦及次長浦薛鳳提出教育廳的決定。梅、浦二人均表贊成。到了四十九年十月十九日，教育廳便分函各縣市政府及省立中、小學，規定臺灣省初中、初職於五十學年度新生入學試驗時，免除常識一科。

函令中並且指示：過去教師忽略常識一科教學目標，強令學生背誦文字，不能啟發思考，更忽視了傳授有關日常生活之知能培養，今後應加強改進常識一科之教學方法。

此令一出，拘壓幼小學生的「常識」重擔，一掃而光，獲得普遍的好評。但為時不久，卻也出現了反彈之聲。首先是民意代表在議會中提出公開質詢，誇張的聲言：「免試常識，動搖國本。」

這是相當聳人聽聞的質詢。那些「民意代表」何以如此動肝火呢？從側面得悉，原來書商們本想大賺一筆的「參考書」，因「免試常識」的措施，將要賣不出去了。茲事體大，臺北、高雄等地的書商便多方請託民代，企圖翻案。在五十年代的臺灣，經濟尚未起飛，小學生的補習讀物之銷售，便是一張大餅了。劉真既然「斷人財路」，那有不被攻擊之理呢！

3.「你做了官，給我增加了不少麻煩。」

民國四十七年初，臺大客座教授、著名語言學家趙元任夫婦返國講學，劉真在其寓所邀宴趙元任伉儷，並請胡適、梅貽琦兩位作陪。胡適特別帶了一大瓶日本的菊正宗清酒來，並向劉真夫婦說：

「這瓶酒是很久以前，一位日本大使館的朋友送的，因你們兩位都是留日學生，一定喜歡日本清酒，特地送給你們品嘗。」

那天胡、趙、梅三位談得極為盡興，席間，胡適向劉真開玩笑的說：

「從你做了官以後，給我增加了不少麻煩。因為許多人知道你和我是同鄉，便來找我，要我為他們寫信推薦給你，希望謀得一個中學校長的職位。」

「可是，」劉真聽明白了。「我從來沒有接到過胡先生的推薦函呵！」

胡適笑了笑，又說：「因為我根本沒有寫。我告訴那些謀求校長的人說：『如果你的一切條件能當校長，劉廳長會請你做的；如果他沒請你、而你自信可以做一個好校長，不妨毛遂自薦。這種方式謀職，要了當簡捷多了。』」

在中國有所謂「八行書」之稱。任何有人事任命權的官員，莫不以此為最大煩惱。胡先生接著表示：

「我不願意別人隨便介紹人給我，所以我也不介紹人給你，以免增加你的煩惱。」

「現在的社會環境，辦事固然不易，用人尤其困難。」劉真對這位一代大師的鄉長，坦誠的說出為官的困境，「擔當主管的誰不願意引用人才呢？問題是真正的人才往往不肯到社會上負責任。說好聽點，便是所謂『明哲保身』。我為了遴選一位省立中學校長，不知要傷多少腦筋。我希望的人，不一定肯做；而我不希望的人，卻拼命活動。所以只要校長出缺，必然免不了開罪許多人。」

「有許多位校長，我還是三顧茅廬的邀請，才出任呢！」劉真繼續說下去，「可是，有的不肯；有的肯了，但出任不久，卻又堅決求去。」

其後適巧劉真自《自由中國》雜誌上看到萬如鎔、王曦、譚謙三人的讀者投書，涉及的也是學校人事問題。這天下班後雖然已經相當累了，卻仍然提起筆來作答。因為一談到「人事」，幾乎是任何清廉、希望有所作為的官員最頭痛的問題。在信中，劉真說明：

> 這兩年來，對於省立中等學校校長的遴用，都是遵照現行法令的規定。不過，在現行法令規定的資格範圍以內，我是對下列三種人員予以「優先考慮」的：
>
> 一、現任中等學校教務、訓導主任成績優良者。
>
> 二、大專學校教師富有教育經驗，志願擔任中等學校行政工作者。
>
> 三、現任教育行政人員服務著有成績者（即內外互調）。
>
> 如果以上三個原則可以算是我個人的人事政策，我自問兩年以來簽請省府核派的省立學校校長，大體是符合這個政策的。
>
> 至於縣市立中等學校校長的人選，因為現行校長任用辦法尚未全部修訂，以及遴用程序等種種關係，目前尚難嚴格要求必須以中學教務、訓導主任及大專教師等充任。加以臺灣自實施地方自治以後，省府各廳、處對縣、市長的用人權，是不能不予以適當尊重的。

所以這兩年來，我對於各縣市政府報請省府核派中學校長時，總是經過慎重考慮；有時並與縣市長交換意見才決定的。你們三位先生來信所提及的雙溪初級中學，因係縣立中學，其校長之任用，亦即依照上述程序辦理。我彷彿記得現任的丁校長，便是在臺北縣政府所保薦的候選人中的第一名被圈定的。至於來信所談丁校長到職後的各種情形，教育廳已經函知臺北縣政府調查具報了。

隨後，劉真並將兩年來的用人之難，稍加引述：

我自到教育廳服務以來，深感用人的困難。有些人也許在社會上頗負聲譽，或在其他機關服務確有良好的表現；但一經派任校長以後，卻並不一定都是最理想的校長。而在另一方面，我們認為可以做校長的人，他們本人又未必都願意擔任校長。例如現任護理專科學校校長徐藹諸先生，是經過劉瑞恆先生一再敦促始同意的。新竹女中校長孟淑範先生，在發表以後再三懇辭，後經江學珠先生勸說才就職的。其他還有很多校長的發表，也都不是事先徵得他們本人的同意的。

臺灣省現有省立大專學校八所，公私立中等學校三百餘所，國民學校一千六百餘所，中小學教職員六萬餘人，學生二百餘萬人（臺灣全人口中平均每五人即有學生一人）。所以臺灣省教育廳所經辦的業務，比大陸各省不知要繁重多少倍，而所遭遇的各種困難，更非外人所能完全瞭解。這兩年來我無日無時不是以戒慎恐懼的心情，來處理每一件教育上的問題。我誠懇的希望各方面能給予善意的批評與指教。如果三位先生有暇能和我作一次詳細的面談，那是我個人非常歡迎的。匆匆奉覆，順祝愉快！

劉真　四十八年九月四日深夜於臺中

4.「教員」改稱「教師」

有一次，胡適和劉真晤面時，曾便中提及中央研究院近旁的「舊莊國民小學」，缺乏操場及用水設備。劉真迅速的解決了這兩項困難。故該校於兩項小工程完成之後，舉行竣工典禮時，邀請胡適剪綵，劉真觀禮。胡氏對國民學校的小學生，非常親切的講了許多話，劉真深為感動：原來一代學人對於教育，並不只關心大學、研究院、科學長期發展等。對於僅三、四百名的一所國民學校，也同樣的看重和關懷。

這一天，劉真並告訴胡適：

「現在社會上許多專業人員，均稱之為『師』，如律師、會計師、醫師、工程師，甚至美容院的剪髮小姐，也被稱為美容師。我們天天喊尊師重道，卻將從事教書工作的老師，在公文及聘書上，稱之為「教員」，豈不是歧視教書的人嗎？」

「你提出的這個問題，很有創見！」胡適坦誠的表示，「連我們北大當年的聘書或行文什麼的，也通統稱為『教員』。本來不覺得什麼，如今你提了出來，便感到『教員』二字，確實不太妥當了。」

「為了對教書的老師表示尊重，我想一改過去數十年的稱謂，由教育廳通令各校，一律改『教員』為『教師』。」

胡適聽了，甚表贊同，並說：

「孔子曰：『必也正名乎！』你對稱謂的改變，正是孔子的忠實信徒。」

說畢，胡、劉兩人都快意的笑起來。

五十年代的臺灣，除非公費支助，私人出國考察旅行，說是作夢並不過分。那個年代，臺灣甫行安定，僅能作到「吃飽」而已。

至於中、小學教師，連夢也不敢作此想。然而，在臺灣省教師福利會於四十八年四月成立之後，便積極規畫、遴選中、小學教師出國考察事宜。在劉真督導下，不一年時間，終於實現了。這天——四十九年五月九日——由福利會租了一架包機，選出五十三位中、小學教師，前往日本考察。別說是在臺灣為創舉，便是中華民國有史以來，也算是開天闢地的大事。

劉真內心的興奮，不亞於參加的教師，特到臺北松山機場送行。他看到無中生有、不曾花用政府半文錢，而能使教師展開新視野，至感快慰。考察團由臺北市建國中學校長賀翊新（曾任北平私立大同中學董事長、河北省教育廳長等職）任團長、臺北市教育局長林清輝與省立嘉義女中校長談太僑任副團長，團員多為小學教師。機場上送行者甚多，無不欣喜萬分。

劉真看到那班中、小學教師喜氣洋洋的樣子，更感愉快。這是臺灣光復以來的創舉。這時，「出國」是相當稀罕的大事。若是以個人收入而言，幾乎是不可能的事。考察教育為時共一個月，便是一年的薪資所得，也難以開銷。有幾位老師便向劉真坦白陳述：

「我們做夢都不曾想到有機會出國考察呢！」

劉真聽了，自是高興，並笑著對大家說：

「日本是我青年時代留學的國家。希望大家到了日本，能多多注意他們的教育設施。」

一直到考察團的飛機升空，劉真方才返回家中。他想第二梯次的考察團，應該更擴大些❶。現在是知識爆炸的時代，到國外看看，可收取長補短之效。

5. 絕不敷衍民代

民國四十九年十月，為了高雄水產學校校長的學歷問題；劉真曾嚴詞駁斥一位省議員無理

---

❶ 第二次日本教育考察團六十人，於五十一年五月九日成行。

的建議，驚動社會。兩天之後，《聯合報》首先發表〈社論〉予以讚揚：

> 前天省議會在進行有關教育的質詢時，某議員與教育廳劉真廳長之間，為了高雄水產學校校長的學歷問題而發生口角。此事因行政官吏敢於「頂撞」議員而成了受人注意的新聞。事情的經過是這樣的：某議員主張應對所有省屬學校校長學歷、作一次全面調查。劉廳長則表示不能接受這個建議。我們對是否應對校長學歷作全面調查一事，並無意見，但對雙方論事的認真態度，都感覺欽佩。
>
> 只是，某議員的一句話，卻使我們想起有關議會質詢的一些基本問題。某議員說：「我有權建議，你接受不接受是你的事，不能指我的建議不對。」這話似能使人得到印象，議員與政府之間，儘可以你說你的，我做我的，各不相干。事實上，有許多行政官吏，早已在奉行著這種政治哲學。當甲議員說應該往東走之時，行政官吏也跟著說東；當乙議員說應該往西走之時，他也跟著說西，卻忘記了東與西正好是相反的方向。等到質詢過後，依然我做我的事，一切相應不理。似此情形，我們真不知質詢究竟還有什麼意義可言。

接著，《聯合報》更率直的推許劉真：

今日議會中只重質詢而不重視辯論與決議的那種風氣，並不能提高議會的權威，而只能提高議員個人的權威。但是此種個人權威，也只能行使於本身有弱點的行政官吏，若遇到劉真廳長那種在言行雙方都決不含糊的行政官吏，就會當面「頂撞」，致使議員個人權威也受到損害，結果只是逼出了「我說我的，你做你的」的政治哲學。這豈非使全部質詢都喪失了意義。

《聯合報》為一家頗具權威性的大報，其立場及評議普遍獲得國人的讚揚，發表社論題目為「質詢與建議之分際」。凡對民代有觀察者，對其假「民意」而欺淩官員之現象，無不搖首。極為廣大的民眾以為，真正代表民意的、反而是如劉真廳長之類的政府官吏。

兩個月後，一名教師竟然對學童施加暴力，劉真聞之，極為不滿，予以懲處。誰知數名所謂「民代」者，反加阻撓。但劉真不為所動。臺北出版的《徵信新聞報》（後易名《中國時報》）的專欄中，則以〈不愧白如〉為題撰文；有評有敘，可見當時的社會和政風：

教育廳長劉真在省議會為嚴懲打手教師黃德相答覆詢問，斬釘截鐵用一句話表示他對於這件事的態度。他說寧使一家哭，不使大家都哭。說明劉廳長不願為袒護一個部屬，而使無數學童和無數家長在鞭韃教育下接受痛苦。堅守原則，破除情面，正是今天政治上有待迫切建立的新風氣。劉廳長有之，我們應該喝采。

跟黃德相平日無怨，往日無仇，沒有人要和一個二十歲的青年教師過不去。劉廳長決予嚴懲，內心當格外沉痛。他說他非常慚愧，因為外國人都在說我們的教育「沒有人性，沒有愛」，對我們教育是莫大諷刺；不能為黃德相一個人而使教育界蒙羞，是非黑白，不容含混。劉廳長不愧叫「白如」。

《禮記》云：「細人之愛也，以姑息。」或有人以為體罰已相習成風，黃德相不過是體罰得太重一點，姑念初犯，可以原諒。殊不知嚴懲黃德相就是嚴懲體罰，要使教育上軌道，要使教學方法趨於人性化，必須徹底廢止體罰，決不能姑息一個黃德相而使廢止體罰的工作頓挫。

劉廳長是在一般官吏中比較最缺少官僚氣，想做事，肯做事，也敢做事。他與惡性補習宣戰，決定初中入學免考常識，決定省辦高中、縣市辦初中，沒有說空話，而在想辦法。要改善師資素質，便增辦師範專科，決心將水準向上提高一步，三、五年後當可見績效。臺灣教育發達，我們不願徒見量之多，而更願質之佳，辦教育的人還得更辛苦，大家為他們多打氣。（民國四十九年十二月二十五日《徵信新聞報》「今日春秋」。）

文中對劉真多所贊許，稱之為「最缺少官僚氣，想做事、肯做事，也敢做事。……」只可惜輿論雖如此，而在私心橫行的社會中，缺乏正氣和公道的奧援！

這天，劉真剛回到教育廳辦公室稍作休息，卻發現報上報導臺北市教育局長陪同美國教育界人士，前往參觀一所學生六千餘人的國民學校。那局長竟向美國朋友宣稱：「這是臺灣教育的一大優點。」這像什麼話？自從劉真出任臺灣省教育廳長之始，便致力於這種畸形的教育現象之改革。第一次向省議會報告時即提出：一定要做到一個村里一所小學，一個鄉鎮辦一所初中。早先教育部在新竹推行免試升學的九年義教，雖然失敗了。但延長義務教育，乃是必然的趨勢。一村里一小學，一鄉鎮一初中的構想，便是延長義務教育的準備工作。沒想到臺北市的教育局長，竟然不知此意，於是，劉真立即打電話給這位局長說：

「一個小學龐大到六千人以上，這是我們教育上的缺點，不是優點。這種學校，校長不認識教師，教師不認識學生。哪是辦教育呢？怎可反而宣揚給外國人看呢？」

6.上海大學與北京大學之復校

繼師院、農學院、工學院先後升格或合併成為大學之後，原在北平的清華大學亦已在臺復校；於是若干大陸時代的大學或中學要求在臺灣復校之聲，不絕於耳。那時梅貽琦任清華大學校長兼教育部長。而與國民黨淵源甚深的私立上海大學校友會對復校之事，更為積極。有一個週末，劉真由臺中回到臺北家中。次日上午，陝西籍的監察委員楊覺天等多人，便到福州街劉真住所拜訪，商洽上海大學復校之事，他們向劉真說：

「于右老（即于右任，時任監察院長）為上海大學復校之事，已分函教育部和教育廳，不知教育廳現在怎麼處理？」

「大學教育乃教育部主管。梅部長（貽琦）曾一再向我表示：私立大學復校，必須具備相當的條件，才能核准。在公文處理程序上，先由教育廳察勘校址及經費來源，然後報請教育部核示。」劉真當即向監察委員們說明。

「于院長為黨國元老，他說已函教育廳，促即處理，便該早日轉報教育部核准。」他們又一致向劉真聲稱。于右任為黨國大老，朝野推崇備至。但是，教育是大事，怎可因大老一言而輕率照准？於是劉真乃不得不懇切回答：

「我對于院長素極崇敬。但因限於法令規定，仍須依照程序辦理。何況關於建校校地、經費等重大問題，教育廳尚無具體資料。一時實難有所決定。」

「校地已有，便是清華大學附近的光復中學校址。至於經費，上海大學出身的黨政要員甚多，將來集腋成裘，應該不成問題。」

這間光復中學，劉真的印象甚深。兩週以前，劉季洪（後任考試院長）曾陪同陝西聞人王宗山（曾任陝西省議會議長）來訪，聲稱陝西同鄉創辦的新竹縣私立光復中學，因人事、經費迭生糾紛，已經無法維持。

「我們想將光復中學，無條件讓出，交由新竹縣政府接辦。」最後，王宗山向劉真求助。

「私立學校無條件交給政府辦，我們當然非常歡迎。」劉真誠懇的回答：「問題是光復中學設在新竹，原則上須先徵求新竹縣政府的同意。」

為了瞭解實況，以便處理，劉真隨即於週末回臺北的中途，前往新竹光復中學勘察。原來只有幾棟簡陋教室，四周圍以籬笆，校址佔地極小。沒想到陝西籍的立、監委員、政治聞人，居然想以這間不起眼而將要結束的中學設施，來使上海大學復校，真正不可思議。

到了臺北，劉真趁機將上述情況向教育部長梅貽琦詳細報告。

「以後上海大學的公文報到教育廳，不必再轉教育部了。」梅貽琦斷然表示。停了一刻，又說：

「這樣免得那些立、監委員來找教育部的麻煩。」

陝西籍兩位立、監委員，對劉真極表不滿：

「劉白如與我們本是好朋友，為什麼做了教育廳長就變了？」

「究竟誰變了呢？」劉真陷入沉思之中，「可能又要因公結怨了。」

當時，最著名的北京大學校友，也有「復校」的擬議。但前北大校長蔣夢麟，這時任「中國農村復興委員會」主任委員聞之，便向劉真表示：

「我在臺灣一天，絕不讓北大在臺灣復校。」

對於蔣夢麟之斷然阻止，劉真有點詫異。蔣夢麟隨即補充：

「北大之所以成為北大，全靠當時有最好的教授。目前臺灣從那裡去聘請那樣水準的教授？如果沒有好教授而高喊復校，豈不是砸了北大的招牌，使北大變成從前上海的野雞大學？」

所謂「野雞大學」，即是以斂財為目的之私立大學。上海人稱沿門拉客的私娼，謂之「野雞」。當民國十八年蔣夢麟任教育部長時，曾大力整頓高等教育，將上海不夠水準的大學，均予停辦。此一措施，開罪了一位黨國元老，只好辭職而轉任北大校長。如今事隔二十餘年，當大家積極為自己出身或經營的學校謀求「復校」之際，益顯出蔣氏之大公無私、堅持質重於量的原則。北大之為北大，於此可見一斑。

民國四十二年，著名的清華大學，已在醞釀復校，其時劉真正在美國訪問，梅貽琦曾告訴他：

「我不贊成復校，只贊成先成立一個研究所，即原子能研究所。」

直到數年以後，清華的大學部方開始招生，且商請劉真同意，由師大理學院長陳可忠出任清華大學教務長。前輩學人之公而忘私，一切為維持教育水準著想，使劉真更感欽佩。

7.施金池的故事

在民國四十二、三年前後的師範學院學生中，不少發憤上進的青年，施金池即為其中之一。這（四十三）年夏天畢了業，覺得寒窗四載，現在可以輕鬆一番了。有一天他看電影回來，發現全班同學幾乎全報名參加高等考試了，才知事非尋常。「雖然無意仕途，但將來榜上無名，人家不說沒有報名，也許譏笑為名落孫山，豈不窩囊？」這樣一想，他決定馬上報考。不幸的是，報名日期剛剛截止。十萬火急，不知如何是好的情形下，也不知那來的勇氣，他闖到院長室去。聽了這個學生的報告，劉真迅即寫了一張名片，為施金池解決了難題。當然，施金池的上榜是十拿九穩的事。

對於這樣一位自稱「糊塗」的學生，劉真卻留下很深的印象。翌年暑假，當施金池預官役將滿之時，忽然接到劉真校長寄來的助教聘書。他完全沒有想到有這麼好的運氣。「劉校長（已改制師大）如何會記得我呢？這是絕大多數同學羨慕的工作。只可惜已接受了母校臺南師範的草聘了。臺南是自己的家鄉，遠離而往臺北，並不妥切。」於是，他用了兩天的時間，一再的修改潤飾，恭恭敬敬的寫了一封辭謝的回信。

那知助教的職位雖然辭退了。但他那恭敬整齊、通順明白的覆函，卻給劉真留下一個更好的印象。

九月初，施金池已經在臺南師範北港分部上課了。更意外的，接到劉校長的第二張聘書，不同的是，上次是教育系助教，這次改為社會教育系的助教了。

「前次退了校長的聘，便是失禮，豈可再退一次？」施金池拿不定主意。「困難的是，南師已上課了，也不能中途離職哪！」

事聞於南師校長朱匯森（後任教育部長，國史館長），便說：

「我以學校的公函替你退聘了吧！」

雖然退了，而施金池仍覺不安，「怎可一再辜負校長的美意呢？」

果然，幾天之後，施金池又接到一封信，是實習指導委員會寄來的。信中說：「退聘事暫時不便呈報校長，最好親來臺北，當面向院長及校長懇切說明。」

事關校長，又關院長，施金池立即向南師請了兩天假，連夜前往臺北。次日一早下車，便到母校系辦公室，想和剛留下當助教的同班同學張春興商量，如何說詞，求得諒解。誰知偏偏教育學院院長田培林（伯蒼，曾任河南大學校長，教育部常務次長）走進辦公室來，劈頭便問：「你是不是施金池？還想回去麼？」施金池不敢說實話，猶疑了一會，只好言不由衷的回答：「我要回去向朱校長做個交代……。」但田院長還是把他訓了一頓，要他再向劉校長表示謝意。這一次，劉真終於真正認識這個「古怪」的學生了。

到了四十七年，劉真已任教育廳長了。施金池奉令在臺中成功嶺受訓。一天，教育廳的秘書傳話，請施金池到霧峰來見劉真廳長。

「你願不願意擔任縣府的教育科長？」當時各縣市尚未改局，劉真詢問他的學生。

「不想，科長的職位太高了。」施金池坦白報告。

翌年暑假，蒙傳銘（校友）又傳話給施金池，要他到劉真的福州街寓所一談。

施金池不敢怠慢，在一個星期天晉見了老校長。

「中部有個中學校長的缺，我想派你去擔任。」

「我才三十三歲，太年輕了，做不了。」

「我三十五歲就當立法委員。」劉真勉勵他，「膽子要大一點。這是省立中學，正是磨練的時機啊！」

「我知道自己做不來，」施金池仍然堅持，「我覺得教書比較輕鬆些。」

翌年寒假，施金池正在辦公室看書，忽然接到師大校長杜元載的電話，說有一位省議員在校長室，要和他見個面。

「我從來不曾有省議員這類顯要朋友，怎麼會找我呢？看來不會有好事！」他雖然疑慮交加，但還是去了校長室。

「你是施先生麼？」原來是梁許春菊省議員，「我們家鄉省立北門中學，想請你去當校長。」

「我的家鄉是臺南市，從來沒去過佳里鎮。」施金池說。北門中學在佳里鎮，屬於臺南縣。政治人物可真會拉關係。

「可是臺南市和臺南縣同屬臺南州。」梁許春菊辯稱，「你若肯當北門中學校長，我可以請劉廳長馬上發表派令。」

「啊，」施金池明白了，原來劉校長知道他是臺南人，用這種方式來催駕了。「怎麼推辭呢？」他急迫之下說：「我即將出國進修了。」

誰知到了暑假，系主任孫邦正教授告訴施金池：「劉校長有電話來，決定派你任北門中學校長。」

這可以說是「晴天霹靂」，施金池馬上寫限時快信請求不要發表，又親自到福州街劉宅面求，但七月二十三日省府的派令仍然送到施的手中。學生怎能逃過校長的「關心」呢，尤其是劉真這位鍥而不捨的校長。

更沒想到的是，施金池一直做到廳長、教育部次長，然後退休❷。他在〈沒齒難忘〉的一篇文章中說得很誠懇感人：

---

❷ 施金池其後歷任教育廳長、教育部次長等要職，退休後，為劉真邀聘出任中山學術文化基金會秘書長。八十四年五月，據報載，施氏每日騎摩托車上班，其特立獨行，為各界推重。

由於校長（劉真）的提攜，在母校服務了五年，再由於校長的「強制」，從事了十二年多的學校行政，在部、廳、局又當了十二年多的公務員。這將近三十年的經歷，可以說都是老校長白如師提攜指導的。雖然毫無建樹，但始終恪遵校長手訂「誠、正、勤、樸」的校訓，為教育盡了一分棉薄，總算沒有辜負吾師栽培之恩。

最末一段，尤其動人肺腑：

「栽培之恩，沒齒難忘」。我還記得很清楚，這是民國四十四年為了退還聘書而寫給校長的謝函中的一句話。雖然是一句普通的成語，但我當時的國文程度很差，這句成語還是我費了很多時間在成語手冊及書信範例中找到的最能表達我當時心情的一句話。時隔三十年，學生的牙齒也脫落了很多，即使將來到「沒齒」之年，對於白如老師栽培之恩，我還是永遠不會忘記的。（原載《國立臺灣師範大學校友學術論文集》下冊，頁二二七—九四〇。）

語云：「有其師必有其徒。」讀過上述兩段文字，更證明「名師出高徒」了。

第十九章　「集中」與「累積」

1.「集中」的力量

那時教育廳每年的預算總額約在新臺幣四億元左右。大部份支出，均是人事經常費。能用在學校修建，或充實設備的，不過兩、三千萬元而已。而全省省立學校與社教機構，則超過一百個單位，如果採平均分配辦法，結果每一單位所得甚少。任何建築均難以完成，只好零零星星的敷衍報銷了事。長此以往，白白浪費了有限的經費。劉真想，這樣因循下去，絕非善策。

對於國校的教室興建，他曾經採用過「三對等補助」的辦法，解決了國校教室荒的困難；又發揮了民間參予的力量。現在，杯水車薪的業務經費，劉真終於想出了對策，那就是採取「三年輪流」的辦法，把省府每年核定的教育文化預算，依據全省所屬學校及社教機構實際狀況，集中分配給三分之一的單位。各單位有此彈性措施，便可預先作準備，配合本身原有的經費，對修建校舍或充實設備，作有計畫的重點使用。因此，教育廳每年的修建設備費總額雖然並沒增加多少，卻依然可開展全省學校、社教機構的修建工程。

教育經費之集中使用，既然發揮了功能。劉真又想到教育廳保管的特種教育經費，以往也是零零星星的補助文教團體，沒有什麼具體的成效。現在，便決定減少那些零星補助，每年集中一部份經費，選送中等學校教師。前往國外進修。直到劉真離職，共考送了到美國二年、西德二年及日本一年進修之中學教師，共計十餘人之多。同樣的錢，同樣的工作，運用之得當與否，其績效實有天地之別！

民國四十八年八月七日，臺灣發生了嚴重的水災，海外僑胞及國內各界紛紛捐款，總數達新臺幣二千五百餘萬元。中央指示作為重建災區學校之用。劉真依然採用「集中」使用的原則，總計修建了四十餘所高標準的國民學校校舍，等於新設了四十餘所小型國校。如果將這筆救災捐款，悉數分配給所有受災的學校，自然又是忙於報銷而已。

再如教師福利會的成立，也是此一理念的發揮。倘若各自為政，不能通力合作，自難舉辦種種福利事業。「集中始能發揮力量」這一信念，這一作法，使劉真在原有的條件下，獲致不少豐碩的成就。

對於劉真果斷堅定的作風，有些人竟嘲之為「自尋苦惱」或者「自找苦吃」。不錯，甚至於中秋佳節之夕，他還留在辦公室，與主辦僚屬，商談公事。

劉真為何常會公而忘私呢？原來他深信：「要完成任何教育上久遠的計畫，必須開始於一點一滴的努力。」荀子謂「不積蹞步，無以致千里」。一點一滴的努力，天長日久，便可累積成廣大的基礎，鉅大的力量。

「教育乃百年大計。」劉真常向同事們解釋，「如果認為一、兩年內不能解決問題，便任其拖延下去，只有愈拖愈大，愈拖愈難解決。如果我們抱著『累積』的想法，今年做一部份，明年、後年再做一部份；不及三年，原來的困難也許便可解決了。」

2. 教師會館的興建

民國四十八年十月間，劉真經過多次研究考量之後，決定在風景佳勝之區，興建一處美好舒適的會館，作為中、小學校教師休假、旅行、進修及康樂活動的場所。恰好距教育廳所在地——霧峰——不遠（約六十公里）的日月潭，便是遠近馳名的觀光勝地。劉真想：

「我們常常講尊師重道，可是大半是喊喊口號，寫寫文章。事實在哪裡呢？花大錢為死去二千多年的孔夫子建廟來奉祀，為何不花錢替成千上萬活著的教師，修建幾處大家使用的會館呢？」於是劉真便決定在日月潭修建一所教師會館。

就基於此一尊師重道的意念，同時，他想以具體的事實告訴所有的教師，政府對他們的獻身教育，甚為關懷。事有湊巧，南投縣縣長洪樵榕向教育廳建議：「日月潭國校學生人數不多，且在涵碧樓旁邊；有時蔣（中正）總統在這兒度假，也有所不便，希望教育廳指撥專款遷校。原址修建為教師會館，卻最適當。」教育廳對於日月潭國校遷建經費，正無著落，又非解決不可。現在正可一舉兩得。劉真當即同意，由福利會撥款，進行一切籌建事宜；因聘名建築師修澤蘭女士負責設計。興工以後，劉真常於公餘親往視察工程進度。當時來日月潭遊覽的教師，常因負擔不起太貴的旅店費用，不是匆匆忙忙的當天往返，便是到附近的埔里等處學校教室，權住一宵。

「以後，他們不必這樣勞頓，而度過一次美好的假期了。」劉真想到這兒，甚感快慰。

「不過，會館不應是一座美好的旅館。」劉真又一再的向參予籌劃的人表示，「我們要寓進修於休閒之中。凡是來會館的教師，即能獲得許多新的教育資料，也可以觀賞富有教育意味的電影，總而言之，一切設計、命名，都要含有教育的意義。也可以舉辦一些研習會、文藝同好會等。」

基於此一想法，劉真又叮囑設計人員，除了住宿房間、餐廳外，應該另設圖書室、史蹟陳列室、教育資料室、會議室、禮堂、網球場、游泳池等等。

「這比日月潭任何飯店、旅館都要高級多了。」在場的人員說。

「我已經說過，我們並不是開旅館。」劉真細心的說下去。他希望人們明白，建會館的立意所在。

幾乎在日月潭教師會館興建的同時，臺中農職原在霧峰路邊的教職員宿舍，因破舊不堪使用，又因地臨愈加頻繁的交通要道，市聲喧囂，不宜私人居住。農校校長唐秉玄屢次向教育廳請款另建，因財政困難，不能解決。現在由於福利會要在臺中興建一所教師會館，便兩案一併解決了。不過，劉真指示，「先將農職的新建宿舍建好，臺中教師會館的工程再行發包。」

3. 善事難為

這一天，劉真自教育廳下班以後，又急切的趕到日月潭。在會館的工地，他細心的觀察。此時，露天的音樂臺已將完工。館外的「桃李園」正在栽植花木。工人們在花圃間的羊腸小道上，鋪設鵝卵石。

「應該改鋪平而不滑的水泥磚。」劉真招來負責的施工人員，「將來到這兒度假的，難免沒有未婚的情侶、剛結婚的新娘子，她們都是愛漂亮的，多半穿高跟鞋，走在鵝卵石上，豈不危險？」

他講完以後，發現那工地負責人先笑了。

「怎麼？我說的沒道理麼？」劉真有些不解。

「不是沒道理，」那人解釋，「我們笑廳長設想得未免太周到了。」

劉真正欲答話，不遠處有人向他招手。原來是一位多年舊識、正朝他走來。

「沒想到在這兒遇到你。」劉真很高興的說。

「週末也不肯休息一下？」這位老友親切的說，「這座教師會館的設計，創意甚多。我這外行人也要擊節稱賞了。」

「這是我請修澤蘭女士設計的。」劉真快慰的表示，「個人的建築物差一點，影響不大。公家的建築，應該儘量的堅固耐久。我以前在國外旅行，看到別的國家有些長達幾百年的文物或建築，使人流連忘返，無限景慕。在北平，我也見過外國人對我們的古蹟，如故宮、頤和園等地，嘖嘖稱羨。所以我想建教師會館，也應有此規模。」

「但是，天下事往往愈費力，愈不討好呢！」

劉真聽了，頗為愕然，一時竟答不出話來。

不錯，自從籌建這座教師會館，便傳來一些零零星星的指責。有的說，中、小學教師都很清苦，有幾個人會到日月潭度假呢？況且，目前是反共復國時代，竟而建造這麼豪華的「會館」，豈不是「直把杭州作汴州」的偏安心理麼？另有一些人又說，既然名為教師會館，就不應接待教師以外的旅客。……總之，一波一波的閒言，使得劉真頗受干擾。很多接近劉真的親友，紛紛表示不平。這是什麼樣子的社會？公平究在哪裡？

「教師清苦，我豈會不知道？」劉真解釋，「各人的見解、看法不同，也是自然的事。」

「不明真相，便胡亂批評，未免太缺乏正義感了？」

「豈能盡如人意，但求無愧我心。」劉真反來慰解一班親友們。又說：「如果我不瞭解教師的實際生活，怎會不顧一切困難來增加中、小學校教師的研究費，提高他們的職務加給，倡導婚喪節約互助呢？還有，舉辦大專院校助學貸金及實施緊急災害補助呢？」

然而，外界的指責，竟然愈來愈大。甚至於說，蓋這麼一所教師會館，有多少教師能享用一次呢？他們不想想，世上無一所建築，可以同時容納幾萬人的。劉真說：

「全省教師大約六萬餘人。兩所教師會館每天可住百餘人，要不了三年時間，大家都有住宿的機會了。」

一點不錯。自民國五十年五月至五十一年三月，住宿教師已達一萬零九百零三人，參觀者有十三萬八千二百餘人。其後，又將有臺北教師會館及其他教師會館的興建等，就更不可勝計了。

更有一般人指責，興建教師會館乃大興土木。這更使劉真不解。為全省六、七萬中、小學教師，興建一座公共休憩之所，容納百餘人的接待處，竟被斥為「大興土木」，更是從何說起？

三十年後，這種在臺灣隨處可見的建築，當時（民國四十八年前後）居然引起軒然大波，成為舉國矚目的社會「大事」，說明了在貧困中舉辦有前瞻性的建設，乃是一項最大的挑戰。劉真想，「暴政必亡，極權必滅」，像西柏林雖在危城之中，近年已有六所大學相繼創設與擴建。他們西方人的堅苦卓絕，眼光遠大，我們何以完全不加注意呢？

而反對興建教師會館的人，也有是來自當地旅館業的。他們擔心教師會館的興建，必會影響自己的營業。原來教師會館的收費，不及同等旅館的三分之一。凡此等等，均成為反對的聲浪。為公益而引起接連不斷的譏嘲，這個社會竟然如此缺乏公道，真令人嘆息！

4.日月潭教師會館落成

民國五十年四月十二日，籌建年餘的「日月潭教師會館」舉行落成典禮。在中國，也可能在全世界，這是第一所專為接待教師而建的休憩所在。位於風景佳勝之地，各項設施也求其盡善盡美。早晨六時，劉真便由臺中起程前往。並於典禮上向全省教師具體說明，政府對他們極為關懷與體念。

典禮由省府主席周至柔主持。省議會教育組召集人梁許春菊剪綵。來賓中有教育界元老鄧萃英及其公子鄧昌國伉儷（鄧為名音樂家，其夫人乃日本著名鋼琴家）等約二百餘人。

劉真於巡視會館四周後決定，加速美化環境，以發揮「境教」作用，闢一名為「桃李園」

的花木區。除了栽種桃、李、梅、竹、松、柏外，將臺灣所有植物，包括高山與熱帶植物，全部移植其間，使前來旅遊的教師，於休閒活動中，從而認識花木種類。為了推動此一理想，他決定以全省各農業學校校長為委員，負責完成。這樣則不需動用任何開支，即可建設出一個美好的育樂場所了。他深知政府的財政困難，要想法子做事，也要想法子不用花錢。

教育部長梅貽琦特撰〈日月潭教師會館落成記〉，以為紀念。梅貽琦向來少有文字發表。今寫此「記」，誠為罕見，足見其對教師會館一事之重視。由於會館管理完善，格調高雅，故中外教界人士前來投宿者，無不稱善。教育界耆宿蔣夢麟的續弦蜜月便是在教師會館度過的。而詩、書、畫三絕的溥儒教授，因為欣賞日月潭教師會館的建築及欽佩劉真尊師重道的精神，特以其中外著名的書法，寫成〈日月潭教師會館碑〉一篇，以紀其盛。此幅碑文，至為珍貴。劉真特將真本（文刊《古今文選》新第五三〇期）贈送國立歷史博物館典藏。因溥儒秉性率真，似此珍貴墨蹟及典雅鴻文，士林咸稱至寶。

關於教師會館的興建，二十多年後——即民國七十四年二月，總統府資政李國鼎曾致函劉真極表讚佩。

5.蔣總統對臺省教育措施，深表肯定

到了「日月潭教師會館」及「臺中教師會館」先後完工之後，社會上仍有人加以批評；而更可怪異的是，若干中、小學教師，也表示興建堪稱富麗堂皇的接待所，並無必要；甚至指為有意鼓勵追求生活的享受。其中有一位朋友，憤慨的致函劉真說：

「你創辦這許多教師福利事業，可以說為教師做到了『自求多福』，但對你自己卻是『自求多辱』啊！」

劉真看了這封信，只是一笑置之。他經常研讀中國近代史，認為中國自清末鴉片戰爭以來，便積弱不振。每一個稍具國家觀念的人，看到同時代其他的國家各種建設，均在突飛猛進時，必然會深深憂慮。立國於世界，貧不足慮，但不可積貧；弱不足慮，但不可積弱。為什麼我們不能運用自己的智慧與努力，替社會創造一點財富，替國家增加一點資產？讓我們的國家於三、五十年內，各方面有些像樣的建設？讓貧窮不要一直跟我們的國家連在一起。我們不進步，便是落伍，便得屈居人後。這座教師會館的建設，究竟是進步、還是退步呢？

再說到數十年來，全省中、小學的家長會費，被少數人毫無計畫的用掉了，倒無一人講話。而今他本著一片赤誠，想出妥善利用，嘉惠萬千教師、乃至其子女的若干措施，排除萬難，建立教師福利制度，卻引來這許多批評與責難。難怪大家常說「創業維艱」、「善事難為」了！

劉真於感慨之餘，在當天的日記上，曾寫了下面一段話：

凡對大多數教師有利的事，一定對教育有利；對教育有利的事，一定對國家有利。

人生真正的價值，在能用自己的力量解除別人的痛苦。

一個人成了公眾的僕人，就應容忍公眾的批評。

如果有創造事業的勇氣，便同時不能沒有接受打擊的勇氣！（《劉真先生文集》．㈢，頁一三〇三。）

闔上日記，他默默的自語：如果個人受辱而能使多數人得到幸福，又何必逃避不前呢？

民國四十九年十一月，劉真正在臺北家中晚餐，忽接總統府侍衛長胡炘將軍由日月潭涵碧樓（蔣中正總統常在此休假，位於教師會館附近）打來的電話，告以明日中午蔣總統在涵碧樓約見劉真。事情來得非常突然。他想必然是總統在報上看到民意代表對興建日月潭教師會館、及免試常識所有批評的新聞了。

當晚劉真趕回臺中。第二天是星期日，他於上午十一時到達日月潭，立即去涵碧樓謁見蔣總統。

「你在教育廳的工作，一切還順利麼？」這位高齡七十五歲的政治家，一向有高度的談話技巧。

劉真先向蔣總統報告了一般重要業務；隨後便說明免試常識、及興建教師會館的動機與經過。

「國中入學免試常識並不是不重視常識，相反的，正是促使國小常識教學的正常化。換言之，國中入學免試常識，國小即不必勉強學生背誦常識課文，而改採視聽教學、或者觀察、實驗等方法。」

蔣總統頻頻頷首，劉真又補充下去：

「在日月潭建築一所接待教師的會館，用意在寓進修於休閒之中。館內除了宿舍、餐廳外，也設置了圖書館、教育資料室、史蹟陳列室、會議室、禮堂、網球場及游泳池等。主要的目的在於使中、小學教師因而體認政府對他們的關心和尊重。」

「但是，卻也有若干不明真相的社會人士，以及少數民意代表，基於個人私利，公開質詢；也有一部份人士，故意曲解。……」劉真說到這兒，便停止下來，等待蔣總統的指示。

「這些措施都沒有錯，我很瞭解。凡是興利除弊的事，總是難免遇到阻礙的。」蔣總統於仔細聽過之後，極為肯定的表示。

接著劉真又把創辦教師福利會的經過及功能，再作了一次扼要說明。前後大約講了一個多小時。在座的還有中央黨部副秘書長秦孝儀，而蔣總統始終耐心傾聽，並邀劉真共進午餐。為了表示嘉許，蔣總統又命胡侍衛長晚間在教師會館以便餐招待。胡於晚餐中笑對劉真說：

「政府官員能在總統面前從容不迫的直抒己見，總統也耐心細聽一個鐘頭的，還不多見。」

「我的報告並無精彩之處。」劉真謙稱，「只是總統關心教育而已。」

事實上，劉真乃是求心之所安，作了一次誠懇的報告。言為心聲，這不過是他對教育熱誠的自然流露罷了。

對於兩所教師會館的設計，蔣總統頗為欣賞，尤其對臺中教師會館宮殿式的建築（臺灣第一個宮殿式建築），更感深具意義，故在數年後，蔣總統決定在陽明山修建中山樓，也邀請修澤蘭來設計修建宮殿式的中山樓於陽明山，肅穆大方，氣象萬千。

第二十章　五年回顧　仁恕為懷

1. 失學邊緣的援手

民國五十年八月上旬，臺大醫院住著一位身體孱弱的病人——陳光輝。他在師院讀書時，便是體弱出了名的學生。劉真遇見他時，幾乎沒有第二句話，先問：

「你身體還好嗎？」

現在，陳光輝自四十二年畢業後，已八年整了，身體更差，在病魔交侵之餘，終於進入臺大醫院，醫生診斷說：「必須切除腎臟，排定時間在八月十三日。」

可是，在等待進行手術之前一週，一位中年婦人賈太太帶了一位愁容滿面的少女走進病房來。

「這個女孩姓余，是我辦公室的工友。三年前，他父親因挪走公款，舉家潛逃。月前為警方發現，移送法辦了。這個女孩原在『北一女』讀書，因為家裡發生這件大事，沒有辦休學手續。現在想讀，已經沒有學籍了。」

「可是，怎麼辦呢？我只是個中學教師。……」

「你的老師劉真是教育廳長，請你向劉廳長求情，救救這個無辜的女孩子。」賈太太非常急迫的要求。

陳光輝既感動又難過。但是，他有什麼辦法呢？劉真雖是他老師，現在做了廳長，公務極為繁忙，即令寫信、請託，未必便能直達廳長案頭之上。於是，他向賈太太說：

「請你先回去，容我想想看。」

賈太太走後，陳光輝猛然想起，過去在師院時，劉院長曾為大陸來臺學生的學籍，要求教育部長收回成命；曾為師院學生，想盡一切辦法，聘請傑出教授。對於學生，他的關懷和愛護，何亞於父兄尊長？而在他的文章中，也一再強調，為人「辯冤白謗」乃是第一功德。據此，陳情於劉老師，自有絕大的把握。何況，劉老師素來愛護青年。他若知悉內情，必會伸以援手。

「這事我想過了，最好由余小姐自己直接寫信給劉廳長。」陳光輝次日見到賈太太說，「我相信劉廳長會幫忙，不必我來請託。」

誰知這位余姓女生，數度提筆而無法完成。醫院中的服務人員在旁指點，也沒有用。第二日是大颱風天。賈太太冒著大風雨又到醫院，向陳光輝說：

「余小姐一直寫不成信，一定是她的精神壓力太大了。為今之計，只有請你起個稿，由她來抄一下。時機已迫在眉睫，你救人救到底！」

陳光輝當下決定，先向醫院請假返家。

「你再有兩天就要施行手術了，怎可請假返家？」醫務人員勸阻。

「這是要緊事，我必須回家。」他向醫務人員解釋，「我替失學的余小姐寫信。這關係她一生的前途呢！」

陳光輝返回家中，以帶病之身執筆，精神反而很健旺起來。他雖在師院讀書四年，教書八年，而今以余小姐的身分寫信給全省最高的教育首長，仍感不簡單。他知道，開學在即，必須立即辦妥。敘事措詞，必須面面俱到。劉真固然是自己的老師。可是，老師做事有原則、講情理。這兩者過得去，才有希望。他深悔當年在師院國文特重的風氣下，自己的國文底子，打得不夠結實。否則，現在便可輕易為之了。

陳光輝次日回到醫院，正要推進手術房時，賈太太急忙趕來。他交給賈伯母寫好的信件：

「請余小姐抄兩份，為萬全計，一份寄省教育廳，一份寄臺北市福州街劉廳長家中。」

這位陌生小女子的信，使劉真甚是感動。他立即將第二科科長黃季仁找來：

「這個女生的遭遇非常可憐。你要以急件處理，最好，先以電話向一女中江校長說明，迅速解決。對這位女生而言，家庭變故，已經不幸了，不應再承受學業上的痛苦！」

開學在即，一女中接到教育廳公文，也立即召開會議辦理。劉真於週末一進家門，夫人十分緊張的說：

「這個女孩子太可憐了，又這麼肯上進，我們要設法成全她。……」說著將一封信拿給劉真看。

「我已辦理，而且解決了。」

聽了這話，劉真夫人先開心的笑了。

而那余小姐，當然最為欣喜，一再的感謝陳光輝。但陳光輝說：

「如果劉老師沒有助人的美德，我也不會建議你直接寫信了。」

2.日月潭泛舟

這天，劉真邀一位外國友人在日月潭泛舟，無意中遠遠的望見一群中學生由老師帶著，也在遊覽潭上風光。

「那位帶隊的老師是我的學生呢！」劉真向這位外國朋友指說，「這兒風光甚美，所以成為旅遊的勝地。」

「劉先生，你不做大學校長已經很久了，還能認識他們？」這外國友人聞言甚為吃驚，「當年的師大學生人數很少嗎？」

「最初全校約六百人。等到我離開時已增加到二千人左右了。」劉真說。

「那麼，你至少也有萬名學生了。」那外國朋友甚為詫異，「怎麼會都記得呢？劉先生，你一定有驚人的記憶力。」

「其實，這和記憶力不一定有關係。」劉真坦白的表示，「這和學生多寡也沒太大的關係。說起來很平常，我做師院、師大校長的時候，只要有空，我就翻閱各班學生名冊，先由成績優異及性格特殊的學生記憶起，然後慢慢的再擴大到一般的學生，對每個人的特點、個性、優點和缺點均以紅、藍色筆記載下來。日子久了，我便可以記得他們的名字了。」

當這外國友人聽得入神之際，那位中學老師已帶了學生們靠近劉真的遊船。劉真一見，便叫出他的名字來。他見了劉真，馬上驚喜交加的施禮。劉真說：

「是今天來到的麼？」

「不，昨天便來了。我們住在教師會館裡。」那學生說著，一面向他的學生介紹老校長：

「這是我的老校長，現在的劉廳長。問太老師好。」

幾個中學生一聽是劉廳長，以前的師大校長，便非常恭敬的敬禮，齊喊：

「太老師好！」

劉真和那外國朋友一齊快慰的笑了。過後，那外國朋友若有所悟的說：

「這在西方的師生間，是不可能如此親近的。你們常言的『天地君親師』的關係，我似乎略有所知了。」停了一刻，又說：

「像劉先生時常翻看學生名冊，幾乎認識全校的所有學生，我們西方的教師們、校長們，是無論如何不肯去做的。」

事實上，在中國也不易有，因為誰肯花時間去瞭解全校的學生呢？

「你若真正愛護學生。」劉真想了想，又說：「便會花時間在這認識學生的事情上。我多費一分時間，學生便會跟我多一分接近。」

「劉先生，你的話我很感動。」這位外國朋友真誠的說，「我相信，學生跟你，絕無我們西方人所說的『代溝』問題存在。」

「所謂『代溝』問題，西方社會上的這個新名詞。在我們中國，特別是我們從事教育工作的人認為不太妥切。」劉真向這位朋友說明。在他看來，人與人間不可能意見完全相同，彼此有差異乃人情之常，何以在兩代之間的差異，即誇大為「代溝」呢？事實上，國人之崇洋，有時不僅暴露出其無知，更顯示出其自卑。外國有，中國一定也有嗎？反之，中國若有，外國是否也必然有呢？

3.「誠實」的諷刺

過了幾天，劉真因想確實瞭解「惡性補習」的情況。約了臺北市教育局長盧啟華，於早上六時到一所國民學校視察。他看到除了一、二年級，幾乎所有小朋友的書包，都是沉重得有點吃不消的樣子。盧啟華便叫住兩個小朋友，問：

「你們有沒有補習啊？」

「沒有，沒有。」兩位小朋友不慌不忙的齊聲回答。劉真和盧啟華大為驚異，明明書包裡全是補習教材，怎能如此若無其事的說「沒有」呢？

他們一面質疑，一面便進入學校的教室。牆壁上寫的訓育德目乃是「誠實」二字，看來相當引人注意。這時有位教師走進來。他不知道眼前的兩人，一位是教育廳長，一位乃是他們的教育局長。劉真因問：

「你們學校裡有惡性補習的情形嗎？」

「沒有。」那教師竟然也若無其事的回答。

「這真是教育界的最大諷刺。」劉真有些慨然的向盧啟華表示，「尤其是對這個『誠實』德目的諷刺。老師和學生共同欺騙外來的客人，還講什麼道德教育呢？」

「這種惡性補習，已經成為公開的秘密了。」盧啟華說：「論其因素，主要的還是為了考試。」

「但是，我們不能坐視而任其發展下去。」劉真說，「惡補已對教育造成重大的傷害。首先使我們的道德教育流於形式和口號。」

那天自國小視察回來，晚間有位師大校友來看老校長。由於日間視察的印象太深，在閒談中，劉真便把所見告訴來訪的校友。

「校長還不曉得更好的笑話呢！」那校友仍稱劉真為校長。「我在金門服役時，聽說有位小學老師被分到某一野戰部隊。因為身分曝光，居然被兩個士兵痛打了一頓。」

劉真聽了有些詫異。那校友又說：

「這兩個士兵說：讀國校時吃了不少惡補的苦，所以要報復。」

「你的學校裡有沒有惡補呢！」劉真問。

「我們學校在鄉下，學生們的升學意願不高，惡補的情形不嚴重。」那校友坦白的說。

「解決之道便是激發一般教師的使命感和專業精神。」劉真告訴那位校友，「如果老師們覺得自己是中國文化的傳承者，以培養堂堂正正的中國人為己任，就自然而然不會有前述的情事。所謂道德教育，也就可以達到名實相副的地步了。」

那校友點點頭。劉真再說下去：

「當然最重要的是身教。我有一次到國校巡視，居然看到有老師穿著背心和拖鞋在教室上課。似此衣冠不整、不重儀容的人，自然更不能對學生產生好的生活教育作用了。」

民國四十九年十月二十三日上午九時，「臺北市國民學校校長座談會」在師大視聽教育館舉行，劉真對各校長懇切致詞，希望各校長注意下述八點：

一、兒童教育應以健康為第一。惡性補習及體罰，對兒童身心健康，影響甚大，政府迭令禁止。務望各校校長本諸教育者應對個人良心負責的態度，為下一代健康著想，切實督促教師，奉行政府法令，革除不良風氣。

二、各校規定上午上課時間均在八時以後，但間有少數學校兒童於六時半即到校者，實屬過早，各校校長應通知家長勿令兒童到校過早，以免影響兒童睡眠。

三、臺北天氣寒暖不定，各校早晚升降旗集合時，不必強令兒童脫去背心或毛衣等，以免兒童受寒感冒。

四、各校清潔掃除以在下午散學時舉行為妥。常見一部份學校於兒童早晨到校後，即令打掃清潔，以致全身灰塵，滿頭大汗，學校既無洗浴設備，兒童帶汗上課，有礙衛生。

五、聞有少數學校自上午八時至十二時放學，其間兒童幾無休息活動與吃點心時間，實屬不當，應予改進。

六、學校上、下課及各種活動利用播音器時，勿使噪音太大，妨礙附近機關辦公及家庭安寧。

七、初中入學考試雖決定免試常識，但國校平時對常識科仍須規定進度，認真教學。教育廳及縣市教育局將隨時派員考查，並舉行測驗，凡學生成績不及格者，不得畢業。學校不認真教學者，校長、教師應受處分。

八、國校校長與教師應視在校兒童如自己子女，切實實施「愛的教育」，使兒童在校內，時時獲得心靈上的溫暖。（〈兒童教育應以健康為第一〉，《劉真先生文集》(四)，頁一七五〇—一七五一。）

沒有愛而談教育，對劉真而言，那是荒謬不可思議的事。

4. 蔣總統公開讚揚

民國五十年教師節的次日，劉真一早便看到《中央日報》及其他大報的頭版新聞中報導，蔣中正總統在臺北市中山堂歡宴全國資深教師時的致詞中，公開對劉真「在各種教育設施方面的貢獻，特別表示嘉許」。本來這項一年一度的盛筵，劉真是當然被邀之一。只因他須在臺中主持教師節大會，故而蔣總統的招待會只好缺席了。

以蔣總統的嚴肅作風，竟在這樣隆重的場合，公開贊許一位文職官員，尚屬僅有，以至於使參予盛會的考古學家李濟教授（中央研究院院士）亦表驚訝。他事後告訴劉真：

「蔣總統在這樣重要的集會中，公開對現任官吏予以獎譽，對書生從政而言，實在是很大的鼓勵。」

這樣的殊榮，在那個時代，誠非易事。自從青年時代，投身抗戰，他曾多次蒙受蔣總統的接見，但以在私人場合者多。過了數日，省立成功大學校長閻振興，寫信給劉真，也談及蔣總統嘉許他的談話。

當時的臺灣省，因高雄、臺北兩市尚未升格，故劉真所主管的教育，不啻為全國的教育。李濟、閻振興（後任臺大校長、教育部長）之所以特向劉真致意，尤可見此一殊榮，並非倖致。

5. 快樂的假日

民國五十年十二月二十六日，剛剛過完光復節，劉真前往臺南視察「市辦初中」的績效。沒想到好幾所初中均在舉行月考，有位校長頗為得意的說：

「昨天是光復節，因有今天的考試，學生們便不會亂跑，在家準備功課，這樣雖是放假，也就等於仍在學習了。」

往常也聽說有很多學校，採用這個辦法，把各種考試故意安排在假日之後，認為這是教導學生「利用時間」的舉措。劉真沒想到今天就親自發現了，因而便面告這位校長：

「這種安排與教育原理不合。既然政府放假，全國人都在度歡樂的假日，怎可讓孩子們抱著書本啃書，提心吊膽明日的考試，連家長及其兄弟姊妹也受影響。這樣子必然讀不好、玩不好。以後考試日期，應儘量避開排於放假日之後，也就是要做到「假前考試」。」

這位校長只好唯唯。他奇怪，多年來均是如此安排考試，怎麼劉廳長卻不同意呢！

然而，有一位年長的教師卻插嘴說：

「學生能夠利用假日，多讀一點書，豈不更好？而且還有些學生也認為，利用假日可以多溫習一些功課，更便於應考呢！」

劉真婉轉的表示：

「考試只是測驗其學習成績。我們對孩子教育的目的，是讓他們有正確的生活態度、生活觀念。所謂工作時工作，遊戲時遊戲。不論工作或遊戲，都要認真不苟，才能有效率，才能發揮其真義，達到調適身心的目的。」

新聞界、文化界立即讚揚此一舉措。十月二十八日的《聯合報》〈黑白集〉專欄首先為文，題為〈快樂的假日〉，末段有云：

> 工作便是切切實實的工作，玩樂便是痛痛快快的玩樂，俾在工作上能增進效率而在玩樂上能調劑身心。而我們中國人卻在工作與玩樂上講求「中庸之道」；似工作又似玩樂，似玩樂又似工作。尤其對學生們要求「遊戲不忘讀書」，而學生卻報之以「讀書不忘遊戲」。深盼今後各學校奉行劉廳長的指示，好讓學生們歡度快樂的假日。

民國五十一年五月八日，劉真對臺灣省議會提出教育工作報告。這時他已擔任廳長行將五年。從報告中可以窺知臺灣省的教育，已有可觀的成就。報告首云：

> 本人自民國四十六年八月，參加省政府工作以來，轉眼快滿五年了！這五年當中，本（臺灣）省的教育在中央的賢明領導以及各位先生的全力支持之下，據社會一般的反應，以及國際人士的觀察，都認為有相當的發展與進步。
>
> 例如去年美國副總統詹森訪問我國時，對本省教育的普及，曾公開表示讚揚。本年上（四）月初，馬拉加西總統齊拉納於來臺訪問返國後，曾一再談及對本省教育的進步留有深刻的印象。上月十四日美國遠東事務助理國務卿哈里曼，在對美國某學術機構的一次重要

> 演講中，也曾盛讚本省教育的發展。他如泰國教育部長、民航局長，韓國慶熙大學校長趙永植博士，以及南非杜省教育廳長范偉克博士等，在上個月中相繼來臺考察之後，均曾公開表示本省教育的進步，是我國社會安定、經濟繁榮的重要因素，可作東南亞以及非洲各新興國家的借鏡。
>
> 對於這些國際人士的讚揚，我們深感興奮與惶愧。我們知道：教育的進步，是永無止境的。社會對教育的期望，是永不滿足的。我們從事教育工作的人，必須時時以戒慎恐懼的態度，作繼續不斷的努力。（《劉真先生文集》．㈡，頁九五五。）

全文共分十大項，約一萬二千字，題為〈在戒慎恐懼中繼續努力〉，可以想見其處理行政，推行業務的嚴謹態度。

而最使人信服的是，他的施政既具遠識，又能務實，做到了「言行一致」的要求。試以「教育建設基金」的運用而言，由四十九年起編列預算、成立「教育建設基金管理委員會」起，第一年所撥專款一千萬元及「臺灣省協志工業振興會」捐助的十萬元，配合各受貸學校自籌經費二千三百餘萬元，共興建鋼筋水泥建築總面積一萬二千一百六十坪。換言之，政府每筆貸款約收兩倍以上效果。對於鼓勵學校建設及發展教育事業，效益非常卓著。

半年以後——十一月六日，劉真以〈觀念的溝通與工作的配合〉為題，向省議會提出進一步的報告，其重點為探求「加速本省教育發展的有效途徑」。經過五年多的實際行政經驗，劉真已認定，解決教育問題的關鍵在於觀念上的溝通。倘若大家對教育問題的看法缺乏共識，則任何完善的計畫與措施，均將徒勞無功，治絲益棼。報告共分八大項，顯露了他堅忍的內心世界，以及對社會的急迫期待。

這篇報告是劉真廳長任內的最後一次報告，由八項大綱可知，劉真的施政重點，已邁入一個新境界。有一段說：

> 近來常有各種謠傳，有謂校長教師的調動，常受地方派系操縱；有謂當事人必須送禮活動，才能達成目的。風風雨雨，不一而足。不論有無其事，僅此傳聞，我們即應引為教育界的最大恥辱。依據本省現行教育人事制度，本廳對於縣市學校校長與縣市教育行政人員，雖無直接管轄與任免之權，但為維護教育尊嚴，對整飭教育風氣，仍具有最大決心。如地方教育人事方面果真有上述情形，一經檢舉調查屬實者，決予依法懲處。但如果社會人士能夠通力合作，互相鼓勵，互相督促，則對整飭教育風氣，自更易發生積極的作用。（《劉真先生文集》・㈠，頁九九二。）

問題是，社會究竟對於廉吏能予以多少支援呢？若從字裡行間尋覓，似乎已聽到無奈的嘆息了。

6.教師福利制度，國際人士肯定

民國五十一年七月二十三日下午，劉真偕副廳長賴順生與總幹事林春輝，到「臺中教師會館」巡視教育成果展覽會場及臺灣史蹟陳列室等。這個會館是繼「日月潭教師會館」之後，於四十九年十一月十二日動工，距離至聖先師奉祀官官舍之落成不久，真可說是「一件接一件」的美事了。它和日月潭教師會館的建築完全不同，風格迥異。

這所臺中教師會館建築設計採古代宮殿式，壯麗典雅。來這兒旅遊的教師，將可從這種宏偉的架構中，無形中感染和體味到中華民族文化的特色；對自身的職業，無形中感到崇高與尊嚴。

會館又面臨大道，由臺中火車站下車，計程車約五分鐘可達。會館整體共含四層大樓兩幢：一名養正樓，一名弘道樓；取「蒙以養正」與「人能弘道」之義。兩樓之間，以橫楹相連，為兩層樓房之建築。館內房間、餐廳、會議室、禮堂、教學研究室、圖書室、教育資料室及臺灣史蹟陳列室等，均以便於休憩與研究為原則。

劉真對於這座會館和早先的日月潭教師會館，均極滿意。可嘆有人看了這兩處會館，竟然指為「徒然引起教師貪圖享受之夢想」；真是匪夷所思。如果設計成簡陋不堪，全無文化意義，只可供應簡單的食宿，則對教師的尊嚴，豈非一大諷刺和侮辱？

擔任廳長以來，行將五年了，劉真從到職那一天起，便抱定一切為教育、一切為國家的理想，堅持「教育廳為學校而存在，學校為學生而存在」的原則。可惜「與人為善」的公眾太少了。

這兩處會館，共用三年時間，全部修建完成，進行相當順利，效率很高。尤其是日月潭教師會館，山路迂迴，交通不便，運輸困難，能在短期內竣工，更為不易。想到這兒，他便再度向賴副廳長順生、福利會總幹事林春輝說：

「多虧你們兩位的辛勞。沒用政府一文錢，全由福利會支付，現在又完成了一處會館。希望第三處會館，也能早日開工。」

第二天，臺中教師會館舉行正式落成典禮。上午八時開始，省府周至柔主席親自主持。中部文教界前來參加者有二百餘人。看到這所具有中國文化特色的典雅會館，紛紛表示欣賞和讚揚，有人說：

「這種建築設計，不亞北平的北京飯店，單就風格上而言，便使人有被尊崇的感受。」

「這所會館的設計，可真高雅。中部大概再找不到了。」又有人說。

這一天，恰好劉真的老友郭驥（外川）、周昆田兩人因事前來中部視察，亦順道參加落成典禮。老友相見，分外親切。劉真因便中提起外界對日月潭及臺中兩教師會館的風風雨雨之傳聞，郭驥立即加以勸解，說：

「不要在意這些傳說。你還不明白，社會上有許多人自己不做事，看別人做了事，卻又嫉妒，說風涼話麼？」

「至少，希望外川兄能在適當時機，對外有所闡釋。」劉真坦誠的說，「人言可畏，任勞任怨的做事，倒似乎自找麻煩了。」

「不必介意。」郭驥安慰劉真，「至少蔣先生和辭公對你是非常信任的。你當廳長以來，種種革新，公忠體國，大家心裡明白。」停了一刻，郭又說：

「我這次雖是視察業務，但也抽工夫去了一趟日月潭教師會館。建築和設備都具有最高的水準。對各級教師，實在造福不少。小人多讒言，由來如此。」

幾天之後，劉真回到臺北，有幾位朋友打電話來，說郭驥告訴他們，臺灣省的教師福利制度辦得極好，乃是世界各國所無的創舉。又說：日月潭和臺中兩處教師會館的設計、構想，極其美好而且有意義。最後還問：

「我們若去臺中或日月潭，能不能在那兒住宿休憩呢？」

對於郭驥這位老友的熱誠，劉真甚是感念，因而便打電話給他：

「外川兄，你對教師會館及福利制度的支持，實在令人感激！」

「這樣好的無中生有的創舉，造福教師的政策，怎能不支持！」郭驥在電話中回應，「你要知道，我還有好幾個朋友正在做教師呢！」停了一刻，郭又告訴劉真：

「還有，你所推行的這些措施，應該多注意宣傳。請把兩個教師會館的照片寄幾張來。我請中央文物供應社印月曆時印上，表示中央及我對這些措施的支持。」

除了部份別有居心的「民代」對日月潭、及臺中兩處教師會館所有指責外；沒想到由於會館對某報記者招待欠周，竟而在其報紙上也加入攻訐之列。縱然所持理由全屬無稽之談，不值一駁。這些全無是非的現象，使劉真頗為感慨。難道真正的是「多做多錯」麼？這造福萬千教師的福利制度，有時竟成為一部份別具私心之輩攻訐的目標。倒是友邦教育界人士，反而推許羨慕，且稱劉真為真正的「教師之友」，使劉真頗感欣慰。他一直玩索著「教師之友」的意義，覺得這個簡單的稱謂，頗能道盡他多年的心懷。

此後，由於日月潭教師會館及臺中教師會館的功能，逐漸為社會大眾及文教界所稱許，劉真便計畫在臺北市、高雄市及花蓮縣各建一所教師會館。

「還是請修澤蘭女士設計。」劉真說，「她的設計最具中國文化之美，而且宏偉壯觀。特別是臺北、高雄兩市，為國際人士常到之處。」於是先進行建地的取得。非常順利的先後解決了。不想等到即將興建之際，由於劉真辭去廳長之職，後任者便擱置下來了。

直到十年以後——民國六十二年，謝東閔（曾任副總統）以臺灣省教育會會長身分到國外參加世界教師組織會議，聽到與會的國際人士盛讚臺灣教師福利制度，及日月潭和臺中教師會館的典雅建築；返國之後，向政府當局提出此事，認為臺灣的教師福利制度正是向國際宣傳的一項良好措施，應該繼續推動。那時的教育廳長才決定在臺北市南海路劉真任內預定的建地，興建臺北教師會館。但建築圖樣則非修澤蘭女士的了。多年以後，劉真談及此事，仍深感遺憾。

但是，此一創舉，時間終於證明了它的貢獻及價值，它們已獲得普遍的認同和肯定。民國七十六年，日月潭教師會館增建的活動中心大樓落成。臺灣省教育廳長陳倬民遵照福利會全體委員決議，將這一新建大樓命名為白如樓，以示對當初劉真艱辛創辦此一制度的崇敬。樓之匾額則請名書法家王壯為書寫。

不僅此也，擱置了近三十年的花蓮縣教師會館，於民國八十年間，也在縣府的合作之下，順利的解決了建地問題，正式開工了。

7. 堅辭廳長職位，蔣總統一再慰留

「善事難為」和「創業維艱」，劉真想到基於整體、久遠，集中和累積的觀念而建立了教師福利制度，居然成為若干人攻訐的目標，惹來不少麻煩和口舌，不免因而時有倦勤之意。回憶就任廳長以來，為了尋求優秀能幹的校長，費盡心神，一再敦請，結果呢？不少校長常常向他抱怨，表示不願久任。有一位校長甚至憤憤的表示：「有人講今日擔任行政首長等於跳火坑，

實際上何止是跳火坑，簡直是跳糞坑！因為跳火坑也不過焚身而死，可是糞坑呢？死後還會滿身臭氣！」話雖偏激了些，其實倒是任何過來人的共同感受。這種不正常的社會風氣下，使勇於做事的人，處處受到打擊。或者為人誣告，或者為人中傷。劉真對這類因公而受害的人，儘可能的予以辯冤、白謗。

但是，我們的社會，特別是有些新聞媒體、民意機構，卻似乎常存「惟恐天下不亂」的心態。

「為著下一代的教育著想，請為教育界保留一點精神上的尊嚴。」有一次，劉真誠懇的拜託新聞從業人員，「教育界所藉以領導青年的，還有什麼比這種精神尊嚴更重要呢？」

「可是，有什麼用呢？為了增廣銷路，為了借機作秀，豈會考慮到當事人所承擔的痛苦？」朋友們勸劉真不要期望太高。

民國五十一年十一月二十日的下午，周至柔主席於省府委員會議散會後，特別約劉真到辦公室來。

「我已向中央請辭省府主席的職位了。」周主席開門見山的說，「五年以來，彼此相處，非常融洽。所以先告訴你。」

「教育廳長是政務官，我一定乘省府改組的機會，辭卸廳長的職務。」劉真立即表示自己的意願。「無論新任主席是誰，總會對過去的教育施政，有所改變。我如仍任廳長，就難以自處了。」

周至柔當下回答：

「我知道你一定要辭。過去五年多，你也確實夠辛苦了。現在我已經要走，自然也不能勉強你了。」

劉真因已決心辭職，次日早上，便將在臺中常用的書籍、雜物搬回臺北。回首五年來的教育行政生涯，倒也有如釋重負之感。

教育廳的員工們聞知，自然充滿惜別之情。在告別的茶會中，有五十多位身受結婚節約互助辦法之惠的同仁，帶了小孩參加。其熱情洋溢，更是流露無遺。劉真這天異常輕鬆和快樂，他覺得五年多的辛苦、任勞任怨，並沒白費。那些原來並無任何關係的同事，如今不少人已變成了好友，不僅僅是職員錄中的名字了。

有一位職員要求劉真發表簡短感言，在謙辭不獲之後，他說：

「一個人最大的喜悅，乃是看到別人因他而得到了喜悅。作為一個教育工作者，永遠不要忘記：要教育別人，先教育自己。因為，教育就是奉獻。」

十一月下旬，劉真正在陽明山「國防研究院」受訓。這是政府軍政首長的最高研究和訓練機構；由蔣總裁兼任院長，一天，蔣兼院長忽然約見劉真，一開頭便問：

「你為何不願繼續擔任教育廳長的職位？」

「當初中央把我由師大調到教育廳時，我便報告過從事地方教育行政，並非所願。」劉真極其誠懇的報告，「五年多來，更感力不從心，加以臺灣地方甚小，人事調動不易。有些謀求校長職位者，不能如願以償，便懷恨在心，造謠誹謗，任意誣衊……因公務而結私怨。現在恰逢省府改組，我希望能趁機擺脫現在的職務。」

蔣兼院長聽了，停頓很久，方說：

「你在教育廳做得很有成績，不要消極，應該繼續做下去。一個革命者應該有任怨任謗的精神。不要堅決辭職，可再考慮一下。」

事已至此，劉真不得不再坦白報告，他已獲得省府周主席的同意，願意建議中央批准他的請求。

蔣總裁聽了，沈思一刻後仍然表示：

「等我想想看。」

數日後，劉真返回臺中準備辦理移交事宜。當新任臺灣省政府主席黃杰將改組後的省府人事公文，送呈蔣總統核閱時，恰好副秘書長黃伯度在旁。蔣總統面告黃伯度：「教育廳長可不必更動。」意即要黃杰仍設法挽留劉真，因而將改組的公文壓了下來。其後陳誠副總統得悉，再請黃伯度向總統報告：「不必勉強劉真繼續留任。」蔣總統這才提筆裁定。就一位公務員而言，劉真確可當得起「雖退猶榮」了。

民國五十一年十二月一日，劉真正式交卸了擔任五年三個半月的教育廳長職務❶。然而，他對教育工作的熱愛，則更為堅強，仍將向前邁進。

劉真之辭卸教育廳長，引起大法官林紀東的注意，林紀東便致函劉真，表示關切。函中「行見東山再起，益展鴻猷，當為指顧問事。此非個人之私望，當亦為教育界朋友之公意」數語，委實代表了絕大多數文化界、教育界人士之願望與期待。

---

❶ 劉真卸任教育廳長時，各報駐臺中記者致贈銀盾一座，詞曰：「熱誠、認真、溫和。」言簡意賅，可想見其平日風采。

第二十一章　重返杏壇

1. 國立政治大學教授

民國五十一年十二月一日上午，劉真向幾位教育廳的同仁及比較接近的友好握別以後，帶了一部份公餘經常研究的書稿，搭上由臺中北上的火車。他望著窗外的風景，不由感念交集；似乎是輕鬆，又似乎是疲倦。

「時光過得真快，我由大陸來臺灣，轉眼已經十五年了。」他想。尤其是五年又三個半月的教育廳長職務，頗讓他有心力交瘁之感。

「不過，無論如何，我畢竟完成了若干重大的教育措施，差堪告慰。」少年時代，他常聽到身為小學校長的父親教諭：「一個教育工作者應如傳教士一樣，心中所時時想到的，只是今天能耕耘多少？而不是明天能收穫多少？只是能夠給予社會和下一代些什麼？而不是要從社會和下一代得到什麼？」五年多的廳長工作，他自信沒有違背先人的訓示。

當然，劉真最感興趣的仍是教書。在湖北師範學院的那段師生相處的日子，一直成為他美好的回憶。他見到青年學生的蓬勃奮發精神，便感到有份充實的喜悅。所謂「得天下英才而教育之」的快樂，在他來說，簡直是與生俱來的一項享受。只可惜事與願違，多年來，竟消失在一般行政既繁又重的氛圍中。

臺北到了，十多年來居住的福州街日式房舍，依然如舊。「以後不必在臺北、臺中兩處往來奔波了。」劉真有些卸下重擔的感喟。「時間空閒了，我把多年辦學、從政的點點滴滴，先整理出來；為個人，為教育作個交代吧。也許這些經驗之談，可供以後從事教育行政工作者的參考。」

誰知到了寓所，國立政治大學校長劉季洪、及商學院長韋從序兩夫婦已在客廳相候了。沒來得及寒暄，劉校長便開門見山的提出，邀請劉真擔任政大教授。

「我暫時擔任兼任教授好了。」稍作思考後，劉真表示，「先教一學期，如果覺得勉可勝任，再改為專任。」

「同時，」劉真誠懇的表示，「只教一、兩門功課，決不擔任行政職務。」

「我們一定尊重你的意見。」劉校長表示絕對的承諾，「仲殷（從序字）兄可以保證。」

送走了客人，已近晚間九時，劉真回到狹小的書房。他早想回到教書的崗位，卻沒想到果然實現了。

次日，即十二月二日早上，劉季洪再度來訪劉真，並親自送上專任教授的聘書。

民國五十二年春季開始，劉真到政治大學教書了。他已多年沒有享受在課堂上的師生相處之樂，這一天，便期勉研究所的學生說：

「大教育家必須是大學問家，虛心求知乃是從事教育工作者必備的精神。而在服務方面，則應有宗教家的熱誠，以傳教士自居。」

劉真又時時鼓勵學生：

「正因教育事業不能立竿見影，故必須充滿信心與耐心，以支持我們堅定奉獻的意志。」最令學生感佩的是：劉真對學生總是抱持尊重與親切的態度。每次學生提出問題，他必然全神傾聽。即令是不成熟的觀點，劉真依然和藹的予以開導或研究。「得天下英才而教育之」，固然是樂事，即使「得天下庸才而教之」，劉真也認為仍是樂事，而且倘能把庸才教成英才，更是老師真正的成功。

有一天講述《教育行政》，劉真向學生闡述：

「教育政策之行不通，往往不是立意不好，大都是人的因素阻礙了行政措施的推行。為什麼產生這些問題呢？關鍵便在於能否建立正確觀念了。」

為了使學生明白、又舉例說：

「最近教育廳通函各校，要求教師留校七小時。教育主管當局此一規定，旨在希望藉這個制度的實施，提高中學教師的專業精神，進而增進教學效果、師生感情。但公佈實施之後，遭到中學教師的強烈反對。原因何在？簡言之，乃是教師本身的觀念有待改正。他們只看到『留校七小時』的表面意義，以為行政當局增加他們的工作負荷，影響他們原本的生活習慣。殊不知教育為良心工作，好的老師往往留校時間不只七小時，但他們並不以為辛苦。既為教師，便不應計較教學時數，應該先問自己是否盡到教師的責任。」

學生們聽了，恍然於問題的真相所在。劉真繼續說下去：

「所以溝通教育觀念才是解決教育問題的關鍵。觀念不能溝通，政令是難以落實推行的。」

「可是，溝通是很難的喲！」有學生提出意見。

「正是如此。」劉真笑說，「但我們不能因為困難而放棄溝通。要解決此一瓶頸，還是要求助於教育。從『教育學術要專門化，教育知識要通俗化』著手，才是最佳的坦途。」

對劉真而言，世上最愉快的事，以教書為第一。他在答覆來訪的人時說：

> 教師日日做的、終身做的不外兩件事：一是學，二是誨人。學是自利，誨人是利他。人生活動的目的，除卻自利和利他外，更有何事？然而從事別種職業的人，往往這兩種活動會互相衝突——即利他便不利自己，利得自己便不利他人；縱使不衝突，然而一種活

動能同時具備這兩方面效果者，實在很少。只有做教師的人從事教學工作，才能同時做到。正如老子所云：「既以為人己愈有，既以與人己愈多。」從前梁啟超氏也曾說明這個道理。如果教師能夠想及此點，還會不覺得非常快樂嗎？

他更認為：

大體說來，教師的物質生活可能比較清苦一點，但是精神生活卻最為富有。一般人只羨慕世俗上的富貴，殊不知教師所享受的「精神的富貴」更值得羨慕。政治人物可能有時候會嚐到人情冷暖、世態炎涼的滋味，但做老師的終身都會受到學生的尊敬；例如我們時常在報紙上看到，很多教授患病住在醫院時，他的一些已經得了博士學位做了教授的弟子們，都自動的輪流到醫院去看護他。試想世界上再富有的人，也難請到這種「特別護士」吧。又如最近報紙報導，臺灣省政府林（洋港）主席回到他讀國小的母校，對他啟蒙的恩師仍然非常尊敬，這就是我們的一句古語：「一日為師，終身為父。」這種精神的富貴，這種一生的尊榮，只有做老師的才能享受到。這便是教師們最值得驕傲和安慰的。

老師所擔任的工作，劉真認為較軍中的戰士還要偉大。他說：

> 美國麥克阿瑟將軍曾有一句名言說：「老兵不死！」我常套用他的這句名言說：「老師不死！」試觀古今中外歷史上很多偉大的教師，他們的肉體生命雖早已消逝，但他們的精神生命卻是永垂不朽的。譬如孔子已經死了兩千五百多年了，而昨天我們全國各地仍舉行隆重的典禮，紀念他的誕辰，這不是證明他仍舊活在我們的心中嗎？清代一位大教育家李恕谷曾謂：「造人以求此身之不死」，也就是這個意思。所以我覺得「老師不死」這句話，更比「老兵不死」那句話具有真實的意義。（均見《劉真先生文集》．(四)，頁一七八一—一七八二。）

的確，杏壇生活是快樂的，沒有「關說」的壓力，沒有「民代」的蓄意指責，也沒有無情的傾軋。雖然離開教學工作已有多年，但現在回到講臺上，全不生疏，而且其樂無窮。

2.〈我對教育問題的基本看法〉

在愉快的教書生活中，劉真對教育問題仍不斷深入探究，民國五十二年有〈我對教育問題的基本看法〉專文，發表於《新時代》月刊上，長約兩萬言。他指出，「世界任何國家的教育是永遠有問題的，並且教育的問題是永遠解決不完的。」他認為制度、政策、經費、師資問題雖然非常重要，但最基本的卻是一般人對教育的觀念問題。「因為大家對教育的觀念不能溝通，對教育問題的看法不能一致，於是本來不成為問題的可以成為問題。本是很簡單容易解決的問題，變成很複雜難解決的問題。」教育效能與領域方面，劉真認為：

> 如果把教育的領域看得廣闊一些，對學校教育、家庭教育與社會教育三方面予以同等重視，便能分別發揮其應有的教育力量，我想教育縱非萬能，但對社會國家的貢獻，一定要比現在大得多了。（〈我對教育問題的基本看法〉，《劉真先生文集》㈠，頁一三八。）

對於一些急功近利，但求「立竿見影」的人，劉真認為是犯了「急性病」。「再好的制度、再好的政策，縱然在師資、經費等條件完全具備的情況下，如果不經過其必需的一定時間去實施，結果也不會得到預期的效果的。」他指出：

> 教育與哲學不同，哲學可以純談理論，而教育則是現實的社會問題。

而在結論中說：

> 解決教育問題的最有效的方法還是教育——一種說服大家溝通觀念、促進瞭解的教育。（同前注。）

他希望全國上下，能夠認識教育問題的根本關鍵。而國家許多問題的解決，最後仍需求助於教育。很顯然，離開了繁瑣的教育廳長之職，他更有時間投注於教育問題的思索和著述了。

3. 回憶從政生活

學生們知道劉真曾擔任師大校長及教育廳長等職，在上《教育行政》與《教育專題研究》課堂上，便要求劉老師順便談談對當前教育問題的看法，有的要求：

「您把過去的實際經驗，多講一些讓我們參考，豈不更親切具體些？」

這些要求引起了他撰寫《辦學與從政》一書的興趣。他記得胡適生前常鼓勵朋友寫自傳。民國五十一年春節之前，他曾偕夫人石裕清女士到胡適的寓所看胡先生，告訴他明天全家去臺中過節，大年初一便不能來拜年了。然後，他將他與裕清的名片交秘書轉給適之先生，代為致意。話聲為胡適所聞，他便從房裡走出來，一定要和劉真夫婦談談。石裕清看到胡適手裡拿著稿紙，便說：

「胡先生，您剛出醫院，要多休養，少寫文章才好呀！」不料胡適卻笑著說：

「不寫文章，活著幹什麼？」

劉真夫婦聽了，對胡適的治學精神，更感欽佩。這正是學人的偉大典範，只可惜不到一個月，胡適竟在主持中央研究院院士大會酒會中，以心臟病突發而逝世了。

現在一幌眼間已經兩年多了，為了教學，為了讓自己辦學與從政的經驗，留給世人參閱，經過兩年多時間的思考，首先完成了一部《一個教育工作者的自述》，送請商務印書館出版。後來，中央研究院院士姚從吾教授讀後，特別致函劉真，表示推許。

幾天之後，一個晴朗的早晨，劉真忽接前經濟部次長張研田的電話，約他前往石門水庫探視正在養病的蔣夢麟先生。

「太好了，我也正想著這件事呢！」劉真即表同意。

蔣夢麟是老教育家。一見面，蔣便笑著向劉真說：

「多做事是有罪的。我當農復會主任委員，業務本來很單純，只因我想多為國家做點事，主張實行家庭計畫，提倡人口政策，便遭到民意代表與輿論界的群起攻擊。在現今這個社會裡，最好少講話，少做事！」

這位北京大學的前校長，頗負清望，其時卻因為主張節育，被一些民意代表在立法院、監察院、省議會或報紙上，不斷的攻擊，說蔣主張人口節制，真正是大逆不道。蔣毫不諱言地向劉真說：

「他們罵我違背三民主義（民族主義），要政府處分我。我說，就是有人要殺我，我還是這樣主張下去。你在教育廳除了許多重要改革外，更史無前例的創立教師福利制度；沒有花政府一文錢，完全是無中生有。真是做了一件為教師造福、為個人積德的事，居然還有民意代表不斷質詢，真是天大笑話。不過是非自在人心，我們不要管別人怎麼說，歷史會有定評的。」

「是非自有公論，將來大家一定會欽佩先生的遠見的。」劉真雖有共鳴，卻只能衷心的安慰這位老教育家。

4. 師道日微？

沒有多久，劉真忽然收到一位國校教師的來信。自言讀某師範學校之時，曾聽過他的演說，「那時候您是教育廳長，講演中要我們瞭解『良師興國』的道理。因材施教、誨人不倦。要我們吸取新知，不斷研究，俾能教學相長，達成傳道、授業、解惑的任務。」接著又說：「但我們有些同學卻懷疑，您只是講官話，自己不一定辦得到。其後，我聽說您主持師院及師大八年多，從沒有一天在升旗典禮時缺席。現在又看到報上報導您在政大任教了，而且深為學生所歡迎。可見您真正的言行如一。我特寫此函，表示內心的敬佩。」讀完這封信，劉真想到「以身作則」的道理，果然不錯。為什麼在教育廳長時期所講的話，有一小部份人士，包括學生不相信呢！歸根結柢，應是歷來政府官員不能「立信」之故。孔子云：「民無信不立。」千言不如一行啊！

更巧的是，這個星期的週末，有位國校（小）老師登門訪問劉真。

「我在報上常讀您的文章。」來人表示，態度在平和中有些激動，「我可以和您談談嗎？我現在是××國校的老師。」

事出意外，但既為老師，劉真便很客氣的請他進入客廳。

「劉先生，您經常倡導尊師重道。」這陌生的國校老師有些緊張，接著說下去：「可是現在的國校學生，多數不知道『尊師』是什麼意思，連一些家長，也不知道『尊師』的道理。我覺得教書沒有興趣了，師道日微，所以我要改行了，不想再教書了。」

很顯然，這位教書很久的教師已經被不美好的現實傷害了。劉真乃極誠懇的安慰他說：

「我提倡的『師道』並非要求學生或社會人士尊敬我們做教師的，而是希望凡做教師的都應瞭解做教師的道理。現在政府規定舉行的教師節，我認為乃是每一位教師『自我反省』的日子。我們不必要求別人尊敬我們。我們如果能善盡為師之道，別人自然會尊敬我們的。」

這位國校老師的不平心情，這時平服了不少。劉真便再說下去：

「我聽說從前北京師範大學校長范源濂在主持畢業典禮時，期勉他的學生們只用了一句話。」

「一句話？」這位國校老師也好奇了。

「是的。」劉真說，「只有一句話。那就是：希望大家畢業後都有一個『作老師的樣子』。」

「這一句話太有意思了。」說罷，那位老師起身告辭。劉真呢？他心裡默想：

「教育問題可真多呀。」

第二十二章　主持政大教育研究所

1. 八點說明及「專題講演」

誰知教書、著述的平靜生活，不過一年多光景，劉季洪校長便一再邀請劉真兼任行政工作，擔任教育研究所所長了。

「當初，你答應過不讓我兼任行政工作的，怎麼如今竟不遵守了呢？」

「實在是沒有辦法。前任吳兆棠所長擔任省教育廳長後，系主任胡秉正先生已兼了一年。現在實在兼顧不來，不得不煩你勉為其難了。」

劉真實在厭倦了行政工作，可是，在道義和感情的雙重壓力下，終於還是接受了。

對於研究所的作育人才，劉真向來主張重質不重量。他回想在師大初辦研究所時，每所招收的研究生不過兩、三名而已。現在，五十三年秋季起，他直接主持教育研究所了，對這個理想乃加以深入的考慮。一天，約集了全所同學，提出八點說明他對研究所的看法：

一、一方面要採用西方科學研究方法，另一方面亦應發揚中國書院講學精神。我雖然承乏所長的職務，但完全抱著與大家「共學」的態度，自視為大家的「學友」。

二、培養獨立研究學問的能力和解決實際問題的能力。希望教育研究所的同學，將來能成為精通教育理論的專家，與熟諳教育實務的學者。以後出而從政時，一切措施方能做到「在理論上站得住，在事實上行得通」。

三、教育所關涉的實際問題，至為廣泛。今後宜就經濟、法律等方面，作比較深入的探索。要知道，專家中的通才最為重要。專門學識與普通知識必須相互溝通，始能洞觀全局，把握要領。

四、任何國家的教育，均與其民族文化有密切關係。文化之延續與創新，教育實為主要的動力。中華傳統文化寄託在古代經典中，故望各同學在努力吸收西方教育新知外，亦應多讀我國典籍史冊。尤其是偉大教育家的志節與風範，更足以做我們的楷模與表率。

五、佛家常說：「師父領進門，修行在個人。」讀書、求學，必須做到「疑」、「問」、「思」、「化」四個層次。有了「疑」，方不致為「成見」所囿，從而創新。至於「問」，係於發生「疑」後，追根究柢，尋求真理。什麼是「思」呢？就是對懷疑的事物，多方查考，應用邏輯的思考法則，加以辨正。經過上述三個步驟之後，對於研究的問題，當可融會貫通，徹底消化。要知道「食古不化」固不可，「食洋不化」更不可。經過了「化」的境界，便可凝聚出真知灼見了。

六、大學有云：「靜而後能安，安而後能慮，慮而後能得。」研究學問，首重心靜。但愛靜並非「讀死書」、「死讀書」。故動、靜要適中，在專心研究學術之餘，亦應注意生活的調節與修養。

七、研究學問，不僅要精通本國文字，更宜研習一、兩門外國語文。學術無國界，在今日文化、學術交流頻繁的時代，必須通曉外國語文，始能吸取國際學術界的研究成果。但作為教育工作者，甚至從事一般行政工作，國文的造詣，尤其不可輕視。更要特別努力培養個人寫作的能力。

八、政治大學原以造就行政人才為目的，但一般學生對於行政工作，往往視為畏途，以為「做官」有害於清譽。這是不正確的。在民主政治時代，任何官員均為公僕，以推行政令、造福人民為職責。況且從事公職，實為發展個人抱負的一種途徑。至聖先師一生周遊列國，即曾在魯國攝行相事。左宗棠為清代名臣，未出仕以前曾自題一聯，有云：「身無半畝，心憂天下；讀破萬卷，神交古人。」近代大教育家蔡元培先生，一生出處進退，無論辦學從政、思想人品，更是最好的典型。（參閱《劉真先生文集》・㈢，頁一三一四—一三一八。）

在這八項大方針之下，劉真開始了他的新工作。他雖沒有直接親炙於蔡先生，但在精神上，特別是辦學方面，可以說與蔡元培不謀而合。

劉真知道，研究教育必須有廣泛的學術基礎，故經常舉辦學術演講，邀請政治、經濟、法律、科學各方面的學者專家，如劉大中、沈宗瀚、查良鑑、徐賢修等來所作專題講演。

這項每週一次的學術演講，總共舉行了一百餘次。除了增進學生的知識外，有些同學進而和這些學者專家建立起學術上問道質疑的關係。劉真也和學生一起參加聽講。他要學生在無形中明白「共學」的價值與旨趣。

為了使學生的研究不致偏於理想，不切實際，劉真更舉辦各項「專題討論」，邀請各級教育主管來講述當前的教育實際問題，而且讓學生參加討論。學生向講述者、也就是負實際教育行政的主管官員，自由發問；直接得到回答，在學青年和負責官員無形中獲得充分溝通，明白彼此的困難與需求。

劉真發現，一般研究生的寫作能力，未免欠佳，因而邀請了數十位當代名家如陶希聖、孫如陵等陸續來所作公開演講。而且，為了鼓勵學生勤於寫作，硬性規定每一科目均須按時作研究報告。特別是對於自己親授的兩門課程；劉真不僅注意學生的見解、架構和引用材料；即使是文詞上的瑕疵，也絕不放過，同時並鼓勵學生向各報社及雜誌投稿，以考驗自己的寫作能力。

他將美國加州大學教育學院傑米萊教授的一段話，一再告訴學生：

「寫作能力的培養，是教育過程中最重要的一環。不加強個人的寫作能力，即無法加強教育對個人的效能。而寫作能力的消失，實無異受教能力的消失。」劉真衷心的熱愛寫作。「文章千古事，得失寸心知。」他常常玩味老杜的這句名言。然而，非常可惜，能瞭解這句話的意義在高等學府裡已經式微，別說其他了。

「不能運用、駕馭文字，如何能寫出夠水準的論著？又如何能深切瞭解研究的典籍？」劉真有些感嘆的向學生暢談寫作之道。他雖不以職業作家名，而寫作態度之嚴謹，卻一絲不苟，不讓著名的作家。

2. 論讀書與做人

劉真在主持政治大學教育研究所所務期間，一有餘暇，他常常思考若干文教問題；在研究日本及中國近代史時，發現過去日本佐久間象山強調的「東洋道德、西洋藝術」和晚清名臣張之洞主張的「中學為體，西學為用」，正是異曲同工，一事之兩面而已。影響中、日兩國現代化方面最大的，乃是「留學」與「譯書」二事。恰好《中央日報》邀他撰寫專論，於是劉真即以〈留學與譯書〉為題，寫了兩千字的論文，交予發表。他指出，當年中日兩個最著名的留學生，一為嚴復、一為伊藤博文。嚴在譯書方面乃是最出色、貢獻最大的先驅。時至今日，日本派往國外的留學生遠少於臺灣，但以譯書的成就而言，論快、論多，臺灣遠不及日本。這一發展，對兩國政治、文化及科技之消長，有其關鍵性的影響。不過，「我絕無意於批評現行的留學政策，而希望政府有所更張；更非主張政府提出一筆龐大的經費，來進行大規模的翻譯工作。」他只是「針對此時此地的客觀環境，提出一項具體的建議，把留學和譯書這兩件事作一個小小的聯繫。」只想「要求海外的留學生們，為了提高祖國學術文化的水準，以及促進一般國民知識的現代化，在各人研究工作的餘暇，做一點翻譯外國名著的工作。」

劉真的筆耕事業，由回到杏壇上起，短短兩年多間，收穫已經空前。論文、時論、抒情文等等，可說應有盡有。大部份教授，僅是舌耕便覺得「可以交差」了。但劉真卻兩者兼耕，樂此不疲。《國語日報》印行的《古今文選》之類的高水準讀物，常轉載劉真的作品。他自己更是愈寫愈感得心應手。不幹行政工作所空下的時間，若不以寫作來填補，未免太可惜了。

剛剛寫完《留學與譯書》之後，又為《國父百年誕辰紀念論文集》撰寫專論〈怎樣實現國父教育機會均等的理想〉。他把自己的研究心得，深入淺出的加以發揮。

劉真於專文中竭力主張實行　國父的公費教育制度，並先在臺灣作局部的試辦。依當時的客觀條件，提出實行的辦法數項，請政府參考：

一、政府比照每年考選公費留學生辦法，按初中、高中、職校、專科、大學之種類，分別規定公費生名額，舉行公開考試，及格者政府給予公費待遇（師範生因已係公費待遇，不必再考。初中部份，待義務教育延長至初中階段後，因係免費教育，且初中學生可以就近入學，亦可不必舉辦公費生考試）。

二、上項公費生之報考資格，不受任何限制（家庭富有與貧寒者均可報考）。過去政府及若干機關團體所設公費或獎學金給與辦法，往往以「家境清寒」為條件，以致領取者有自卑之感，賜與者有施恩之嫌，似甚不妥。如取消此項「清寒」之限制，而係按各人之智慧與學力決定去取，則獲得公費者，當感有莫大之榮譽。對熱心向學之青年，尤具鼓勵作用。

三、各類公費生之考試，均於寒假期間舉行。國校學生於第六年第一學期終了時，可參加初中公費生考試。初中及高中三年級第一學期終了時，可分別參加高中、職校及大學之公費生考試。考試及格於下學期升入各類公立學校後，即可享受公費待遇。

四、各類公費生經錄取後，可享受由入學至畢業期間之公費待遇（即初中與高中公費生可享受三年，大學享受四年之待遇）。但肄業期間如學年總成績在丙等以下者，應即取消公費待遇。

五、公費生之考試，由教育部會同教育廳統籌辦理，並應在各縣市分別同時舉行，以便考生就近應考。

六、每年各類公費生之名額，政府可按財政情形及學生人數加以決定。為配合國家政策之實施，對各種科目公費生名額之分配，並可隨時作機動性的調整（如政府重視自然科學，則可於高中甲組及大學理科增加名額；如重視中國語文學科，則可於高中乙組及大學中國文學系增加名額；如重視應用技術，則可於職業學校及大學農工醫等方面增加名額）。

七、各類公費生之公費標準，初中以足供學生繳納學雜書籍等費用為度，高中、職校及大專學校以足供學雜書籍及膳宿等費為度（因高中以上學生常須在校膳宿）。

八、以目前生活水準及國幣幣值估計，初中生每年公費應不得少於新臺幣壹千元；高中及職校不得少於三千元，大專不得少於五千元。如初中公費生名額每年定為三萬名，高中及職校定為一萬名，大專定為三千名，則全年所需公費總數，約為新臺幣七千五百萬元，政府倘決心勉力為之，尚非不可負擔（各類公費生名額，約占公立學校各年級學生總數五分之一左右）。

九、政府可指定都市平均地權後每年增收地價稅之一部份，作為此項公費預算的主要來源。中央現已規定都市平均地權所增收之地價稅，辦理各種社會福利事業，而尤側重於貧民住宅、醫院等之興建（最近臺省教育廳曾規定酌撥此項經費補助盲聾學生，用意甚善）。倘能分配一部份社會福利經費用為學生公費，或更具有深長意義，而為一般社會公眾所贊同（根據臺灣省中小學教師福利會辦理各項福利之經驗，以助學貸金一項最受中、小學教師之歡迎，且亦最著成效。蓋一般人視獲得子女之升學費用為最大福利，較個人之居住與醫藥等項更關重要）。

十、今後政府可採取一項政策，對公立學校校數與學生人數之增加酌予限制，而對各類學校公費生名額則儘量予以增加，以逐漸提高公費生所占全部學生人數中之比例，俾凡資質優秀者均可有升學之機會。其不能考入公立學校而家庭富有者，可任其入私立學校就讀。政府與其每年花費鉅額經費創設因陋就簡之公立學校，增收水準不齊之學生，毋寧增設公費生名額，選拔資質優秀之學生，以提高教育水準，培養真正人才（臺大故校長傅孟真先生嘗謂：「初中以後，總當盡力使其接近教育機會均等的原則。其辦法一面是由地方、社會、或學校廣設貧苦子弟獎助金，使窮人的子弟真好的能升學；一面是嚴格限制胡亂升學，使有錢有勢的人而不夠程度的不能升學。」）。（見〈一個問題——中國的學校制度〉一文，頗可供政府決定教育政策的參考。）

劉真以為，中等學校公費生的設置，其意義及價值遠較每年考選少數公費留學生為大。更何況公費生學成後不回國服務呢？

在教書的快樂生活中，劉真更體驗到讀書的樂趣、讀書的價值。五十五年十一月間，劉真接受臺北《大華晚報》記者吳榮昇的訪問，暢談「讀書十訣」的問題。首先，他認為「讀書必先識字」，「認識外國文字也是現代讀書人開拓知識領域的必要利器。」「不認識本國文字謂之『文盲』，而居於今日的世界，如不能通曉一種外國文字，幾乎可謂為『半文盲』。也可以說，僅僅能看一國文字的，只能算是有一個眼睛；能兼通曉外國文字的，才算有兩個眼睛。」（《劉真先生文集》・㈠，頁九〇。）

而對於讀書的態度，劉真有更超脫的識見：

> 讀書為己，不求人知。讀書的目的，既然在於明理，故讀書乃是自己的事。如果讀書時充滿了名利的念頭，存有患得患失的心理，那讀書不僅毫無樂趣，而且是一件很苦的事。王安石曾說：「學足乎己，則不有知於上，必有知於下；不有傳於今，必有傳於後。不幸而不見知於上下，而不傳於今，又不傳於後，古之人猶不憾也。知我者其天乎，此乃易所謂知命也。」

3. 禮賢下士

民國五十六年的一天，劉真在報紙上得悉國學大師錢穆（賓四）自香港回臺定居。報上說，錢氏以年事已高，決定退出講壇，專心著述。劉真卻認為機會難得，立即造訪錢氏，敦請他擔任一個學期的專題講座，講題為「中國傳統教育制度與教育思想」。

錢穆幾乎是立即愉快的答應了。這頗令外界詫異。因為在此以前及以後，諸多出面懇邀者均嘗到「閉門羹」。而熟知內情的人卻明白，劉真和錢穆早有深厚的友誼。在民國三十九年秋天，錢氏便曾應邀自港來臺，在師院講學。現在，錢氏在劉真懇請之下，只好應允擔任專題講座。

為了表示對錢氏的敬重，每次講演劉真均親自乘車接送。途中，他和這位自學成功的學術界大師，時常就有關文教的意見，相互磋商。

政大的學生因久慕錢氏的大名，參加聽講的人極夥，甚至一些老師也來聽講，以致必須另換大教室上課。這種方式，頗似古代歐洲若干大學所採取的講座制度。劉真認為收效甚大；對提高學術風氣，最有幫助。

而錢穆雖然名滿中外，年事又高，其敬業的精神，卻最堪垂式。有一次因病不克上課，特致函劉真請假。

由於錢穆的講學成功，劉真便再懇邀陳大齊（百年）先生到所主講「儒家教育思想」。

「儒家的範圍太大了。」這位曾代理北京大學校長及剛自政大校長退休的老學者卻表示，「我對宋明理學下的功夫不深。不如縮小範圍，以『孔孟教育思想』為題來發揮吧！」

劉真當然遵從陳大齊的意思。如同對錢穆一樣，在講演時，他也親自乘車接、送這位既為經師、亦為人師的學者。陳氏每次講演，必先撰妥講稿，一絲不苟。在車上，陳氏並將講稿內容與劉真交換意見。

雖然擔任研究所所長也是行政工作，但畢竟和擔任教育廳長的工作不同，何況自己也主講兩門功課。學術和教育，都是劉真永遠不會厭倦的偉大志業。

「劉先生的精神，比過去更好了。」不少學生、故舊都發現了這一轉變。

4.宗教哲學講座

對於教育，劉真始終抱著宗教家的熱誠。「沒有熱誠，怎麼辦教育呢？」於是，他接著舉辦「宗教哲學講座」。他先寫了一篇題為〈舉辦宗教哲學專題講座的旨趣〉專文，在臺北《中央日報》發表。有一段說：

> 我們中國傳統的文化，自係以儒家思想為基幹；而儒家思想中之天人合一觀念，何嘗與宗教思想沒有相通之處？故有些國家常視我們的儒學為儒教，而我國古代大儒，其傳道、弘道、乃至殉道的精神志節，亦可與若干宗教家相媲美。宋代理學家二程兄弟向周濂溪問學時，濂溪所言甚少，僅勉以應「尋孔顏樂處」。我們細細體味此寥寥數字，含蓄著

何等恢廓坦蕩超然物外的境界。……我國已故黨國先進趙次隴先生生前自謂：「志佛家之所志，行儒者之所行。」這兩句話頗能表現我國過去一部份前輩知識份子思想生活所特有的風格。

又說：

在今日科學昌明的時代，舉辦「宗教哲學」的專題講座，也許有點不合時宜；甚至談宗教、談哲學，亦可能被人認為空疏迂闊，不切實際。實則科學與宗教，乃是相輔相成的。記得民國四十二年六月我參觀美國普林斯頓高級學術研究院(The Institute for Advanced Study)時，經童世綱先生介紹，曾晤及著名科學家愛因斯坦氏。我因不久前看到他和一位記者討論宗教與科學的問題，所以也特別以此問題向他請教。他當即表示宗教與科學不但不相衝突，而且密切關聯。他說：「沒有宗教的科學是跛子，沒有科學的宗教是瞎子。」我覺得他對這個問題的看法，頗有獨到的地方。至於哲學與人生的關係，西洋古代羅馬大作家西塞羅(Cicero)說得最好。他說：「哲學，人生之導師，至善之良友，罪惡之勁敵！假如沒有你，人生又值得什麼？」我們如果冷靜地想一想，古往今來的那一位偉大的人物，不具備宗教的熱忱與哲學的修養呢？

> 宗教熱忱和哲學修養，我認為乃是一個教育家所必備的條件。我希望這一系列的「宗教哲學」專題講座，除給予教育研究所同學們一些寶貴知識外，更能引導大家在人生的旅途中，進入一段新的里程，達到更高的境界。對所謂「現象世界」的一切，看得更為超脫。不斤斤於物質的享受，不戀戀於世俗的浮華，樂道自得，立己立人。果能如此，則你們未來的成就，將不止是僅僅具有豐富知識的專家或學者；而且更是充滿愛心與熱忱，能夠真正實踐中國傳統師道的教育家。

文章發表之後，也即民國五十五年秋間，政大的「宗教哲學」專題講座便開始了。這是劉真精心籌劃的一項學術活動。他邀請了蔣復璁、羅光、曾約農、張繼忠、南懷瑾、石樂三等六位知名學者、宗教家主講八個題目。六位主講人均是宗教界重要人物，道德文章望重一時。也許是現代社會上大多數人心靈空虛之故吧？每次舉行「宗教哲學」專題講演，政大學生來聽者固然踴躍，而其他大學學生及校外社會人士，前來聽講者也不在少。這使劉真更為肯定宗教教育之重要。人們精神生活的空虛無依，比之物質之匱乏貧苦，可能還要嚴重。在八次講演之後，各界人士，仍意有未足。

為了滿足學生及社會各界人士的渴望，劉真乃再與南懷瑾商量，另行講述道、佛兩家學術思想與中國文化。從民國五十六年秋到五十七年春，共講了十一次。

由於南懷瑾學養淵博，對宗教及中國經典，如《論語》等書，均有特別見解，具有創意；而演講又富吸引力，故而聽眾不絕於途。臺北《大華晚報》，先行摘要刊出一部份。因社會大眾索取者甚眾，於是政大研究所便將各次講稿輯為《宗教與教育》一書出版❶。

5.《近代中國教育史料叢刊》與《師道》

那時，教育部在政治大學校區內，儲存了一批檔案。校長劉季洪看到教育研究所在劉真的策畫推動下，舉辦了一連串頗具意義的活動，一天，便向劉真談起：

「教育部的這批檔案很珍貴，不加利用未免太可惜了。我想向教育部商洽，讓教育研究所的同仁清查一番。整理抄錄後，極可能完成一套教育史料的著作。只要不影響文書保密，一定沒有問題。」

劉真將劉校長的構想告訴研究所的同仁，大家無不贊同，都認為：以這些第一手的資料為主，再參閱其他有關文獻，當可編撰成一套頗具價值的《近代中國教育史料叢刊》。劉真因向

❶《宗教與教育》一書。其後為各界及各大學聞知，時有索閱，以致供不應求。七十年初，各大學多有開設「通識教育」者，內有「宗教教育」一科，因而需索者益眾。為滿足此一需要，劉真遂商得政大同意，將《宗教與教育》改請商務印書館出版，對外正式發行。

大家表示：「關於資料的蒐集，可以擴大到中央研究院、國史館、中國國民黨黨史會。若再有疑難問題，便舉行座談會討論研究。」

為期工作之順利推行，並擬定「國立政治大學教育研究所近代教育史料叢刊編著計畫」，在學校行政會議通過。所內同仁各依志趣，立即進行編撰工作。又因為近代教育家如南開大學創辦人張伯苓、湖南明德中學創辦人胡元倓，貢獻卓著，足為典範，首先由孫彥民、黃中兩位校友執筆，撰寫傳記，並在中華書局出版。

又因華僑教育與留學教育為當前重要問題，遂由朱敬先校友在蔡保田教授指導協助下，先行撰著《華僑教育》一書，仍由中華書局出版。至於《留學教育》一書，因範圍甚廣、問題複雜，且需訪問前輩留學生，故歷時數載，完成八十萬言，與國立編譯館訂約刊行。其他如教育行政、高等教育、中等教育、師範教育、職業教育及國民教育等部份，因約定撰稿人之調職或出國進修，則有所稽延。

然而，劉真意有未足。他接受的雖然大部份屬於西方教育；而對中國固有的優良教育傳統，卻至感重要，認為應該發揚光大。特別是傳統的「師道」精神，更為珍貴。中國師生間的情誼，無論古今，都有最了不起的典範。歷史上說「孔子歿後，子貢廬墓六年，遠愈人子之孝」。明末左光斗的門生史可法，以受乃師感召「死守揚州」。黃道周抗清失敗，就義，其弟子自動從而就義者七人，並血書一幅明志云：「師存與存，師亡與亡。」在西方，大概僅有耶穌可以比擬。如此偉大的「師道」，怎能不設法保持並予發揚？

一天，劉真在課堂上向學生說：

「西方國家最初視教師如僕役。希臘時代便以奴隸充任小學教師，甚少尊敬之意。教師也如勞工，常常為爭取待遇而罷教，以致研究學術的學府，逐漸變成買賣知識的市場。這種風氣，當然使社會上重利輕義，富而不安了。」他認為中國是世界上最重視教育的國家，也是最尊敬教師的國家。古訓有云：「師尊則道尊；道尊則民知向學。」（《禮記・學記》）因此，他又表示：

「不僅歷代的政府當局如此，就是窮鄉僻壤的一名乞丐——山東人武訓，也千辛萬苦，將乞討得來的錢，積存下來開辦學堂。為什麼呢，因為我們中國人最相信教育的力量。我國的古聖先賢老早便說：『若想化民成俗，該自教育做起。要想教育革新進步，必先弘揚中國的傳統師道。』」

劉真經常和政治大學、師範大學教育所系的朋友，談起如何弘揚中國傳統師道的問題。

「單單我個人寫文章，弘揚『師道』是不夠的。」劉真向朋友們表示，「我想約請大家將中外歷史上大師們的生平事跡及獨特的風範，分別執筆，撰寫專文，提供各級學校的教師參考。使他們能夠『見賢思齊』。」

他將書名定為《師道》。有一天，劉真約集各撰稿人舉行座談會。有人提出：

「耶穌基督是不是也可以編入《師道》呢？」

「不合適吧？」非教徒們表示不以為然，「他是半人半神啊！」

幾位身為教徒的撰稿人，堅決主張列入，而教外的撰稿人則持相反的看法。於是劉真委婉地表示：

「耶穌三十歲開始布道，三十三歲即被釘死在十字架上。雖然傳道的時間只有三年，但他在世時的身教、言教及其影響力，實與孔子、蘇格拉底並無不同，何況耶穌在世時，其門徒即尊稱其為『師父』呢！」

這時，大家便不再爭議。這是劉真的教育觀點之一。他一直以為教師應如宗教家一樣，應有犧牲、奉獻的熱忱和人格。

經過一再溝通、討論，最後決定了五十一位足為中外師表的人物。中國部份則以已逝世者為原則，依次是孔子、孟子、荀子、韓愈等三十一人。外國部份選了二十人。依次是蘇格拉底、柏拉圖、亞理士多德等。

接著，劉真開始約請撰稿人。特別是孔子一篇的撰稿人，必須慎重。他親自登門拜訪陳大齊（百年）先生，請他執筆。

「我年事已高，精神體力不濟，輟筆很久了。」八十七歲高齡的陳先生委婉推辭。

「不瞞你說，前幾天曾有一家重要的文化機構再三要我寫篇〈中國倫理思想〉的文章，我也拒絕了。」陳大齊又說明。「而且，手頭的資料也不夠。」

「這篇文章不同，您一定要寫。」劉真再三敦勸這位前輩，「我們編的這本《師道》，第一篇文章就是介紹孔子的教育思想與偉大人格的。您怎能不寫呢？」

年高德劭的陳大齊終於心動。他不能再拒絕了。因而帶點風趣的口氣表示：「白如兄這麼說，我倒真不便拒絕了。不過，需要多久時間交稿呢？」劉真表示希望三個月內寫成。

出乎意料的是，一個月不到，劉真便收到陳大齊派人送來的約稿，文長達兩萬七千字左右，全文自首至尾，均係親筆抄寫，字跡清晰極便排印，使劉真甚為感動，並特向其他撰稿者說：「以百年先生這樣的高齡，這樣的碩望，其『重然諾，不苟且』的精神，真正令人敬重。在當代，他應該是最能實踐中國傳統師道的代表人物，更應該是我們一般正在從事及準備從事教育工作者的典範。」

民國六十二年八月，《師道》由臺灣中華書局出版了。全書七百餘頁，在出版界尚是一項創舉。劉真特別快慰。全體撰稿人共四十二位，認為是對該年教師節的最有意義的獻禮。同時大家一致決定，將此書稿費，依照原先之約定，移充政大教育研究所的助學貸款基金。在序文中，劉真說：

> 我們覺得，這種具體的範例，當較空洞的說教，更易產生激勵的作用。

又說：

……一個教師教學之能否成功，固然與其所具有的教材知識和教學方法有關，但更重要的，還在於他是否具有對學生的愛心與服務的熱誠。可惜今日世界各國師資訓練機構，由於種種客觀條件的限制，大都只能使受教育者獲得一些教學有關的知識與技能；至對教師應有的專業道德的陶冶，則甚難收到預期的效果。

最後，他充滿信心的斷言：

昔王陽明有詩云：「起向高樓撞曉鐘，尚多昏睡正懵懵，縱令日暮醒猶得，不信人間耳盡聾。」目前世界人類的危機，不是物質的匱乏，而係精神的虛脫。在這舉世徬徨人心陷溺的時代，我們負有創造人類心靈的神聖任務的教師們，還不應效法前代聖哲弘道淑世的志節，起向高樓撞曉鐘嗎？

我們相信：只要中國傳統的師道存在一天，中華文化便會不斷地發榮滋長；只要世界上所有的教師們都能真正奉獻其愛心與熱誠，人類文化便會永遠放出燦爛的光芒！

《師道》的出版，使劉真多年來所提倡的「師道」，終於得以弘揚於社會。

當時一般專門性和學術性的著作，銷路都不太好。劉真雖然將《師道》出版了，卻不敢對銷路寄以厚望。想不到中華書局不久便來函說：《師道》快要印行三版了。

「從這點看，社會上對師道問題，還是相當重視的。」劉真向所內的同仁說，「我們累積的版稅，估計將有四、五萬元的數目了。」

《師道》的撰稿人，有的是前輩學人，有的是年輕教授。大家均在百忙中如期完成文稿，無異說明了大家對弘揚師道的重視。

《師道》一書的廣受歡迎，其影響力量當難以估計。自春秋以來，孔子所建立的傳統師道，經由孟子、荀子、鄭玄、董仲舒、韓愈、朱熹等人的薪火相傳，歷久不衰，劉真此次主編本書的用心，實不難想見。

翌（六十三）年七月。劉真覺得政大教育研究所所長的工作已做了十年，應該「交代」了。當初他本不願兼任所長的事，只因劉季洪校長一再的敦請，才勉強同意下來。現在劉校長已轉任考試院副院長，他為了與劉校長同進同退，乃決定辭去所長職務；同時，劉真將《師道》一書的版稅契約，正式送請政大當局存檔備查。稍後約集了研究所全體同學舉行了一次茶會，說明已辭卸了所長職務。同學們自是依依不捨。這位自稱與同學「共學」的教育家，始終「誨人不倦」的風度，更令人懷念。他們紛紛的要求「贈言」。劉真說：

「過去十年我已經向你們講得很多了，有的已發表為文章，像〈三自主義〉和〈教書匠與教育家〉，實在沒有更多的話講了。只盼望大家牢記陶淵明的一首詩：『盛年不重來，一日難再晨；及時當勉勵，歲月不待人。』另一首是王陽明的詩：『起向高樓撞曉鐘，尚多昏睡正懵懵；縱令日暮醒猶得，不信人間耳盡聾。』」

這是劉真對同學的期望和勉勵。同學們對他更留下無限的去思。

現在，劉真在政大僅授課數小時，可以開始另一個研究和寫作的生活了。

6. 薦賢與傳道

民國五十六年一月初，國府新任駐韓大使唐縱打電話來，要劉真在家相候，並說有事商談。劉真任教育廳長時，唐縱是省政府秘書長。離開教育廳後，便少見面了。當初共事，相處甚得。這幾年，唐縱辦了一所私立臺南家政專科學校，自任董事長。這次出任駐韓大使，倒也出乎意料之外。

「一件要緊的事，必須請你幫忙。」一見面，唐縱便開門見山的說，「臺南家政專科學校校長出缺，你必須為我推薦一位校長人選。」

「家專是女校，自以女性擔任校長為宜。」劉真坦白的回答，「但我實在想不出適當的女性。還是你自己物色比較好。」

唐縱本是相當溫和而持重的人，但聽了劉真的話卻有些焦急起來：

「我馬上就要到韓國去了。臺南家專的事，我若走了，沒有合適的校長，實在放心不下。」

劉真沈思有頃，實在想不出那位女性可以擔當。唐縱更不耐了，說：

「你如果不能代我找到一位校長，我也只好辭去董事長不幹了。」面色有些凝重的樣子。

「如果你不堅持女性的話，我可以提出一個人，請你考慮。」劉真知道這位老同事即將赴任，亟需為他解決困難。

「不論男性、女性，只要你提出的，我一定照聘。」唐縱爽快的答覆，「我相信你。只要你推薦，一定是好的。」

劉真想了一會兒，當下說：

「那麼，曾任教育廳第二科科長的許伯超先生，為人幹練，就請你斟酌吧！」

唐縱馬上表示完全同意，並告訴劉真：

「請你轉告許伯超先生，即速前往臺南到職。」

說畢，便匆匆離去。劉真送走這位出身軍校、歷任軍政要職的老友，頗感快慰：所謂知交，應是這種典型。

直到民國五十九年秋天，唐縱的使韓生涯才結束，返回臺灣，提起許伯超校長，讚許備至。「不觀其人觀其友」，中國的古語是有其道理的。

這時，劉真在「國家安全會議」擔任文化組主任有年，職位乃特任官職❷。就生活言，原無繼續任教之必要。然而，這是他的真正志業。其他政務方面的工作，純因客觀上的因素，無法擺脫。

特別是政大教育研究所的兩門課程：「中國教育問題研究」和「教育行政研究」最能發揮多年的閱歷和見解。一天在課堂上，有位女生朱娟瑩說：

「我自老師的言談中，及給我們批改的作業中，發現一種積極樂觀的精神，以及屬於年輕人的神采。本來這些特色似乎該屬於年輕人的。然而事實上，我們年輕人積極樂觀的卻不多。」停了一陣子，又說：

「我們年輕人成天心事重重的倒不少。」

這個女生肯把心裡的話，公諸全班同學，自然是鬱結很久的苦悶。劉真因說：

「上學期結束前，我曾向你們講過『三自主義』這個題目並在報紙上發表過，希望你能再仔細地看一遍。」❸

❷ 劉真在國家安全會議擔任文化組主任一事，請參閱本書第二十三章，第一節

❸ 〈三自主義〉一文，見《劉真先生文集》，㈠，頁二二一—二三三。

劉真又說，「從前蔡元培先生在其居室中懸有孔子的一段話以自況：『其為人也，發憤忘食，樂以忘憂，不知老之將至。』很值得大家深思。這『發憤』便是快樂的根源。一有發憤之心，便自然而然對前途充滿希望。有了『希望』，還會再苦悶嗎？」

全班學生一齊點頭。劉真繼續說：

「這一點可以參考我的『三自主義』。第一是『自食其力』，這是我的切身經驗。我家只是小康之家，上大學、留學全靠自己寫作投稿、編書和家教。你想，誰能供應你長期讀書這筆費用呢？以後我擔任教育廳長，創立教師福利制度，特別舉辦教師子女助學貸款，以解決他們子女升大專時的經濟問題，便是基於自己少年時代的痛苦經驗。」

「是不是所謂天無絕人之路呢？」同學們聽得入神，大家表示認同。

「對，」劉真接下去，「『天』是不會絕人之路的。能絕人路的還是人自己！你如不上進，天就幫不了忙了。」

大家又點頭。

「所以我強調自強不息。今天社會上變動如此迅速，一日不努力，便有被淘汰的危險。我們身為高等知識份子，便應不斷吸收新知。這一點，常人每以為生活如此忙碌，那有時間讀書，是不是？」

劉真又接著說：

「曾國藩是清代的中興名臣，望重一時。他曾勸勉他弟弟說：『苟能發憤自立，則家塾可讀書；即曠野之地、熱鬧之場，亦可讀書。苟不能發憤自立，則家塾不宜讀書，即清靜之地，皆不能讀書。』而宋代古文大家歐陽修認為：『最佳讀書時，乃為三上：即枕上、馬上、廁上。』可見讀書的時間儘多，關鍵在你把握不把握。」

歐陽修的話，引起些微笑語。劉真因說：

「不要笑啊！歐陽修的話不會騙人的。現在沒有馬可騎了。但我在日本留學時期，每次搭乘火車便看見很多乘客幾乎人手一冊在靜靜的閱讀。日積月累，多少書籍便慢慢讀完了。天天忙於進修，那兒還有憂愁的時間？這就是『自得其樂』的境界了。」

「可是，話雖如此，不容易真的快樂啊！」有同學詢問。

劉真看了看大家，然後表示：

「人生最大的痛苦有二，即事業的失敗與生命的死亡。把這兩個關口看透了，便可自得其樂了。照史書記載，孔子三歲喪父、七歲喪母、中年出妻、晚年喪子。雖有滿腹濟世安邦之才，卻一直不為時君賞識，及周遊列國，竟然在陳絕糧，在政治上可以說是一個失敗者。列子說他『生無一日之歡，死有萬世之名』。但也正因為宦途坎坷，退而講學，反而成就了他偉大的思想學說，永垂不朽。兩相比較，豈非『塞翁失馬，焉知非福』嗎？再如聖保羅最好的著作，竟是在羅馬監獄中完成的。對於有志者而言，苦難也是生命光芒的契機。」

劉真說畢，已到下課時間。他又一再叮囑同學們：

「說來說去，最主要的要先從自己做起。」

幾天以後，在學生的作業本裡，劉真發現了一張字條，上書：

「上完劉老師的課，真如坐在春風裡。……」

掩上作業，劉真想道：

「但望他於任教之時，也將我所講的傳授給他的學生吧！只要社會上多一位奉獻給教育的人，國家便多一分新生的力量。」

7.「全民之師」及「老闆娘」

民國五十九年三月二十三日，劉真應邀到名報人成舍我創辦的私立世界新聞專科學校週會上，作專題講演。在〈新聞工作在未來社會中的教育功能〉為題的講詞中，他對新聞工作者，有很大的期盼：

> 中國新聞記者信條的第六條，亦曾明白指出「副刊文藝、圖畫照片，應發揮健全之教育作用。」其實，除副刊文藝、圖畫照片以外，報紙上的那一部份不對讀者發生或多或少

的教育作用呢？更進一步講，不僅報紙；就是廣播、電視、電影及其他大眾傳播事業，又何嘗不都具有極大的教育功能？照現行中國學制來看，一個人從入小學到大學畢業，在學校接受正式教育的時間不過十六年。等到離開學校以後，除掉各種書籍以外，便只有從報紙、廣播、電視等方面吸收新知識了。過去大家稱譽新聞工作者為「無冕之王」，今後似乎更應加贈一個「全民之師」的尊號了。

劉真考量問題之細微，對社會全民之關懷，充分溢滿字裡行間。稍後，臺北市《自立晚報》〈新聞眼〉專欄中，對劉真備致讚揚，其首段云：「曾任師範大學校長……劉白如（真）先生，對一般人稱新聞記者為『無冕之王』，認為未盡妥當。劉白如先生以為『無冕之王』不僅具有封建意識，同時也容易讓人產生誤解。劉真於講詞中指出，報紙上的任何部份，均或多或少的有其教育功能，最具影響力。」《自立晚報》〈新聞眼〉的一段話，實非過譽之詞。他的學生——名作家林良在《國語日報》工作，也曾自述經驗說：

> 他（劉真）當過大學校長、教育廳長。他還有一個更令人尊敬的榮銜，卻是大家所不知道的，他是一位偉大細心的校對。跟何容先生一樣。他在教育廳長任內，常常利用下班的時間，回到辦公室去校對重要的公文，一個人靜靜的工作。最近，我們的《古今文選》

選註了他的一篇散文作品：〈論讀書〉。他親自擔任校對，工作得愉快，萬分內行。最後一校，他竟親自跑進了國語日報社的排字房。

他對工作之執著、認真；對寫作之嚴謹、不苟，由此可見。有幾許大小官員名流，肯入排字房打交道呢？也許正因為如此執著，故在顯要巨公之中，劉真的著述最多。若干篇且被選入《古今文選》、及《國中國文》等讀物內。在大學校長及教育首長中，劉真之外，唯蔡元培、蔣夢麟、羅家倫等少數人物，有此風華。

而且，劉真不僅私人著作如此嚴謹，就是公文、報告，他也絕不掉以輕心。當別人下班返家，他常在辦公室中校對公文，正如老儒點書。如有疑問，或以電話、或親自校對，乃是常事。因為一字不妥，可能影響萬千教師和學生呢！

有一天，劉真在日月潭環湖觀覽山水景色，忽然聽到有人低喚的聲音：

「您是劉廳長麼？」

「已經不做廳長好幾年了，何以還有人這麼喚叫我呢？」劉真尋聲望去，有個四十上下的男子走來。他有些詫異。正不知如何應對之時，這人又開口了。

「我是您任廳長時在廳長室服務的小妹——阿珠的先生。……」

「你太太阿珠還好嗎？倒是許多年不曾見到了。」

阿珠的先生回答：

「阿珠時常提起劉廳長，說她在教育廳服務時，多虧您的鼓勵，要她讀臺中商職夜間部。……她常說，您是她的恩人。」

不錯，那是很多年前的事了。

「阿珠常說：『要不是廳長鼓勵我讀高職夜間部，讓我提前下班去進修。我不可能嫁給我現在的先生。』我們在臺中開了兩家皮鞋店。您已離開教育廳好幾年了。這幾年，我們一直念著廳長。」

這時，阿珠也走過來，又說：

「您幾時回臺中呢？」

劉真說是明天。

「那太好了。」阿珠說，「您一定要到我們店裡看看，而且我們要送廳長兩雙皮鞋，表示一點謝意。」

「不必了，」劉真婉辭著，「知道你過得很好就行了。」

「廳長一定要到舍下坐坐。」阿珠的先生隨即掏出一張名片，「阿珠不斷的提到您。無論如何，請光臨寒舍。」過後方偕了妻子離去。

這是很多、很多年前的事，劉真幾乎完全忘記了。❹

❹ 有關阿珠部份請參閱本書第十四章，第四節。

第二十三章　國家安全會議

1.突蒙蔣總統召見

民國五十六年一月間，蔣中正總統突然在總統府召見劉真，告訴他政府即將成立一個新的機構。

「這個機構由我主持。」蔣總統表示，「我希望你參加此一機構的工作。」

「我現在擔任政治大學教育研究所所長，恐怕不宜擔任其他職務。課業和研究工作，已相當忙碌。」劉真不想再任公職，便婉轉辭謝。

「這個新機構的工作，依然是文化方面的，與教育性質相同。你仍可在政大教書。」蔣總統說，「不致影響你的教書工作。」

自總統府歸來的路上，劉真心中未免有所疑問。這一新機構是什麼名稱呢？

劉真自從辭離教育廳長職位以後，便非常樂於從事教育工作。但蔣總統卻一再的透過有關人員，促請劉真出任黨務主管或黨營文化事業負責人。蔣總統認為劉真是一位相當傑出的人才，長於行政領導。然而，每次都為劉真婉拒了。他不願再跳進政治的圈子裡。

這年四月，「國家安全會議」成立，秘書長是黃少谷。一天，黃通知劉真，「蔣先生已決定派你在國家安全會議國家建設計畫委員會文化組工作。」這次，劉真只有接受的份兒了。

這個新機構——國家安全會議由蔣總統兼任主席，主持會議。總統因事不克出席，由副總統代理。出席人員包括副總統、總統府秘書長、參軍長、總統府戰略顧問委員會主委、副主委、行政院院長、副院長、國防、外交、財政、經濟各部部長、參謀總長、國安會秘書長及總統指定之人員。會議通過的決議，具有與憲法相等之效力。

成立之初，下設「國家建設計畫委員會」（主委周至柔）、國家安全局（軍方兼任局長）、國家總動員委員會（主委蔣經國）、戰地政務委員會（主委袁守謙）、科學發展指導委員會（主委吳大猷）。

國家建設計畫委員會下，分設政治、軍事、財經、文化四組。由相關部長為召集人，實際執行者為副召集人。文化組由教育部長任召集人，劉真任副召集人。

國家安全會議，通常皆由總統親自主持。凡政府重大決策及年度施政方針與預算，均須經國家安全會議通過。

而文化組之職掌，包括教育、文化、新聞出版、廣播、電視、電影、戲劇、觀光事業政策之研究設計、與有關計畫之審議，並對執行機關之工作負協調督導與考核之責。文化組的計畫委員多達九十餘人，其中多屬知名之士；如曾虛白、馬星野、任卓宣、王惕吾、余紀忠、孫邦正、王洪鈞等。必須定期舉行會議，並分批到各業務單位如報館、電視公司等訪問考察，工作甚為繁重。

國家建設計畫委員會的四個組，其執掌業務基本上已涵蓋了行政院各部會。對各部會的施政計畫，負有策動與考核的權責，以致社會上便稱計畫委員會為「太上行政院」。因當時的行政院長由副總統嚴家淦兼任，嚴為人圓融謙和，對國家建設計畫委員會的工作，頗能密切配合，毫無摩擦情事。

2.荷花池畔的友人

劉真因為蔣總統的面諭，在民國五十六年四月間，擔任國家安全會議國家建設計畫委員會文化組的副召集人，辦公地點在植物園「獻堂館」內，因和沈宗瀚（已繼蔣夢麟之後擔任農復會主委）成了鄰居。

彼時的植物園是全臺北市最為幽雅的休閒場所。館前有一大片荷花池。周圍林木森森，遊人不太多。劉真下了班，常獨自在池邊散步，或坐在路旁的長椅上休息沉思。花棚下偶而有一兩個青年學生走過。半生忙於辦學、從政的劉真，心想：「有這片寧靜的環境，也算是難得的享受了。」

這天，他正在默想政府擬議中的九年義教問題，忽見遠遠的有對老夫婦併肩走來，一邊悄悄細語。那種伉儷情深的樣子，很是感人。誰知越走越近，才看出竟是老友沈宗瀚夫婦。

「多時不見了。」劉真向沈宗瀚招呼，「可是，我一直還記得你向我們師大同學講的一句話。」

「什麼話？我都忘記了！」沈宗瀚夫婦找了一張路邊長椅坐下來。「老朋友難得這樣巧的不期而遇。」

「有一次，我邀你在師大週會上公開演講。你向同學們說：『一個人必須真正有學問和能力，才有選擇職業的自由。』受這句話影響的同學，不知有多少呢！時代變得澆薄了，能腳踏實地的上進青年，愈來愈不容易見到了。」

「白如兄，你的記性這麼好，我早就忘記說過什麼話了。」

提起在師大演講的事，兩人都說：

「時間太快了。」

「師大剛增設家政系時，我曾請你介紹過一位鄭美瑛教授。當時的家政系，還真不易聘請教授呢！」劉真回憶前情，彷彿離開師大，只是昨天的事。

「一點不錯，我記得鄭女士原來只允擔任兼任教授。你又一再託我勸說，鄭女士才同意擔任家政系主任。」說到這兒，沈宗瀚笑了笑，「你對聘請優秀教授，可真有鍥而不捨的精神。」

過後兩人大笑，連沈夫人也忍不住笑了。

「這植物園是臺北市最好的休閒散步的場所，那天請帶劉大嫂一道來。」

「已經來過幾次。我如今在這兒獻堂館辦公。以後儘有機會，和內人來這兒散步。下次約好了，我們就在這荷花池邊聚聚，再一起去吃個晚飯。」劉真因想到前主委蔣夢麟，便向沈宗瀚說：

「蔣夢麟先生有次告訴我，他因時常代表農村復興委員會到日本訪問，和日本人打交道，已經七十歲了，天天學日語。只是為了直接和日本人溝通上的方便，便如此發憤，真令人欽佩。」

沈宗瀚聽後，微笑著向劉真表示，「我現在沒有一天不讀書，和蔣先生同樣用功啊！」

又一個週末的下午，劉真在植物園散步時，和沈宗瀚再度相逢了。兩人坐在荷池畔，一面看荷花、一面話家常。沈宗瀚經常面帶笑容，臉色紅潤，一望而知是位身心健康的人。這使劉真更加欽佩，因笑著告訴沈宗瀚：

「古人常說『荷花出污泥而不染』，我看沈先生在現今這個污濁的社會中，也是如此。你既是學者，又是專家，更是一位典型的君子。」

沈宗瀚聽了，連說「過獎」不停，然後轉臉問他的老伴，幽默的說：

「我有那麼好嗎？」

劉真對於沈宗瀚所表現在夫婦間的恩愛，更為敬佩，接著說：

「你兩次對師大的幫忙，便非一般人能夠做到的。特別是主動為英語教學中心介紹那位義務教課的美國朋友，我最難忘記。」劉真回憶說，「可惜那位外國朋友，只教了一年，便離開了。」

「你明天到那個教堂作禮拜呢？」沈宗瀚忽然想起來，因問。

「我不是教徒。」劉真坦率的回答，「不曾去過教堂。」

「啊！」沈宗瀚有些詫異，「怎麼會呢？我讀過你許多文章，其中常提到宗教。況且我知道目前你在政大教育研究所開有『宗教哲學講座』的專題研究，所以我一直以為你是基督徒。原來你不是，倒是意外了。」

「我之所以重視宗教，純係以教育的觀點來看宗教。我覺得從事教育工作的人，倘能多讀幾本宗教方面的書籍、或多聽幾次宗教方面的講演，便可從而獲得心靈上的啟示，在不知不覺中效法宗教家的獻身精神，來從事神聖的教育工作。」

「既然如此，你皈依宗教，豈不更好？」沈宗瀚順便勸說。

「我一直不曾皈依宗教，成為任何宗教的教徒；因為擔心一旦成為教徒，便須按時參加教會的活動。如果辦不到，反覺於心不安。」劉真又說下去，「不過我總是抽出時間，經常研讀宗教書刊。」

沈宗瀚聽了，便再度呵呵的笑起來，說：

「這也蠻好！」

沈宗瀚不再勸說劉真，轉移了話題。劉真對於沈宗瀚的和易性格，愈加敬佩。這是智慧的表現，常人是難以達到此一境界的。

3. 考察歐美教育

民國五十七年三月間，劉真已在安全會議工作了約莫一年。這一天，他隨同周至柔主委及計畫委員會的同仁，前往臺灣中南部參觀，剛剛到達新竹肥料廠，廠方負責人便匆匆忙忙的尋找他：

「剛才接到總統府交際科的電話通知，總統明天上午十時在總統府召見劉先生。」

「究竟是什麼事情呢？」劉真頗感訝異。通常，「總統召見」意味著必有相當重要的事情。

他立即趕回臺北。次日上午到總統府謁見總統。

「你立刻準備前往歐美，考察各國的教育。」蔣總統開頭便如此說。

沒等劉真答話，接著又說：

「時間是一年，愈早啟程愈好，並且迅速擬妥考察計畫，送呈核定。」

「召見」已屬「意外」，而命他前往歐美考察教育，則更為意外了。他在辭別蔣總統時，恰好碰到副秘書長黃伯度。黃伯度因問：

「總統為什麼忽然召見你？有什麼重要的事麼？」

「命我前往歐美考察教育。」

黃伯度聽了，表示事前毫不知情。

自從辭卸臺灣省教育廳長職位以後，匆匆已有五年餘，劉真全心投入教書生活中了。他首先出版了約莫四十萬言的《辦學與從政》；接著在各報刊發表了不少篇論文及文學作品。尤其是〈三自主義〉一文中，將自食其力、自強不息和自得其樂，作為三種生活態度，最受朋友及社會人士所推許，卻沒料到如今最高當局指派前往歐美考察教育。以劉真在文教界的聲譽，自有重要的意義。

敏感的觀察家及熟悉政情的人士們，立即作了種種的推測。最高當局這項突如其來的決定，通常暗示著人事上的重大變動。

而劉真自己，基於多年從政、辦學、研究、教書等經驗，兼以個性本極恬淡，對於種種傳言，均一笑置之。他一面積極的草擬考察計畫，一面安排政大的工作。因為時值學期中途，不宜啟程，乃儘量延後，利用暑假出發。大概在六月初，他將考察計畫送請安全會議秘書長黃少谷呈報總統核定，批示「早日出國」。

那年七月初，政大教育研究所的事務已告一段落。他決定七月十日啟程。前一天，蔣總統在陽明山國防研究院再度召見，並予指示：

「到國外考察教育，不僅要注意教育方面的問題，也應連帶的看看各國政治、經濟、社會發展的情形。英國在歐洲的地位，最為重要。以色列為一新興國家，最好能深入瞭解。我國在海外的學人和專家很多，便中可多加聯繫。轉達政府歡迎他們返國服務之意。」

劉真一面傾聽、一面頷首。他已出國多次，這次的任務顯然不同於以前，益感責任的重大。

「旅費領到沒有？」在劉真告辭的當兒，蔣總統非常關切的詢問；接著簡直猶如家長對子弟般的叮囑：

「在國外與國內不同，不必太節省。沿途如有需要，可以向當地的我國大使館周轉。」

這親切的慰勉，使劉真深為感動。他雖然過去曾多次為總統召見，卻以這次的感受最為深刻。

4. 從雅典到以色列

考察時限是一年。這是他第三次出國訪問了：第一次在民國四十二年，往美國進修、考察一年；第二次是在民國四十六年往費城開會。這次是最高當局親自指派，當然更為重要。他必須非常細心而深入的考察，撰述報告，以報效多年來對他愛護備至的蔣中正總統。

那年七月十日劉真由臺北啟程，經過香港、泰國、印度、伊朗、黎巴嫩、土耳其等國家。七月下旬到達雅典。劉真停了僅一週光景。現在的希臘，除了地理上與古希臘尚有關係外，其他方面已全然沒有關聯了。只有壯觀的神廟建築，臨海的地勢及奧林匹克等古蹟，仍令人徘徊留戀。雅典既不繁華，也不雄偉。居民生活卻平靜安適，令人羨慕。至於文教設施，幾無可供考察的特色。

當時我國駐希臘大使是溫源寧，是一英文造詣極深的學者。溫大使送劉真搭機去耶路撒冷時問：

「對希臘有何印象？」

「知人不易，知國尤難！」劉真含義深刻的回答。

溫源寧聽了，點點頭，然後以外交家的口氣說：

「一個人到了一個新的國家，如果只住幾天，也許他的膽子很大，以為對這個國家懂得很多，可以大膽地寫其觀感了。可是如果住上一個月，也許膽子便開始小起來。如果住滿一年以上，也許便發現自己對這個國家懂得太少，不敢動筆了。」

是的，真正瞭解別的國家，談何容易。

正因如此，劉真數次環遊列國，卻甚少專門論評一個國家。唯一的一次是在光復大陸設計委員會，講過一次「認識美國」這個題目。

以色列是劉真特別注意的地方。出國之前，蔣總統特別囑咐：「這一年當中，你到以色列看看。」因而先至耶路撒冷考察。

二次大戰後以色列復國，雖然地小、人少，而對環立之敵國，昂然屹立，並贏得「六日戰爭」，為舉世矚目。由於中、以並無邦交，一切事務概由我駐黎巴嫩大使館兼辦。以國官方對劉真的到訪則仍然相當禮遇。

當時全世界主要國家均在鬧學潮。歐、美最為嚴重。而以色列安靜如恆，最堪欽佩。一天，希伯萊大學的一位教授請劉真吃午飯。兩人談笑甚為投緣之際，這位教授看了看手錶，說：「我現在還有個約會。」接著他解釋：「我每天下午兩點鐘，要去找一位同事補習希伯萊語。」

劉真有些不解。為何猶太人還要再補習希伯萊語？

那位教授因又說明：「我雖然是猶太人，但多年來在外流亡。現在回到希伯萊大學教書，母語已經不靈光了。我必須再加強、再進修才能運用靈活。」

這個經驗使劉真留下極深的印象。一向主張、鼓吹且最為重視中國語文的他，現在更得到了印證。他想：「一個國家最重要的是文化傳承；而文化傳承最重要的就是本國的經典、語文。」

只要文化的根脈存在，國家縱使一時遭受危難、挫折，終究仍然會復興。猶太人不就是現實的例子麼？假如希伯萊的語文被消滅了，便等於文化消滅了，還如何談復國呢？可嘆目前仍有些國人，不知讀經典，更不知學習國文及國語的重要。如果不是別有用心，便是愚昧無知。」

那一次，劉真並和以國文教部長作了兩小時的會談。劉真頗為奇怪，以以色列在科技方面的進步，何以時至今日，竟尚未設立電視臺？

「一家電視臺比一所國立大學對社會的影響還要大。」以國的文化部長說，「將來設立電視臺時，一定要編列比國立大學更多的經費，製作優良節目，期使對觀眾發生正面的積極作用。」

這番話正觸動了劉真的感慨。因為民國四十九年三月間，他奉省府主席周至柔之命，曾參加籌設臺灣電視公司——第一家電視臺——之時，便已注意到節目的社會教育功能。其後中國電視公司、中華電視臺之設立，由於劉真擔任國家安全會議文化組主任之故，也曾參預。但三家電視臺的節目，商業化極濃，節目水準和社會教育的正面作用，便談不到了。

5.羅馬大學為學潮癱瘓，西德教育展現新姿

八月初，劉真到了義大利首都羅馬，學潮的嚴重情形，糟到出乎想像。整個羅馬大學竟陷於癱瘓狀態。那一天，他按照原先的日程，訪問羅馬大學校長，誰知居然被帶領到學校附近的

一家旅社裡相會。

「沒有辦法，」校長先生一臉無奈，「校長辦公室已被學生霸佔了。」

為什麼發生這種國際性的學潮呢？據劉真觀察所得：內容相當複雜。共產黨暗中操縱運用，已是不爭的事實。有些是為了畏懼考試、遭受淘汰，遂參加罷課行動；也有譁眾取寵的所謂「名教授」，及由升遷困難的講師之煽動，故一發不可收拾。至於因學費調高，畢業後職業不易解決，藉機生事者，更是隨處可見。世界大戰結束已經二十年，而舉世不安，問題重重，一至於此。

另一個令劉真憂慮的現象，乃是嬉痞(Hippie)的怪誕行為及青年的道德墮落。這種問題的發生，儒家思想深厚的他，認為關鍵在於上一代（父母）在外工作，對子女的關心不夠。況且多數國家的青年，均在十五、六歲離校後，便獨自謀生，智力、體力均不夠成熟；又無父母管教，焉能不流於放縱和沉淪呢？

在歐洲，瑞士之美，已無庸說，而最可佩服的是國防力量之堅強。它之成為「中立國」，也是憑藉實力而獲得的。至於奧地利、比利時、盧森堡、丹麥等國的街道和大建築物，有不少是以具有卓越成就的學術人物命名，尤其引起劉真的讚賞。奧地利維也納的市區，仍保有古老的風格。區內最引人注意的便是貝多芬、莫札特的銅像。在丹麥哥本哈根市政府前的廣場上，則有童話作家安徒生的銅像。西班牙馬德里市中心，則有小說家塞萬提斯的雕像。凡此，無不說明了彼邦崇敬文學、藝術的文化特色。

在朋友的陪同下，劉真特地到貝多芬的故居去參觀。原來只是一間簡陋的小樓，而前來瞻仰的遊客，卻絡繹不絕。他頗為慨然、心想：貝多芬際遇坎坷，卻以堅忍的毅力，獲致成功。在東方世界中，這類傑出的人物何嘗少呢？但是卻絕少如此被大眾崇仰、愛戴。除了至聖先師孔、孟之外，我們的傑出人物好像只屬於少數特定的族群。李、杜、韓、柳的著作，也只限於知識份子欣賞、研究。「這未免太可惜了。」劉真思考著，「西方這一種風氣，對一般社會人士定然發生普遍的影響；至少使一般青年人明白，不做大官，不發大財，也可以發展抱負，達到立身揚名的途徑。相反的，我們中國似乎太忽略這點了。」

歸途中，他又想起在土耳其時，曾訪問過凱末爾故居。這些西方的大人物，其所以能有一番輝煌的事功，使劉真悟解到毅力的重要。「貝多芬的毅力最為驚人，也最令人感動。羅曼羅蘭的《貝多芬傳》，充分展現出貝多芬的人格。但望天佑中華，也有典型如此。」

這（五十七）年十月，劉真到了西德。一天，政大校友嚴翼長陪同劉真參觀科隆一所小學的宗教教學。擔任講課的是位年輕教師；教法生動新穎。小朋友們無不欣然向學。這樣活潑的教學方法，使劉真大為激賞。直到十多年之後，他在討論「論孝道教育」時，尚特地詳細記敘出來：

那次參觀的是一個低年級的教學情形，擔任教學的是一個年輕的女老師。她很安詳地坐在小板凳上面，像個母親正向小孩子們說故事的樣子。一群低年級的學生圍成一圈，天真活潑的眼神都灌注在老師的身上。那天所教的課程是耶穌和門徒在海上遇著風浪的故事。每個學生都有一本插畫精美的教科書。先由老師唸一段，然後再由學生讀一遍。接著就由學生提出問題。有個面目清秀的小男孩先舉手發問：「什麼是門徒？」另外一個較胖的小女孩問：「耶穌為什麼睡著了？」還有一個很聰明樣子的小女孩問：「什麼是信德不堅的人？」這些問題都要學生自己提出解答。按照德文「門徒」是「較年輕的人」的意思，所以有個男孩起立解釋說：「那些門徒比耶穌年輕，因而被稱做門徒。」老師當即加以指正說：「有些門徒的年紀比耶穌更大。他們所以被稱做門徒，是表示他們還有很多要向耶穌學習的地方。因此他們稱耶穌為師父。」那個小孩提出耶穌為什麼睡著了的問題的時候，其他小孩都笑了，認為這是不值得一提的當然之事。但是那位聰明的小女孩卻找出原因說：「耶穌當天說教傳道已經很疲倦了。」至於「信德不堅」一詞在德文裡意為「信德小的人」。老師問：「什麼是小的東西？」一個女孩回答道：「嬰孩很小。」老師說：「不錯，小的雖然還沒有成熟，但是會慢慢生長強大起來。信德小的人不信賴天主發生害怕的心理，但是仍然可能慢慢經過修養成為信德堅定的人。」這一課的教學不僅傳授了有關宗教的知識，而且還培養了學生的思考能力。例如那位老師問道：「如果小朋友們當時也在船上，遇到危險的時候怎麼辦？」有個男孩說：「跳到海裡游到岸上去。」有個女孩說：「應該將船靠岸。」老師補充說：「如果還來得及，而航程不遠，當然是很好的辦法。」另外一個女孩說：「應該將帆放下。」還有人說：「應該大聲哭喊救命。」甚至有個學生說：「趕快打電話通知警察。」後來那位聰明的女孩子指出說：「當時還沒有電話。」

為什麼劉真如此特意縷述出來呢？原來是：

我不厭其詳地敘述西德一個小學教室內宗教教學的情形，乃在說明無論宗教的或道德的知識教學，只要能採用適當的方法（例如以故事體裁和啟發方式），都可以收到很好的效果。因此，我認為在實施道德教育時，有關道德知識的教學是不應該被忽視的。

（《劉真先生文集》．㈠，頁二六八—二六九。）

隨後，他又到附近拜耳工廠參觀其學徒訓練制度。據拜耳工廠附設的職業學校校長說：

「本校分為工藝、電器、機械、化學、物理及商業等科。凡是基礎學校畢業生，均可申請為學徒。我們依照其能力、興趣分科，實施職業教育。」

這所學校的實習工場、實驗室和理化教室等設備，完全自動化。管理完善，為過去所參觀之職校所不及。只不過這樣完善的職校，必須有進步的工商業與之配合。否則，也是無法推行的。

有一日，劉真與西德的一位大學校長相晤。這位校長說：

「二次大戰以後，德國所遭受的物質上的損失，早已恢復了。但是精神上的損失，恐怕永遠無法恢復了。」

劉真對他的話表示同感，那校長因又說下去：

「從物質方面來看，今天的世界，好像什麼都有了。但若從精神方面看，今天的世界幾乎什麼都沒有。」

精神文化的沒落實在是整個人類的悲哀。報紙上說，整個西德的工人，不再像過去那樣勤奮，不知道人生究竟有何價值。有識之士均知，此種心靈上的迷茫無緒，完全是人文教育的失落所致。

西柏林工業專科學校（今改為工業大學）於戰時曾幫希特勒製造軍火。所有的學生都是有技術而無思想的青年。如今則改制為大學，且參照美國麻省理工學院的課程，規定學生必須選修哲學、文學、音樂等人文方面的學科了。

一天，劉真由在波昂大學教書的中國友人駕車在附近遊覽。車子到了一處名叫「楚耶」的小城。那朋友說：

「這小城便是馬克思的出生地。」

他們即刻停車，以好奇心的態度去看看他的故居。出乎意外的，這天雖是週末，但除了他們二人之外，無一訪客。劉真恍然大悟：馬克思那一套東西，除了在落後的地區尚有人當作寶貝外，西方遊客早已棄之如敝屣了。

與馬克思相反的是樂聖貝多芬，其故居在波昂，經常門庭若市，前往的遊客，徘徊憑弔，絡繹於途。劉真想：這真是最好的見證。一個充滿憤恨之心，挑撥人們彼此間的仇恨；一個卻以坎坷的生命，歌頌人類的愛心與歡樂。歷史對他們的判決，畢竟是公平的。

6. 高本漢與馬克思

到瑞典時，時序已入深秋。瑞典的中等學校教育，早在一九五〇年即廢除傳統的雙軌學制，採取美國的綜合中學制度。大學教育，也因學潮問題，正在進行制度上的改革。

中國學人到瑞典，不能不訪問高本漢。他是在漢學上最有成就的外國人，幾乎無任何外國學者可及。中國語言學權威趙元任對其極為欽佩。高本漢出生於我國山西省。室內中文著作甚多，案頭上便放著一本《左傳》，可知高氏對中國典籍的熱愛。他對中國政府也向來友善。許多中國學者如胡適、趙元任等，便是他相知甚深的朋友。他和劉真交談得至為親切，且關切的問：

「以目前中華民國在臺灣地區所具備的各種條件，要想光復幅員廣大、人口眾多的大陸，摧毀中共政權，確實有把握嗎？」

劉真知道高本漢中國文史的造詣極高，因答：

「高教授對中國政治哲學極有研究。我們中國古代政治家不是有兩句名言嗎？所謂：『得人者昌，失人者亡。』中國大陸的土地固然比臺灣大得多，但是你可從報紙上看得到，只有大陸上的人不顧生命危險投奔臺灣，你可曾見有幾個在臺灣的人志願前往大陸，甘受共黨的奴役？」

高氏聽了劉真的這番話以後，便笑著對劉真說：

「你的話很有道理，我完全同意；待中國大陸光復後，我一定要再回到我的出生地看看。」

那時，大陸上的所謂「文化大革命」正在進行之中，對中華傳統文化的破壞，造成無可彌補的傷害。但是，以中國歷史學家及哲學家的眼光看來，中共獨裁政權是終將為大陸人民所唾棄的。劉真和高本漢話別後，心中卻暗想著：「高先生，你再回到山西，看到往日童年的故居，其殘敗及人民的苦難，一定會流淚的。而我，負有教育責任的人，必須告訴學生、國人，『仁者無敵』、『暴政必亡』，乃是顛撲不破的真理。多一個人有此認識，國家便多一分希望！」

五十七年十月，聖誕節前夕，劉真由日內瓦搭機，到達倫敦。在英國住了約一個半月，參觀了牛津和劍橋大學、伊頓和哈羅公學。

牛津和劍橋兩所馳名遐邇的學府，位於倫敦近郊。少年時代，他讀過徐志摩的不少詩文，尤其是〈康橋的早晨〉中所描寫的景致，而今依稀可尋。雖然事隔將近半個世紀，但大英帝國的環保工作，卻值得讚美。康河依舊是那麼美麗，依舊是劍橋學生的最愛。

劉真也會見了正在劍橋讀博士學位的王曾才及曾在師大任教的吳協曼教授。

王曾才是研究近代史的，曾當選為十大傑出青年；異邦相逢，至為親切。這時，美、蘇兩大超級強國，正在壁壘分明的處於敵對狀態。大家談起國際局勢的發展，劉真肯定的分析：「三民主義之所以優於共產主義，主要是由於國父對人群的需要，比馬克思認識得更清楚；而且，對於世界的問題，比馬克思瞭解得更透徹。」這個觀點，獲得一致的認同。

劉真住在大英博物館附近一所旅社內，以便隨時到該館閱覽。這天館內的負責人引導他參觀孫中山先生在館中使用過的研究室。原來著名的《三民主義》中之〈民生主義〉便是在這兒完成了一部份。館中人又告訴劉真：馬克思的《資本論》，也是在該館完成的。同是一個地方，竟出現了兩位全然不同的人物。如今早已蓋棺論定。孫先生手創民國，推翻專制，而馬克思由於其生活窮困，兒子餓死，於是轉而仇恨資本主義。偏差的思想形成錯誤的學說。劉真好奇的到倫敦近郊一處公墓，看看馬克思的埋葬地。原來早已蔓草叢生，在一片荒塚之中，很久始行尋獲。馬克思創造了荒謬學說，身後自應遭到冷落。和其他世界名人的為人所懷念，完全是兩個樣子。他想到中國人所推崇的三不朽，更感到古人智慧的光芒。這也許是劉真晚年常書「有愛無恨」四字贈與青年朋友，來表達對他們的期望。

倫敦畢竟是個歷史悠久的都市。其時，戰時首相邱吉爾逝世剛滿十年。其故居在牛津大學附近。本來英國偉人多數葬於西敏寺。邱吉爾卻獨排眾議，要葬於自己的故居。劉真在那兒徘徊甚久。對於邱翁這位二次大戰期間的英雄，於戰後一度為英人冷落，連任失利，頗為同情。「可是，歷史畢竟是公平的。」劉真向陪去的朋友說，「只要對國家有實際貢獻，不必爭一時的榮辱。」是的，太注意一時的得失者，如何能堅苦卓絕呢！

英國素以保守出名，其教育事業則聽其自由發展。但近年由於適應國家經濟的發展，教育方向也不得不有所調整，因此，白特勒爵士(Lord Butlor)特發表《教育的責任》一書，對英國高等教育批評甚烈，指英國傳統上的教育偏重培植「經營帝國的人才」。現在帝國時代不再，自應調整以適應「技術時代」之需要。教育行政當局必須做「通盤預測」，避免發生「廢才過多而良才不足」的後果。

中學方面，英（包括法、瑞典）國已試行美國式的綜合中學制度，將文化陶冶與職業訓練二者同時實施，以適應工業社會的需要。

又由於科學技術的迅速進步，學校教學方法隨之革新，電視教學機、語言教學機及自動視聽機等視聽教具，業已普遍使用。為了配合此等教具、教法，學級編制、教學設備乃至學校建築，也不得不加以更新。過去「一師一室」的學校，今則多改為「多師多室」（圖書室、實驗室、遊藝室等）。過去「教師講、學生聽」的方法，今則改為相互的共同討論。

次日早上正要出門，忽然收到政大校長劉季洪的信；據稱，政大文學院長吳南軒退休了，希望劉真考察完畢返國，兼任文學院長。劉真立即回信表示婉謝。因為就是教育研究所所長的兼職，他都是勉為其難的，如何能再兼文學院長呢？

7. 周榆瑞談代溝，鄭天錫論事妻

十一月間，劉真和《聯合報》駐英特派員周榆瑞相晤。周原先是上海《大公報》的記者，因不滿中共而在數年前出走，投入西方世界，隨後加入《聯合報》。他請劉真餐敘。閒談中，談到非常嚴重的嬉痞問題。周榆瑞便說：

「這就是代溝(Generation gap)問題。兩代之間，沒法融洽，甚至親子不和，造成家庭問題。」

劉真自出國以來，對沿途各地的嬉痞現象，已極注意。他想，中國人將Generation gap譯為「代溝」，未免太嚴重了，也許譯成「代差」還好些。兩代之間，觀念有差別，這沒什麼要緊，不致造成相互間的衝突。

可是，劉真雖然如此想，卻沒將意見說出來。這次餐敘，引起劉真的再次沉思：「我必須將這種不正確的名詞翻譯，糾正過來。」

那時，雖然中英斷交已二十年，而基於政治理念的認同，中英的民間關係，依舊友好如常。這年耶誕節，劉真參加旅英華僑的聚會，遇見前駐英大使鄭天錫（茀庭）先生。自中英於民國三十九年斷交後，鄭大使及留英的使館同仁，彼此常相聚晤。僑團任何活動，必請鄭大使參加。劉真在倫敦雖時間不多，卻很快的與鄭天錫熟悉起來了。

不多久，便是民國五十八年元旦了，向來愛熱鬧的鄭天錫大使，特邀劉真到鄭府共度新年。為了怕劉真路徑不熟，已經八十高齡的鄭天錫，特預先連絡好師大校友佟秉正駕車來接送。

出乎劉真想像的是，這位擁有倫敦大學法學博士學位外交界的前輩，家居生活竟完全是中國傳統的風格。二次大戰前，鄭天錫擔任海牙國際法庭的法官，大戰期間出任中國駐英大使；隨後一直隱居於倫敦。但他對六位子女（三男、三女）的教育卻採取中國的傳統精神。父慈子孝，和樂美滿。

很顯然，鄭天錫這位前輩對劉真甚為歡迎。元旦中午的一餐飯，鄭大使特別邀了數位朋友來作陪客。

「吃飯人多才有趣味。」鄭天錫向劉真熱誠的表示。

「聽說，鄭大使也是烹飪專家，是真的麼？」有些知道內情的客人透露。

「我喜歡弄鱔魚吃，」鄭天錫說，「這是西洋人絕難享受的東西。不過，如今年紀大了，已少下手做了。」

「聽說鄭先生府上廚師的烹飪技術，也是您傳授的，是麼？」劉真曾聽過鄭天錫的這件趣事。

「不錯。」鄭老興味盎然的表示。「不過，今天的主菜，是我親自下廚的。」

鄭天錫大使這天的興致特別高。他告訴客人，他在來英國以前，遵母命，在香港結婚；六十年來，夫妻和順。於是客人中要求鄭老講述夫婦相處之道。鄭大使坦率的笑著說，他最大的秘訣，便是「怕太太」。他又說：「過去喜歡英詩，近年常讀中國舊詩。」於是在酒酣耳熱之際，即席寫下兩句「酒後戲作」：

歐風美雨新文化
事妻猶事太夫人

「中國詩很難作，一時只能作出這兩句，先送給你做紀念。以後再湊成下邊兩句，寫信寄給你吧！」說著，鄭大使把原稿送給劉真。然後講了幾個「怕太太」的故事，樂得大家無不開懷大笑。

8.美國學生的迷惘

民國五十八年三月，劉真結束了英國的考察，前往美國。有一位倫敦大學教授在機場相送，他說：

「劉先生，你這次到美國後，可能看到人類登陸月球的壯舉。但是人類的技術雖然可以登陸月球，而人類的思想，卻可以毀滅地球。」

這是劉真第三次訪問美國。一如歐洲各地的大學，學潮也在各地爆發。一天，劉真往霍浦金斯大學參觀。校長先生對於當前的美國大學教育，表示極端的失望：

「現在我們教育出來的乃是一批技術高超的野蠻人，滿腦子功利思想，只想賺錢。」

這種野蠻人不只美國為然，劉真一路行來，西德、法國、英國又何嘗不然呢？除了錢，世界上已無可以尋求的東西。然而，人，果真有了錢便有了一切嗎？

劉真回憶起十五、六年前，他第一次來美國考察研究，那時，他曾在州立賓州大學住過一段日子。每到星期天作禮拜時，師生們靜靜地前往參加。有一次，連艾森豪總統也去了。教堂內充滿一片祥和、親切的氣氛。會後，人們由草坪、樹枝下紛紛離去，滿含笑意。但是現在若干大學內的教堂，只有少數信徒參加，情況與以前大不相同。宗教已不再是人們生活中的一部份。既無人文教育，又無宗教信仰，其生活上的失調、精神上的迷亂，也就不足為怪了。

那時，旅美的中國學人、高等知識份子，尤具此感：

「人生觀，人生價值，根本沒人想過。」

目前，各國所發生的學潮、嬉痞等等問題，何嘗不是這一現象的表徵呢？「事實上，天下最可笑的是天天想賺錢改善物質生活，卻缺乏精神生活的修養。其結果是大學只能培養有用之人，而不能培養幸福之人。」劉真向旅美的學人如此分析，「只知追求物質享受，將永無滿足之時。基本上，這種一直處於物質不滿足的狀態中的人，是極其自卑和極其痛苦的。」

「所以無欲是最大的財富。這話是有其哲學依據的。」有人如此表示。

劉真接著又說：

「現在歐美的大學教育已出了偏差。往往受教育愈多，反而痛苦愈大。以瑞典為例，他們的社會福利制度是最完善的。但是他們的自殺率、離婚率，卻是全世界之冠。這完全是教育太注重科技而忽略人文所致。原因很簡單，他們的精神沒有安頓之所。飄飄蕩蕩，自然任意妄為了。為今之計，人文教育應與科技教育同步發展；並以人文指導科技，方能造福人類。」

幾天之後，劉真和旅美名學者何廉相晤，談及正在發展的學潮。何廉非常憂慮的說：

「像哥倫比亞大學這麼著名的學府，已有若干名教授因為學潮不斷，又無力制止，憤而改就別校的教職了。」

接著，何廉向劉真詢問臺灣的情形。

「臺灣自三十八年以來，各大學非常安定。過去在大陸上已經吃過了虧，都知道共黨的手段，不致上當了。」劉真回憶起身歷的往事。隨後，他又接下去，「目前仍在和中共隔海對峙，卻也不能以學校表面上的安定為滿足，應該防患未然。」

何廉與劉真早在抗戰期間，便已相識。他知道在處理學潮問題上，劉真有極為豐富的經驗。四月十七、十八兩天，劉真前往哥倫比亞大學訪友，正碰上學生在校園內坐地示威。該校民主社會學生會（有名的左傾青年團體）的學生若干人，竟公開講：

「哥大學潮僅係推翻美國資本主義大鬥爭的一小部份。不管犧牲如何慘重，學潮必將持續下去。」

共黨在美國下手最簡易的途徑便是各大學，因為美國無雇主、地主剝削工農現象，鼓動不起來。倒是在黑白種族問題、越戰問題上可以玩手段。有些美國青年為了逃避兵役，不敢返國。這也是學潮爆發的原因之一。

至於其參加份子的年齡，以年在十八至二十三歲之大學本科研習文法者為多。研究院與理工科者較少。因文法科課業較輕，喜愛活動，畢業後找工作困難，精神常感苦悶，故一經策動，即易隨之推波助瀾。

四月某一天，劉真與哥倫比亞大學師範學院院長費希爾相晤。談到當時學生的暴亂行為，費氏慨然的表示：

「現在大學裡對應該讓青年知道的講得太少，而電視中對不應該讓青年知道的講得太多。這樣下去，一般青年當然會不滿現狀到處鬧事了。」

另外，若干為了爭取選票的政客，也儘量投學生之所好，對於鬧事的學生不僅不予指責，反而使其成為新聞人物，於是一般青年，更得意忘形了。

當時，在全美近七百萬大學生中，約有百分之五的學生，經常鬧事，散佈在二千三百所教育機構中。雖然操縱者是少數人，卻因大多數人的觀望，不予反擊，致使學校、社會，兩蒙其害。劉真細心觀察，綜合出六個主要原因：

一、青年對傳統的教育制度不滿，包括巴黎大學、牛津及劍橋大學在內，均和現實生活脫節，不能滿足青年的求知慾。

二、大學教育過於偏重自然科學與實用技術，忽視人文教育，青年失去精神的寄託。

三、二次大戰後，各國的大學教育，急劇膨脹，師資與設備無法配合，更缺乏生活教育及道德陶冶。入學考試浮濫，家長不能和學校配合。

四、大學資深教授，徒具虛名，不能領導學生，且有不少譁眾取寵之輩，馴至假公濟私，推波助瀾，製造學潮。

五、蘇俄主持之世界民主學聯經常派遣「職業學生」至歐美各國潛伏活動。中共也插手其間，挑撥分化。

六、歐美政治領袖為了爭取學生支持，儘量討好學生，對鬧事學生，多方曲容，造成是非不分的混亂現象。

青年的道德墮落，普遍的只知追求物質的享受。電影和電視，無不以暴力及色情為主要題材。再加上歌手、明星們的驟然暴富，無形中鼓勵青年不甘腳踏實地的埋頭工作。

對於這種社會病態與亂象，劉真發現，哈佛大學自普西(Nathan Marsh Pusey)接任校長以後，便積極提倡宗教教育，鼓勵學生參加禮拜。耶魯大學也增設了宗教課程。此外，更有若干學校，推行所謂「精神更生運動」(Spiritual Regeneration Movement)，即印度瑜伽僧人瑪哈利喜發起的一項宗教性的社會運動。

而最令劉真注意的是，美國對語文教育的重視。一般美國中學的英文科課本，竟有三種之多：一是必須精讀的課本，分量不多，規定考試必須滿分，始為及格；二為培養學生閱讀能力之略讀書籍；三為基本文法。大學課程，則以配合社會需要與學生願望為主。教授方式，大都以討論研究為主，絕少注入式的灌輸。考試分為筆試與口試兩種。對學生的思考理解及語言能力同等重視。

9. 吳健雄論教育，不能完全學外國

五月間，劉真應何廉之約在紐約與幾位旅美學人餐敘。談起中國當前的大學教育，兩位教育界前輩李書華和何廉均表示，現在採取「質重於量」的政策，比較穩健。劉真一向也持同樣的看法。在其後的〈論大學教育〉一文中，他便說：「在英國，有人批評牛津、劍橋是貴族學校，但牛津、劍橋的學生卻很自負的說：『他們是知識上的貴族，而非政治上的貴族。因為他們是憑自己卓越的才智入學的，並不是憑自己的顯赫的家世入學的。』」（《劉真先生文集》㈠，頁四三二。）

這天的餐敘，極為融洽。更可喜的是，在結束餐會之時，著名科學家吳健雄教授自黎巴嫩貝魯特的「美國大學」講學返美，得知剛才在談大學教育，便坦誠的表示：

「中華民國在臺灣地區的教育，最好採取歐洲國家的政策。他們的大學教育，數量不求其多，收費不求其高，但學生的素質卻極為優秀。」

吳健雄一再建議劉真，務必向政府當局反映：「目前我們偏處在臺、澎、金、馬四個小島上，人力物力有限，決不可一味學習美國。美國地大物博，在教育資源上，常不免有『浪費』現象。我們的教育制度應針對自己的環境與條件，一個錢要能做兩個錢用。」❶

這次餐敘給劉真的印象頗深。他的大學教育的理念，因而更得到了參證。他認為採取一種最適當的甄選方式與收費標準，來培養優秀青年，使之成為國家有用的人才，確屬當前最迫切的問題。

不久，劉真到達舊金山。有一個留學生組成的團體邀他作專題講話。劉真在倫敦和周榆瑞曾說到嬉痞問題，認為（代溝）譯名不妥。現在劉真便趁機向大家說：

「我從去年七月初來歐、美考察教育，發現各國的嬉痞問題，非常嚴重。社會上一致認為這是『代溝』造成的現象。我以從事教育及研究教育的立場來看，認為並不適當。所謂『代溝』，更與中國文化的背景不合。因為我們教育工作者的主要目的是傳承民族文化。身為教師的人，本負有傳道、授業、解惑的責任，促使兩代之間意見的溝通，也可以說是兩代之間的橋樑。若是任其有『代溝』存在，則教師的使命，便算失敗了。我認為兩代之間的意見偶有出入，只能說是兩代之間的思想，有些差別而已。這『代差』和『代溝』是不同的，『代溝』是中間有鴻溝，『代差』則是大同中而有小異，是可以化解的。」

講到這兒，劉真發現不少與會的留學生都會心的微笑，表示頗能贊同他的意見。他這次在歐美的考察教育行程中，儘量的接受講演的邀約，就是要在講演中說明他對當前各項問題的看

---

❶ 十年後，即民國七十八年間，吳健雄以接受中央大學名譽博士事返臺，曾以前言詢之於劉真，有否將在紐約之建議向中央政府表示。劉真當即告以確已向政府談及，可見吳對教育問題之關切。

法。

10. 東京話舊並專謁朱舜水墓

民國五十八年六月，劉真由美返臺，路經東京。這個他青年時代留學的地方，和歐、美各國的情形差不多，學潮也在激烈動盪。東京早稻田大學校長時子山常三郎、廣島大學校長飯島宗一和劉真相晤，也因校長室為學生霸佔，只好改在學校外的一處餐廳。民主國家對共黨操縱下的學潮，似乎束手無策。人們只求在物質上追求生活的享受，發展科學技術。但對於充實生命的精神建設，全不在意，以致形成思想情感的貧血症。

劉真在東京，曾約晤旅日的師大校友劉焜輝、鍾清漢、洪祖顯等三人，他們問老校長有何最想參觀的地方。劉真便說：

「我想去瞻拜朱舜水墓園！」

最初，三位校友頗有些意外。因為他們知道，老校長是留日學生的前輩，在政界、文教界有不少故交。想不到老校長竟然摒棄一切，去瞻拜四百年前的中國歷史人物。

由東京搭乘火車前往水戶朱舜水墓園，並不太遠。一路上勾起劉真的萬千回憶。他懷了肅穆的心情進入朱舜水的墓園，在墓園前特攝影留念。舜水是有明大儒，清軍入關，領導反清復明失敗，在一六五九年隻身流亡於日本。初抵長崎，一貧如洗。日本儒士安東守約聞之，因欽佩舜水的學養德望，執弟子禮，且以俸祿之半贈奉。一六六四年，德川將軍遣儒臣迎聘舜水至水戶，尊為賓師，備受朝野推崇。一六八二年舜水逝於江戶駒市，享年八十三歲，葬於德川私家墓園，足見對賓師的仰慕。想著想著，這四百年前的偉大學者，彷彿如在眼前。偉人是不死的！

在計程車上，連約莫四十來歲的司機，都知道偉大的朱舜水，說：

「德川將軍是日本最偉大的人物。朱舜水是德川將軍最崇敬的學者。可見朱舜水比德川將軍更為偉大。」

聽了這位頗有水準的司機之言，四個人都欣然的笑起來。學問和人格，永遠是不朽的，不論空間和時間。

劉焜輝在途中向劉真說，他與余阿勳兩人合譯的《日本的真面目》一書，可望近期在臺北出版，「希望校長（劉真）能給我們譯的書，寫篇序文，以為介紹。」接著，劉焜輝便將原作者河崎一郎（日本前駐阿根廷大使）及書的內容，向劉真作了一個大概的報告。

「沒有問題。」劉真隨即應允了。對於譯書，他一向是極為鼓勵的。何況日本又是劉真一向關心的國家呢？❷

---

❷《日本的真面目》於民國五十八年八月，由黃河出版社出版。劉真為之作序。

11. 向蔣總統報告考察經過

七月十日，劉真自東京回到臺北。一年的考察生活，於焉結束。第二天，蔣中正總統便在總統府約見他。首先關心的問：

「旅費夠了沒有？」

「政府發給我的考察用費，還剩下三千多美金。我已交由國家建設計畫委員會繳還國庫了。」劉真報告。三千元美金，差不多是當時一位大學教授的全年收入。

「哦。」蔣總統笑說，「你用得很省！」過後，他要劉真簡要的報告考察心得。

「我國近年的教育，在量方面已經發展得夠快了。」劉真扼要的口頭報告，「今後應該重視質的提高。特別是高等教育方面，大學生與人口的比率，幾乎超過了歐洲素來教育發達的國家。歐洲大多數國家實行中學畢業會考：凡是不適於作高深學術研究者，在中學畢業前便已經淘汰了。美國雖然沒有實行會考制度，但學生進入大學之後，不斷的嚴格淘汰。我國大學教育只重入學考試，進入學校之後，不能畢業的絕無僅有。似此情況，大學教育水準，自然難以提高了。」

「這一點很重要。」蔣總統頗表同意，「大學教育是應該實行淘汰制的。」

劉真自從受命辦理臺灣省立師範學院開始，便認為大學教育淘汰制極其重要。這一年的歐美教育考察更堅定了此一信念。

這天，劉真並懇切向總統建議：

「近四十年來，我覺得軍事教育進步最快，科技教育次之，人文社會科學教育進步最慢。現在很多大學文法科的畢業生，都缺乏應有的語文能力，往往寫不出一篇夠水準的文章。今天我們不能諱疾忌醫，必須積極加強人文社會科學教育，最好能迅速增設中國歷史研究所、中國哲學研究所、中國文學研究所等人文科學的高級研究機構。因為這一方面老一輩的學人已經不多。如果不趁他們健在的時候，把他們的學問傳授給下一代，將來難免不發生『青黃不接』的現象。」

劉真又陳述：

「科技師資缺乏，我們可以請外國人來任教，但人文社會科學方面的人才，必須由本國第一流的教授來培養。」

蔣總統深表贊同。可是，那正是所謂「科技掛帥」的時候，劉真的建議都被教育行政部門擱置了。

12. 教育部長易人曲折

向蔣中正總統報告之後，劉真即返國家建設計畫委員會❸，正好周至柔主任委員也在。他邀劉真至其辦公室談敘，首先問：

「蔣先生有沒有什麼指示呢？」

「沒有。」劉真坦白的表示，「我向總統提出一些建議，希望總統注意人文學科方面的人才培養。……」

「此外，總統問起我在國外的旅費是否夠用。我答，已經將剩餘的旅費美金支票三千餘元繳還國庫了。」

「白如兄，到國外考察剩下旅費交還國庫的事，還沒聽有誰這麼做過。」周至柔隨後又低聲告訴劉真：

---

❸ 國家安全會議於民國五十六年四月成立。劉真奉蔣中正總統面諭，出任國家建設計畫委員會文化組副召集人。五十八年七月升任召集人。民國六十一年八月，國家建設計畫委員會改名國家建設研究委員會，召集人改稱主任。同特任職。此一機構於八十年七月三十一日結束。劉真共任職二十四年又三個月，始終其事。同年八月，受聘為總統府國策顧問。

「蔣先生原擬派兄擔任教育部長，只因有些人表示，目前科技第一，怎可以人文學者充任？不過，蔣先生本人對兄之賞識，則完全可以肯定。」

原來就在劉真赴歐美考察教育返國前數日，教育部長突然換人了。有些敏感的政壇人士，便覺得此事頗不單純。因為依照蔣中正總統行事的習慣，除非特殊因素，凡派遣出國考察，回國後大都調任重要職務。且以劉真在學術文化界之物望，其返國就任教育部長之職，幾乎已是當然的發展。所以劉真當時之未能出任教育部長，外間頗多揣測。有一天黃季陸曾獨自到劉真家中訪談。這位曾追隨 國父，出任過四川大學校長、教育部部長，現任國史館館長的元老，一向以消息靈通聞名。一見劉真，便開門見山的問：

「為何蔣先生已經決定的事，會有變化，實在令人費解了。」

劉真聽了，便立即向黃季陸表示：

「蔣先生從未向我提及此事。這些傳言，大概是一般人的想當然耳。」

「哈哈，不可思議！」黃季陸是位經驗豐富、熟悉內幕的政要，這時冷笑了幾聲。然後用四川腔嘆了一口氣：

「政治就是那麼一回事，還有什麼道理可講嘛！」

所幸劉真素性淡泊，並不在意。

不久之後，蔣總統特派劉真為文化組召集人，而以教育部政務次長兼任副召集人。召集人乃特任官，待遇與教育部長同。周至柔在這項新職調整以後，特向劉真說：

「這是一個特例。因國家建設計畫委員會裡其他各組，仍由相關部會首長兼任召集人。蔣先生對於用人，極費苦心，更通達人情，現在這一人事安排，便可見一斑。」

事實也是如此。劉真雖受知於故副總統陳誠，但蔣總統對劉真的器重，並不亞於前者。大家以為劉氏未能出任教育部長，並非才識不逮，倒是由於其學養傑出之故。

這一天，政大校長劉季洪再訪劉真，而且帶了聘書來。

「白如宗兄，」劉季洪說，「下學期請你無論如何接受文學院院長兼職。聘書都已經寫好了。」

由於劉真與劉季洪同姓，一為皖北、一為蘇北，生活習慣相同，故而交往密切，情若兄弟，並以宗兄、宗弟相稱。劉真回說：

「在國外，我就表示無法兼任了。」

「那麼，就請你推薦一位院長人選好了。」既然劉真堅辭不就，劉季洪只好轉變方式。

「我想推薦方豪教授怎麼樣？」方是臺大教授、天主教神父、著名史學家；稍後復當選中央研究院院士。

劉季洪當即表示同意。方於是由臺大借調，出任政大文學院院長。為校舉賢，全無門戶之見，有幾人呢？

其時，政大新建了一批學人宿舍，在學校附近化南新村內。劉季洪校長本意係分配給幾個研究所所長住用。他向劉真說：

「新宿舍安靜方便，環境又單純，你搬過來我們就可以隨時晤談了。」

但劉真因知還有許多教授無屋可住，覺得讓給這些同事更適當，便寫信給總務長盧元駿，放棄了學人宿舍的權利。盧元駿頗表驚訝，因為人人知道「臺北居、大不易」呀！

「每位教授若都和你一樣，我這個總務長就好做了。」提起配房舍，百分之九十九的主辦人，無一不傷腦筋。學者、教授，到了有利可爭的時候，其激烈有時不讓於市井之輩呢！

13.豐碩的歐美教育考察報告❹

除了向蔣中正總統口頭報告之外，劉真並寫就一份非常充實的書面報告，題為〈考察歐美教育的經過與觀感〉，全文約四萬言。在報告中他首先表示，由於聯教組織經常刊行各國教育實況，各圖書館已有收藏，故不必一一列述。「謹將年來考察所得，就當前各國教育之共同趨向、重要問題、我國教育與歐美各國之比較，以及如何促進我國教育之革新事項，加以陳述，藉供參考。」（《劉真先生文集》・㈡，頁九九六。）

---

❹ 有關考察經過請參閱本章第四、五及八各節。

而在〈各國教育之共同趨向〉方面，劉真指出四項要點。

第一為教育與國防及經濟建設力求密切配合：

第二次世界大戰盟國之勝利，因素固多，但原子戰之具有重要決定性，則為無可否認之事實。……美國一九五八年公佈之國防教育法案，即為最顯明之實例。至經濟方面，工業化為經濟建設之基礎。而振興工業端賴大量優秀技術人才之培養，故發展教育實為促進經濟建設之前提。

先講研究方面，以色列雖然是小國寡民，但其魏茲曼科學研究所(Weizmann Institute)所進行之基本自然科學研究計畫多達四萬餘種。由癌症、水利、至海水變淡水等，至為廣泛；研究員達一千一百餘人。再如伊朗等國，除教育部外，另設科學研究與高等教育部等機構，可見其重視科學之一斑。

其次，各國均在延長國民教育年限。美國各州多在九年至十二年之間；西德原為九年，已計畫延為十年；英、法、義亦均準備由原來之十年，延長一至二年。日本戰前為六年，現已延為九年。即教育素稱落後之西班牙，其義務教育亦已決定延長為八年。

近年各國普遍加強中、小學之外語教育，大部份自小學五年級開始。初中一年級（十二歲左右）開始學習第二外國語。西德、英、法、以色列、荷蘭等國高級中學須學習四種外國語文。……美國近年漸以俄文為主要外國語，中文亦甚受重視。同時，各國為大量培植經濟建設所需要之人才，皆以發展技職教育為施政重點。

第二是教育發展多根據社會需要擬訂長期計畫，如英國白特勒(Lord Bother)一九六八年十一月發表《教育的責任》一書，建議教育行政當局應從事「通盤預測」，以免發生「廢材過多而良材不足」之現象。再如西班牙一九六八年公佈之第二期教育發展計畫，對其師資、經費籌措，亦均有詳盡之規定。

第三為教育改革成為各國共同之迫切要求。如何改革呢，則分為(1)學校制度(2)學校課程(3)教學方法等三方面。

西德特別重視大學教育之改革，其聯邦總理曾言：「吾人應尋求今日青年心理不安之因素，認知大學應具備之時代精神，採納改革的要求。」西班牙政府決定：(1)積極發展職業教育，提高就業機會。(2)改革學制。(3)鼓勵清寒優秀學生深造，每名每年給予一千一百零七元獎學金。(4)發行大學教育公債。

關於課程問題，劉真指出，二次大戰後，英、法、瑞典等國，均試行美國式之綜合中學制度。將文化陶冶與職業訓練，同時實施。至於教學方法，則多以擺脫傳統教育方式，充分利用新的設備，如螢幕、放映機等。

第四是教育學術合作範圍，日益擴大，可分三方面：(1)政府及工商企業機構與學術團體合作。(2)大學校際之合作。(3)國際間之合作。

談到「當前各國教育方面所面臨之問題及對策」時，劉真認為：⑴是「大學學潮」。⑵是「青年墮落或行為失常問題」。⑶是「青年道德墮落問題」，均極其嚴重。劉真說：

「青年道德墮落，實與家庭及社會均有關係。成人社會之貪財縱慾，傾軋虛偽，對青年發生感染作用。最近美國某一雜誌曾諷刺美國社會之崇拜金錢勝於崇拜上帝；並對學校教育，批評尤多。……欲以虛偽之教育培養學生誠實之品德，豈非緣木求魚？為今之計應該：⑴加強宗教教育。如美國哈佛大學自普西(Nathan Marsh Pusey)接任校長以來，即積極提倡宗教教育，聘請教師講解宗教與文化的關係，鼓勵學生參加固定的禮拜。耶魯大學開始為各年級增設宗教課程。其他各大學也增設『宗教心理學』、『耶穌的生活與教義』、……。⑵推行精神更生運動。所謂『精神更生運動』乃係印度瑜伽僧人哈利喜所發起之一種宗教性的社會運動，指導信徒『超凡入定』的工夫。……入定後不僅可袪除食用麻醉劑及其他毒品之惡習，且可治療各種心理與肉體上之病症。……」(同前注，頁一〇一三。)

劉真對於「人才外流問題」，指出英國的對策為：⑴大量投資工業，以產生高度智力與技術的工作機會，吸收人才。⑵經常檢討國家性的研究與發展計畫，以確保新觀念之有效利用。⑶政府以經濟支援之工業建設方案，每年公佈檢討結果。⑷政府及工業界應保證適當供應經費，以償付對長程研究發展計畫所作之風險開支。⑸政府應考慮對製造工業給予經濟鼓勵，以促進其聘用更多具有高等資格之科學工藝人才。⑹在英國國內，各行業間應保有高度之機動性，俾各從業人員可隨社會之需要變動適時轉業。其轉業後之養老金，亦應隨之調整。(7)在工業管理經營方面，應更加專業化，多向美國及其他國家觀摩學習。(8)科學家、工程師及工藝家應有機會參預各公司業務決策之釐訂，俾能儘量發揮其對企業界之影響力。(9)工業界應隨時準備新聘及留任最佳之工程師及工藝家等，並制定全國性政策，對年輕才優之此等人員，根據甄選成績，予以高薪。(10)工業界應任命更多工程師及其他高級科學技術人才擔任董事，並充分採用科學化之專業晉升程序。(11)工業界應努力吸收各大學內之專門人才，並選任更多大學教授擔任董事。大學方面亦應延聘更多工業界人士擔任教師。(12)大學方面應就工業界之需要，訓練專門人才，以期學以致用；同時亦應承認工業界之實驗成果為學術研究之同等成就。在可能範圍內，各大學並應考慮聯合或合併其工程、工藝及純科學之各個學院，以收人才設備集中使用之效。英國政府工藝部且成立一辦事處，並在美國及加拿大設立分處，負責聯絡，作為英國工業界與旅外人士之橋梁。可惜因英國經濟不景氣，收效不大。

劉真在報告中，論及「我國教育與歐美各國教育之比較」時，則分四點言之。首先認為「教育制度」缺乏彈性，太重形式。「如中央政府內主管文化教育事務之機關。自清末迄今六十年來，僅有教育部之設，去年始於教育部內增設文化局。……」第二是教育人員方面，法、德兩國對師資訓練最為重視。畢業後尚須經過極其嚴格之國家考試，及格後方得任教。西德中、小學教師訓練，特重「實習」，師範畢業後實習二年，及格後，始得擔任正式教師。凡專業性之教育，無不包括「實地訓練」。例如大學工農學院及專科學校之入學資格，皆須具一至三年的實際工作經驗。各國中、小學校長及教育行政人員，如教育局長、督學等，亦須具備教育專業資格。

關於教學方面，劉真指出，歐美各國的中、小學雖然實施班級制度，但對學生個別興趣、適應能力，至為重視。每班之內，常按各人之程度分為若干小組，採用不同教材，及規定不同進度。……教師上課時，儘量利用各種輔助教學工具，如幻燈、電影，以引起學生興趣。歐美各國教育之進步，似較我國更為迅速。

至於我國教育方面的優點，最重要的是教育方針的正確。今日歐美及日本青年的徬徨苦悶，學校動盪不安，最大原因為忽視倫理教育。我國教育數十年來，從未脫離人文主義之範疇。國父繼承我中華民族文化傳統，提倡恢復固有道德。總統亦特別昭示倫理、民主、科學乃三民主義之主要內涵，也是我國教育的最高方針。因我國一向有尊師重道之傳統，故各國鬧學潮、教師集體辭職等事我國甚少發生。

劉真對「我國教育改革問題之意見」更提出兩項原則：

一、必須符合三民主義的教育理想，以實現　國父遺教暨總統訓示為教育革新的指標。

二、必須根據國家建設的實際需要，以促進科學化、工業化為教育革新的基準。

他並引述　國父民國元年對中國社會黨講〈社會主義之派別及批評〉一文之言云：

> 圓顱方趾，同為社會之人，生於富貴之家，即能受教育；生於貧賤之家，即不能受教育，此不平之甚也。

又引蔣中正總統〈革新教育注意的事項〉一文之言：

> 目前大學用書之流弊，即在以西方資本主義之觀點，以與三民主義之觀點，相互混淆，甚至牴牾相反。以這樣食而不化之課本與教育，而欲建立其三民主義的新中國，豈非南轅北轍？所以過去教育對我國家前途，不見其效，而多見其害了。

劉真認為　國父及蔣總統的教育思想，可歸納為四點：(1)量智施教。(2)公費育才。(3)造產興學。(4)學以致用。

劉真認為，為貫徹　國父量智施教之理想，政府似應一面約請專家編造一套完善的智力測驗，自小學一年級開始，每年定期普遍舉行，期能確實明瞭各個兒童之智慧程度；一面培養合格的輔導人員，加強各級學校的輔導工作，使兒童在教師之輔導下，自願接受其「性之所近」之教育。此外，政府尚須對社會公眾作一番心理建設工作，使大家知道兒童應屬於整個的民族，而非一家的私產。如果一個兒童勉強接受與其智慧及個性不適合的教育，不僅其本人感覺痛苦，亦造成國家民族的損失。

不過，智力測驗與輔導方法固然可以幫助教師瞭解學生之個性，以為因材施教之依據；但兒童與青年之興趣與志願，亦常因客觀環境與主觀條件而有發生變動之可能（人的智慧亦有發展或表現較遲者，中外歷史上不乏先例）。中、小學時期對兒童與青年所作之性向試探工作，充其量僅能作為學生升學擇業之參考。如果在進入中學以後，即少有轉校轉科之自由，自必影響其天賦才智之發展。當小學及初中畢業階段，更應為學生開闢較多的學習途徑，以便兒童與青年作最適當之選擇。一個國家的學制倘能具有相當的彈性，予各級學校學生轉校轉科之便利，則學生在智力測驗中可能受到的「錯誤裁判」，尚可藉轉校轉科的機會有所補救，以免僅憑數次智力測驗結果，來決定一個學生的終身命運。其次，為使一般家境貧寒努力自修的青年能有更多深造之機會，政府對於以同等學力升學之限制，似應予以放寬。（參閱《劉真先生文集》・㈡，頁一〇三二。）

劉真對「公費教育理想與助學貸金制度問題」，也提出他的看法：

「國父認為欲謀教育機會之真正平等，必須實施公費的教育制度。政府所辦之學校，不僅免收學雜各費，而且供給膳宿衣履書籍等項。此項公費教育之理想，或許有人以為立論過高，不易實現。尤其若以今日美國一般大學多以學費收入為經費主要來源之事實觀之，可能認為國父此種理想有背現代教育潮流。但是如果再從中國教育之傳統精神與歐洲英法等國之現行制度加以研究，則將不能不欽佩　國父理想之遠大。」劉真並表示：

「就個人此次在英、法兩國考察數月的所見，乃知該兩國雖無公費教育制度之名，但實際上與　國父之公費教育理想極為接近。姑以英國為例言之，英國中、小學學生不僅免繳學雜等費，且由政府供給文具、牛乳、午餐及交通費（對須乘汽車火車通學之貧苦兒童另發交通費）；高中畢業會考及格入大學後，本地縣市政府及區公所等機關即按照所入大學之需要如數補助，使凡才堪深造者皆有上進之機會。故　國父嘗謂『泰西人才之眾多，實賴有此教養之道』（見〈上李鴻章書〉）。政府似可根據　國父公費教育之理想，正式建立一種極完善的助學貸金制度，以為國家實施公費教育前之過渡辦法，俾貧寒優秀青年不致受家庭經濟的限制，失去充分發展其天賦才智之機會。」劉真並列出理由與辦法如下：

一、助學貸金與獎學金性質不同，更可發揮培養人才之作用。目前政府及若干基金會雖設有各種獎學金，但獎學金之核給，係以各校學業成績為主要標準。殊不知各校之間分數寬嚴極不一致，若純根據分數給予獎金，並不絕對公平。

二、對在校學業成績優良的學生，固應予以獎助；但對學業成績較差確屬埋頭苦學之學生，似亦應予以協助，因「肯努力」之青年與「分數高」之青年將來在社會上，均可有所貢獻。事實上，前者或較後者貢獻為尤大。若僅有獎學金之設置而無貸金之設置，則志切上進之青年常因數分之差，而不能完成其學業，故設置助學貸金，實具更重要之教育意義。

三、助學貸金可配合國家教育政策，決定貸金給予之科目，如政府注重理工或人文學科，則以學習此類科目者有優先機會。每年可選擇重點，公佈貸款科目，似較獎學金影響更大。

四、獎學金之數額，常受規程之限制，伸縮性甚少，故往往僅具獎勵作用，並不能完全解決受獎學生經濟上之困難；但助學貸金則因性質不同（因須償還），數額上可有較大之伸縮性，貸款機關得審查貸者實際所需情形，核給貸款。

五、獎學金給予獲獎者後，不能收回，故政府及一般團體所設之獎學金，純係一種消耗性之開支。貸金則係循環基金性質，若干年後，仍可收回，貨幣可能貶值，損失究屬不大。故政府就財政眼光言，貸金亦較獎學金更符合經濟原則。

六、歐洲及中東若干國家均於政府預算中正式列有貸金專款，數字龐大。例如瑞典一部份銀行之主要業務，即為辦理學生貸款，按其性質幾可稱之為「教育銀行」（與我國之農民銀行相似）。以色列雖一蕞爾小國，每年政府即列有約合美金一千萬元之學生貸金預算。義大利、奧地利、希臘等政府，亦均列有固定預算，作為學生貸款之用。

七、我國政府目前倘因財政困難，無法指撥貸金專款，似可以都市平均地權後每年增收地價稅之一部份，作為設立此項助學貸金之用。現中央已規定都市平均地權所增收之地價稅，辦理各種社會福利事業，倘能分配一部份社會福利經費用為學生貸金，實與修建貧民住宅、醫院等，同具重大意義。（根據臺灣省中小學教師福利會辦理各項福利之經驗，以助學貸金一項，最受中、小學教師之歡迎，且亦最著成效。）

八、我國政府為建立長期性之助學貸金制度，似可於教育部內成立一常設委員會主持其事，或委託中國青年反共救國團辦理。對於經費總額、貸予方式（舉行公開考試或個別審查）等，均可比照其他國家辦法，加以規劃。

在報告中，劉真呼籲：「以上所述助學貸金辦法，目前國內已有若干機關團體著手實施，惟以規模甚小，成效未著。政府倘能根據　國父公費教育之偉大理想，以建立貸金制度為推行公費教育之過渡辦法，似可籌措鉅額基金，成立健全制度，使全國大多數之在校學生與社會青年，凡有志向學者，皆可憑藉政府之貸款達成其上進之目的。其對國家未來影響之深遠，不難想見。」（同前注，頁一〇三六—一〇三七。）

劉真以個人年來在歐美各國停留期間體察所及，深感欲謀國家社會之安定進步，固須多方面之努力，但最主要者不外兩端：

一、必須使全國最貧苦者之生活，皆可獲得最低之保障。

二、必須使全國最優秀者之才能，皆可獲得最大之發展。

由上述大要觀之，頗可概見劉真的教育思想，不僅具有儒家傳統的博愛精神，而且符合現代的國際潮流。

復次，劉真就「升學主義與國家工業化問題」，也充分評析，呼籲政府應該厲行專業制度，而以升學為目的之普通高中，則絕對採取重質不重量之政策。他認為「欲國家工業化，必須全國大部份青年均能直接從事生產工作，而青年亦惟有投身工商業最易施展其抱負。」青年不肯接受職業技術教育，則係現行教育制度未能配合之故。若能厲行專業制度，對高中採重質不重量政策；另一方面鼓勵公、民營之生產事業機構兼辦技職教育，以利學生之實習與就業。劉真並強調，人文社會科學與自然科學應平衡發展，自然科學之研究結果，可以提高技術水準，直接造福人群，與工業發展及經濟建設具有密切關係。惟近年社會各方面頗有特別偏重自然科學、忽視人文社會科學之傾向。我國對自然科學之研究，向較落後，目前為促進國家工業化與現代化，自應積極提倡，期能迎頭趕上。但若就人類社會整個幸福之久遠觀點言之，則人文社會科學毋寧較自然科學更為重要。故目前歐美各國一般教育家均感有充實人類精神文化之必要。

這篇〈考察歐美教育的經過與感想〉，是劉真考察一年的最完整記錄，對中國當前的教育問題及未來改革的途徑，分析至為精微而具體，文末曾引述西洋故事一則，「以為本文之結束」：

> 法國元帥李奧德(Mashal Lyautey)一日對其園丁說：「明天替我種一棵樹。」園丁答道：「一百年恐怕也不會結出果實來！」李奧德於是說：「那麼，下午就開始種吧！」

最後，他又懇切的說：

> 我國素以教育為國家百年樹人大計，吾人苟欲提早收穫「百年樹人」之果實，則對教育革新工作，似應即時開始，不必待諸明日！

第二十四章　教書匠與教育家

1.「美國全國教育年會」及晏陽初讜論

民國六十四年七月，美國全國教育協會第一一三屆年會在洛杉磯舉行，劉真應邀前往參加。距離前次旅美，已經整整六年了。這六年中，美國的教育發生相當嚴重的現象。他山之石，可以攻錯。劉真在旅途中便立即以〈出席美國全國教育協會第一一三屆年會紀要〉為題撰文，呼籲國人重視。

他指出，美國學生不良行為及暴力事件，在美國各地已成司空見慣之事。僅紐約一地便有百分之三十至六十的學校發生暴力事件，不曾向有關當局報告。因為教師、學校均怕遭到報復，以致家長和社會均被矇在鼓裡。鬧事學生得此庇護，自然變本加厲，校園暴力因而愈演愈烈。

當會議進行期間，劉真聞悉，美國教師失之過寬而姑息者之外，也有過於嚴峻而失當者。

該協會副會長麥克高爾(Wllard Mcguire)即稱，曾親睹一位教師，於十二月七日這一天，因日裔學生犯了小過，竟罰其在教室內全日面壁。是日為日本偷襲美國珍珠港紀念日，此一教師或因懷恨而有此一過當之行為。此種行為實為導致學生暴力之因素。劉真指出，教師既能動手打學生，學生有樣學樣，乃自然之理。易言之，教師之一言一行，無不直接影響及於學生。

劉真十三年前曾參加此一教育協會之一百週年紀念大會。十三年後，竟發現美國教育確實已發生嚴重問題。在〈紀要〉一文中，他提出三點，期望國人注意：

一、美國學風之壞，源自學校對學生過於放縱。何以致此，則由於教師對「兒童本位」、「自發活動」之理論，未能真正了解；名曰「愛的教育」，實乃「有愛無教」、或「愛而不教」。實則所謂「愛的教育」，係以愛為出發點，以教育為目的。

二、各國師資訓練機構僅注意教學相關的知識與技能，忽視教師對專業道德之陶冶。美國近年教師之行為被指為「不誠實」者有之，即是缺乏專業道德之證明。雖有「法定資格」，不一定能成為優良教師。我國特別重視師道之傳統精神，確有加以發揚光大之必要。近年美國加州議會通過以孔子誕辰為其教師節，意義當在於此。

三、美國仍為國力最雄厚的國家，年來經濟稍有萎縮，即減少學校教育與科學研究經費，以致造成中、小學教師罷教與大學研究工作停滯的現象。故被批評為「短視與不負責任」。反觀我國自政府播遷來臺，偏處一隅，但教育經費，逐年增加；教育事業突飛猛進，國民教育延長為九年，教師待遇不斷調整，薪給在同級公務員之上。此種事實，比之其他國家，足以自豪了。

就全文言，劉真對教育工作者之慰勉和期許，是顯而易見的。文章完成於美國旅次，更可想見他內心之急切。

在年會之後，劉真偶然間和聞名中外的教育家晏陽初相晤。晏氏高風亮節，舉世同欽。他慨嘆的表示：

「近幾年很多國內教育系的畢業生前來美國留學，拿到碩士、博士學位後便返國，擔任大學講師或副教授。不過，我這幾年觀察和接觸所得，這班拿到學位的年輕博士，對中華傳統文化，及國內的社會狀況，所知實在甚少。」

這和劉真的觀察，幾乎完全相同。晏陽初又說：

「就是對美國，他們也只是一知半解，除了找教授、上圖書館外，對美國社會則可能全無接觸，既不瞭解中國，又不瞭解美國。所以欲其不誤導青年，恐怕很難了。」

對於晏陽初這位前輩教育家的話，劉真也有同感。

隨後晏陽初向劉真表示：“Non-Education is better than Mis-Education.”（無教勝於誤教）。言談

之間，「無奈」之情，表露無遺。

2. 再度呼籲設立教育銀行

民國五十八年七月，劉真由歐美考察教育歸來，曾向政府建議設立教育銀行。翌年八月，教育部召開第五次全國教育會議，劉真被推為教育經費小組召集人。在會中，劉真提出「教育貸金制度及籌設教育銀行」等建議，曾獲全體代表一致通過。八月三十日（即全國教育會議閉幕後之翌日），《中央日報》曾以〈教育銀行〉為題，發表「短評」，但輿論支援，無補實際。因為財政當局均基於本位主義，以為教育銀行無利可圖，甚至怕發生「呆賬」而不予支持。劉真乃於民國六十五年二月，再度呼籲設立教育銀行。特以〈設立教育銀行芻議〉為題，發表專文於《東方雜誌》上，大聲疾呼，指出：

> 目前若干銀行發生「呆賬」問題，多係人謀不臧。若為防止「呆賬」而不願增設銀行，無異因噎廢食，自非「大有為」政府應有的做法。而且事實上，只要制度健全，辦法周密，一定可以避免呆賬的發生。例如臺灣省教育建設基金委員會多年來貸予公私立學校的款項，從未聞有屆期不還的情形，一直保持「有貸有還」的記錄。所以政府對教育銀

行之應否設立，決不要從消極的防弊方面去考慮。而且退一步講，倘若教育銀行果真有助於教育的發展與人才的培養，則即使有少數貸款不能如期收回，也不能算是國家什麼了不起的損失。更何況世界上沒有那一個國家的銀行，可以絕對避免呆賬的發生。所以銀行縱有發生呆賬的可能（甚至發生青年公司冒貸案類似事件），亦不構成否定銀行存在的理由。

其次，又自社會觀念上分析：

把教育視為純粹消費性的工作，這乃是過去傳統的觀念。今天大家已經普遍認定：教育乃是一種利益最大的投資。不過這種投資所獲得的利潤，往往不易為一般短視的人所覺察。至於農工生產事業，很快即可收回成本獲得利潤，故大家都願在這方面大量投資，而公私銀行亦樂於優先貸款。殊不知如果從國家社會的久遠利益來看，教育投資所獲得的利益實較一般生產事業更為鉅大，決不是可以用數字來估計的。而且教育銀行僅係以較低於一般銀行之利率貸款，並非絕對「無利可圖」。如此則於發展教育事業培養國家人才目標之下，尚可達成其經營金融業務之目的。故就銀行學的理論而言，教育銀行也是可以設立的。（《劉真先生文集》・㈠，頁四九六。）

劉真此文發表之後不久，一九七六年八月在美國華府舉行的世界教師組織年會亦決議：「設置教育發展基金，以為成立教育銀行之準備。」

十多年後，一九八九年一月十一日，中共人民廣播電臺廣播：大陸一部份大學校長提出成立中國教育銀行的設想。顯然劉真的教育建議，獲得了中外的認同。在香港發行約四十年之久的《新聞天地》週刊，這時也以〈開設教育銀行不宜再緩〉為題著文支持。

3. 匠、家之分

民國六十五年五月，劉真應邀在臺灣省國校教師研習會發表演說，題為〈教書匠與教育家〉。這是一篇長達萬言的大文章，內容精闢，傳誦一時。他指出「匠」與「家」代表了不同類型的教師。劉真以菩薩心腸，期勉所有的教師，有一段說得極為懇切：

> ……從事教育工作的人，無論是教書或辦理行政，更無論職位的高低。（實則教育工作乃係對人類文化負責的神聖事業與良心工作，社會上是不應對教育工作者有職位高低之分的觀念的。）只要具備偉大的教育愛心、耐性、熱誠與懷抱，一個幼稚園的教師也可

算是教育家；反之，如果缺乏這種偉大的教育愛心、耐性、熱誠、懷抱，即使身為大學教授亦僅能算是教書匠，而不配稱為教育家。

劉真並且認為：

同樣，從事教育行政工作也是如此。如果有以上各種精神上的條件，則可稱為教育家，否則，便只能算是一個普通的教育行政人員而已。

特別是後一段，發前人所未發。蓋歷來言教育者，常將負責行政者排除在外。劉真因有辦學、從政、教書的三種經歷，故能對教育之認識，獲致全面的觀照。「匠」、「家」之分何在呢？劉真用極為簡易的語句加以判明：

第一、教書匠的對象是以「書」為重心的；而教育家的對象則是以「人」為重心的。

第二、教書匠是以言教為主，而教育家則是於言教之外，更重身教的。

第三、教書匠對教育工作是不一定視為樂事的；而教育家則對教育工作總是內心感到非常快樂的。

第四、教書匠所發生的影響是短暫的，而教育家所發生的影響則是久遠的。

這個標準，劉真顧慮到一般教師可能認為理想太高。他說：「如果我們要維護中華民族重視教育的優良傳統，拯救世界文化的危機，則我們對於從事教育工作者應具備的條件，似不能不作較高的要求。」於是，他懇切的勸勉教育工作者：

> 我們教書的人要作一個教書匠或要做一個教育家，只是內心一念之間的抉擇而已。

而且舉例以明之：

> 基督教中一位最著名的信徒聖保羅，最初不僅不信仰耶穌，而且多方迫害其教徒。可是有一次前往大馬邑時，中途突然有所感悟，遂下決心皈依耶穌，從此盡力傳播基督教義，後竟以身殉教，成為基督教中的聖人。可見一個教書的人，只要決心成為教育家，並不是很困難的。（《劉真先生文集》・㈠，頁三〇七—三二一。）

〈教書匠與教育家〉一文，發表於臺北《中央日報》，立即引起廣大讀者的迴響。名翻譯家劉厚醇譯為英文。由於文中「教書匠」英譯甚難，且曾引起一番討論。

4. 師大人與「劉真先生學術基金會」

民國六十七年十二月三十日，師大舉行校友樓啟用典禮，劉真應邀演講。這時他已離開師大二十一個年頭了。可是對師大人的熱愛和期望，卻有增無減。他乃以〈師大人〉為題，發表最親切簡要的演說。

他先解說「師」字，希望師大校友先成為稱職的「經師」，其次成為「人師」，第三成為「國師」。「國師」者，全民之導師也。而「大」就是「大其志」、「大其識」和「大其量」。最終極目標為「為天地立心，為生民立命，為往聖繼絕學，為萬世開太平。」最後說到「人」，即有高度理性的人（求真），有優良品德的人（求善），有藝術修養的人（求美），對物質欲望要有所節制，對精神修持則須自強不息；逐步提升，止於至善。他並期望說：

「歐洲很多國家的重要城市，都有他們的『守護神』。我希望師大的校友都是中華文化的『守護神』，因為教育工作者『傳道』的首要任務，即在維護和發揚中華民族優良的傳統文化。」

最後又懇切的表示：

「承先啟後，繼往開來。——這是『師大人』對中華民族文化必須負起的最神聖的歷史任務！」這最後一句，不僅說明了他對師大人的關切與期待，更說明了他對國家民族的期待。

民國六十九年夏天，黃錦鋐等三十九級畢業校友十多人，紀念他們畢業三十週年。在臺北市長沙街曲園餐館聚會。大家發了一張請帖給老校長劉真。事隔三十年，有不少校友已獲博士學位，已升為教授了。事先大家不敢肯定分別多年的老校長是否肯惠然光臨。以劉真的生活與工作情況，不一定有閒暇，是大家都知道的。不意這一天，劉真居然辭謝其他的邀請，特別到這個小小的餐廳來了。在會中，大家要求他講幾句訓勉的話。劉真不假思索的說：「任何人看到別人的成功，多少總有些妒忌；唯有父母之於兒女、師長之於學生，看到兒女或學生的成功，非但沒有妒忌，而且還覺得分外的高興。」當時獲得大家一致的掌聲。這一段話其後為新聞媒體報導出來，又經香港《讀者文摘》予以轉載，很快的騰傳於社會各界。是的，智慧的言語，乃是人類的財寶，應該永留人間。

民國七十年，適逢劉真七十嵩壽，師大校友編印《國立臺灣師範大學校友學術論文集》❶，以表祝嘏。當時師大校長梁尚勇以〈以文介壽〉為題撰文，最可代表劉真萬千學生的心聲，最可呈現劉真的教育家的風範。

而師大校友會為了慶祝劉真校長的七十華誕，公議成立「劉真先生學術基金會」，以舉辦

❶ 原名為《慶祝劉白如先生七十華誕論文集》，嗣因劉真一再謙辭，乃易名為《國立臺灣師範大學校友學術論文集》，分上、中、下三冊，七十四年十一月由臺北水牛出版社出版。

學術講演及出版學術著作為主旨。

這一基金會設立基金為壹仟萬元正，由師大校友及各界捐助籌足。會址設於師大綜合大樓九樓（校友樓）。設有董事會，由董事二十一人組成。董事均為無給職。在「組織章程」中並規定：「本會辦理各項業務所需經費，以支用基金利息及法人成立後所得捐助為原則，非經董事會之決議、主管機關之特許，不得處分原有基金、不動產、及法人成立後列入基金之捐助。」而且，「本會係永久性質，如因故解散，經依法解散之剩餘財產，不得歸屬於任何個人或私人團體，全數捐贈國立臺灣師範大學」。凡此均顯示了「基金會」的文化之愛、教育之愛。

「劉真先生學術基金會」於七十六年五月五日正式成立，並推許水德（時任臺北市長）為董事長，郭為藩、梁尚勇、賴晚鐘為副董事長。董事則包括林登飛、施金池、高銘輝、王金平、王強華、吳自甦、林天棟、洪俊德、張植珊、陳漢強、陳璽安、黃昆輝、吳水雲、楊義堅、柯文福及劉肖孔等。

自基金會成立，即積極進行各項活動，各界募名捐款者，也時有所聞，如七十八年香港企業家魯敬業便自動捐助新臺幣二百萬元。

基金會經徵得魯氏父子及劉前校長同意，特設置「敬業講座」，邀請國內外知名之專家、學者，就如何發揚光大中華文化及如何加強師範生敬業精神，做系列的專題演講。計有王洪鈞、楊乃藩、朱匯森等多人，並集印成《談敬業》一書。基金會又定期舉行「人文講座」，邀約潘重規、郭為藩、程兆熊等多人講演，其後集印《人文講座選集》一種；此外出版之叢書尚有《樹立教師新形象》（梁尚勇編）、《有愛無恨》（傅佩榮著）、《修身文選》（黃錦鋐主編）等不下三十餘種。且為了使各地民眾均有聽講的機會，故分臺北、臺中及高雄三地舉行。

「劉真先生學術基金會」設有獎學金一種，以獎勵國立臺灣師範大學教育、文、理、藝術等四學院博士班研究生為獎勵對象（藝術學院未設博士班前，暫以碩士班研究生為獎勵對象）。每學年共四名，每一學院各設一個名額。每名每學年獎金為新臺幣四萬元（每學期二萬元）。獎勵標準為具有從事學術研究潛力，並曾撰寫富創意性之學術論著者為合格；先請各學院研究所負責甄選，並向學校獎學金管理委員會推薦。

民國八十三年底，基金會與國立教育資料館合作製播「教育講座」，以評論當前教育問題，提供教育行政機關施政之參考。其中又以「人文講座」最受重視，全省各地，定時舉行。主講人包括中研院院長李遠哲、中大教授曾昭旭、臺大教授傅佩榮等約三十人。

翌年，基金會和中華電視公司視聽中心，合辦「生活倫理與校園安全系列演講會」，邀請林清江講「如何建立終身學習的習慣」，阮大年講「如何培養共同的價值觀念」，郭為藩講「師生倫理的現代觀」，馬英九講「如何打贏反毒之戰？」及佛教界星雲大師講述「宗教與人生」。雖然劉真已不負任何行政工作，但對文化、教育的關切，時刻縈懷。

梁尚勇在民國七十八年，《劉真在臺灣從事教育四十年的紀念文集》中，回憶往事，曾寫一文，他說：

在師院求學時，有件事值得一敘。當時，劉院長對國語文和英文非常重視，規定師院的學生要參加語文競賽，而且每學期要舉行國語文統一考試。有一次國文競賽的題目我到現在還記得，就是「利害與是非」。考試後公佈成績，雖沒排名次，但我的分數卻是最高的。後來，王偉俠老師也看了我的作文，認為很好，並經過討論，決定我名列第一。當時院長知道了，特別在院長室召見我，給我很多的嘉獎，使我至今留下最深刻的印象。從此我就特別重視國語文，使我以後得益很多。現在回想起來，衷心感謝老校長的鼓勵。

（《劉真先生文集》・㈣，頁一九四三—一九四四。）

劉真之重視語文，由來已久，迄晚年而愈堅持不變。對自己國家的語文，如此鍾愛，如此肯定，始終不改其志，實為現代教育界所鮮見。語文是國家民族的文化命脈，唯遠識之哲人乃知之。無國家、民族之愛者，難以語此。

5. 今後教育之展望

民國七十一年元旦，劉真於《中央日報》特刊中發表〈對今後教育的展望〉專文。他表示，雖然自政府播遷來臺之後，教育已有可觀的成就，若欲繼續發展，必須先針對目前的偏失，加以改革。

言及「職業教育」方面，劉真說：

> 其本質與內涵亦與過去有所不同。以往大家常視職業教育為一種偏重技術或以手工操作為主的教育，可是今天高度生產技術大都以廣博的科學知識為基礎。今後的職業教育，不僅要做到「手腦並重」，而且應該是「腦重於手」。尤其由於科技進步的迅速，受過職業教育的學生隨社會各種行業需求的改變將有不斷被動轉業之可能。在這種情況之下，一般職業學生基本知識的水準愈高，則改習其他技術和轉業亦愈易。所以今天很多國家，大都以加強通才教育為其發展職業教育的前提。因而我認為政府在規劃延長以職業教育為主的國民教育年限時，似應特別注意到將來的職業教育必須以適當的通才教育為基礎。

關於如何提高科技水準，劉真認為：

> 為使科技教育能夠樹立堅實的基礎，我們今後必須同時致力於向下扎根的工作，也就是

科技教育應該從中、小學開始便受到重視。所以我認為目前政府對中、小學、尤其普通高中數理方面的師資、課程及設備等，亟應加以徹底的檢討與改進。不僅要使所有的學生都能接受良好的基本的科學教育，更要使一些數理方面資賦優異的學生能得到充分發展的機會。這樣我們由中學到大學，只要切實注意基本科學人才的培養，然後自然便能逐步提升我們國家的科技水準。

由於科學研究有賴於精密的實驗設備，故所需經費常非任何普通大學或研究機構所能負擔。現今世界各國有關基本科學及應用科學的研究，多須工商界與私人基金會予以經濟的支助。所以我認為今後如何提高我國的科技水準，實在是大學與工商企業界共同的責任。一方面工商企業界在財務上支持大學的科學研究工作，另一方面大學亦以其研究成果改進工業的生產技術。如此通力合作，相輔相成，不單可以加速我國科技水準的提高，而且也是促進我們工業升級最有效的途徑。

至於他最關切的人文教育，尤其是語文教育方面，他說：

不過我覺得要加強語文教育，必須從中、小學開始，因為待至大學階段，學生由於課程的繁多就很難專心學習國文以提高閱讀和寫作能力了。總之，我們今後對科學教育與人文教育定要加以同等重視；而人文教育的加強，尤須以提高學生國文程度為起點。只有如此，大家才不致再有「經濟成長、人文式微」的憂慮。

這些話中，充分表示了他對教育問題的關注。最後，言及治學，劉真表示：

蔣總統經國先生年來經常昭示國人要充分發揮「勤儉建國」的精神。我覺得我們教育方面首先便應培養這種勤儉的風氣，亦即以勤儉兩字作為大家共同努力的準則。譬如就「勤」字而言，便是我們讀書和研究所必須具備的主要條件。最近報紙上所載兩位享譽國際的中央研究院院士的演講，即可說明「勤」對治學的重要。一位是陳省身教授，他在舊金山臺大校友會座談會講演時，有位同學問他：治學最重要是什麼？他的答案很簡單——他說，最重要的是「用功」。另一位是吳健雄教授，她在美東華人學術聯誼會第六屆年會演講中曾追述以前在普林斯頓從事研究時的景況：「我們經常於週六的上午聚在我們的小屋內作非正式的討論，討論後通常駕車到鎮上唯一的法國餐館午餐。由於唯一能用的交通工具是我們的一輛舊別克，我們必須很困難的擠進一輛車。中國人一般個子不大，我們並不介意在車內擠成一團。唯一覺得受窘的是下車時一個接一個，好像馬戲班裡跳出來一大串的小丑。直到現在，我們這些人會面時仍常沉浸在普林斯頓的舊日時光裡。」我想陳、吳兩位院士所說的這些話，一定可以對我們國內的教師和學生發生很大的啟示作用，也使大家能夠真正瞭解「業精於勤」的道理。

在這篇教育專文中，不難看出劉真對教育的卓識與遠見。

民國七十一年臺灣地區首次舉辦教師節「師鐸獎」頒獎典禮，邀請劉真頒獎並撰〈教師頌〉歌詞，在大會開幕時作合唱之用。他非常樂意，因為臺灣尊師重道的風氣，畢竟日漸有人重視了。在〈教師頌〉中，他縷述了對教師的滿懷禮讚，原文云：

教育國之本，師恩最深重。
您教導我們如何立身處世，
您傳授我們知識技能，
您更要我們負起創造時代的使命。
無限的愛心，無比的耐性；
您看到我們總是面露笑容。
把學生視同自己子女，
您對我們的任何成就都感到高興。

老師啊！老師！
您偉大的精神，
永遠受到世人的尊敬！
老師啊！老師！
我們一定不負您的教誨，
以做個堂堂正正的中國人為光榮！

此一歌詞，曾經李永剛、許常惠、汪石泉三位教授譜曲，各具特色；在民國七十一年第一屆全國「師鐸獎」及七十二年第一屆臺灣省「鐸聲獎」頒獎大會中演唱。那天的典禮，莊嚴而隆重，劉真想：「當尊師重道的理念，能深入各階層後，中國就有希望了。」

在典禮中，劉真特向與會人員敘述，國民政府於民國二十三年七月定孔子誕辰為八月二十七日，民國三十二年十一月又明令以孔子誕辰為教師節，以示政府對教師之尊重。民國三十九年，臺灣省立師範學院教授程發軔根據中國曆法考證，認為孔子誕辰應為國曆九月二十八日，而非八月二十七日，劉真於是乃由師院報請教育部轉呈行政院核定，將孔子誕辰暨教師節改為九月二十八日。

劉真在演講中並指出：中共一再摧毀中國文化，自從竊據大陸三十年以來，一直沒有訂定教師節。直到民國七十年起，中共忽然規定九月十日為第一次教師節，大概他們也明白教師的重要而高喊「教師萬歲」了。

6. 春風開浩蕩，桃李滿瀛洲

民國七十八年六月五日，師大在綜合大樓舉行茶會，慶祝成立四十三週年校慶，並紀念劉真在臺從事教育工作四十年，特贈與名譽教育學博士學位。由時任師大校長梁尚勇主持。

劉真接受了名譽學位證書之後，當即發表答詞：

「對師範大學及教育部所給與的榮譽，既感且愧。尤其名譽博士學位證書中所言：『作育人才，功在國家，有益人類福祉』等語，更不敢當。故今後不會以『博士』名銜自稱，並望各同仁亦不以此相稱。因此決定將此一名譽博士學位證書交由師大校史館收藏，藉表對師大同仁永久之感念。」

話雖簡潔，然已充分表現謙沖的態度，顯示了特有的風範。這座綜合大樓的建築用地，便是劉真當年就任師院院長三天之內、爭取到的一塊與原師院面積幾於相等的土地。「成就」有時要經歷時間，方更能顯揚出來。「只可惜臺北監獄所有的那塊土地因為自己的調離師大，竟為政大及淡大所獲得了。」劉真每想及此，仍不禁極感遺憾。

校友會為了表達對這位師大奠基者的崇敬，由校友楊義堅代表恭獻了鐫有頌詞的大理石圓盤一座，頌詞為「真秉名山教，四紀同一秋，春風開浩蕩，桃李滿瀛洲」。其實，他的桃李何止瀛洲而已。世界上每一個國家都有師大的校友。

茶會中有些來賓，紛紛向劉真恭賀，稱他辦師範學院、師範大學及擔任教育廳長，又在政大擔任教育研究所所長等，無時不在為教育奉獻心力，更兼常常提倡尊師重道，可譽之為「師範教育之父」。劉真急忙謙辭，說：

「孔子還說『吾不如老農、吾不如老圃』。萬勿以這個頭銜稱我啊！我們從事教育工作的人，必須不務虛名，埋頭奉獻，以傳教士的精神不計名利，犧牲自我，才能盡到『燃燒自己，照亮別人』的責任。」

第二十五章　主持學制改革研究

1. 學制改革之必要

民國七十二年四月，正中書局邀請劉真在一家餐館吃中飯，教育部常務次長施金池也在座。他向老校長劉真說：

「今天我奉朱部長（匯森）的指示，邀請您參加下午教育部的一項會議。」

「可是，我多年不參加教育部的會議了。」劉真一聽之下，便立即婉拒。許多教育問題，錯綜複雜，各方仁智之見，常常爭論不休。不是議而不決、便是決而不行。何必浪費時光呢？所以這些年來，劉真總是藉故婉拒，沒有興趣參加。

而朱匯森部長大概早知此情，便派施金池前來邀請。施是劉真的得意門生。情面難卻，劉真只好改變心意、應允參加了。

這天下午劉真到達教育部的時候，發現幾位老友、老同事如林本、孫邦正、雷國鼎等早已在座。朱匯森部長首先表示：

「行政院孫運璿院長指示，目前教育問題極為各方矚目，而改革現行學制，則為當務之急，命教育部積極規劃，制定一套最完善的學制。現在，教育部決定成立一個學制改革研究小組，希望在座的各位先生，均能參加、擔任小組委員。」

「為了便於工作之進行，現在便請公推一位召集人。」朱匯森又說。他原是劉真任廳長時的舊屬。大家早知弦外之音，在座的專家學者們自然明白，故在眾望所歸的情形下，推請劉真擔任召集人。

劉真實在不想參與這種空中樓閣般的工作，因而一再推辭，說：

「我本身實在工作太忙、沒有時間擔任此項工作。況且，在座的專家學者很多，比我應該更為合適。」

「學制大事，關係匪淺。非白如先生不能勝任召集人。」朱匯森及在座人士，一致要求他擔任。在眾意難卻之下，只好勉強應允，但表示：

「我只好勉為其難了。不過，希望設一副召集人協助。此一人選請孫邦正教授擔任。」

大家均無異議。

當日，「學制改革研究小組」便正式成立。除了劉、孫二位以外，委員有林本、雷國鼎、許智偉、郭為潘、林清江、葉學志、張植珊、施金池、陳梅生、廖季清等人，並聘蓋浙生為研究員。

劉真為何最後應允擔任此一小組召集人呢？說來話長。早在抗戰期間，他曾在國立湖北師範學院講授《教育行政》，編撰講義一種，於民國三十九年在重慶中華書局出版，並列為大學用書。政府遷臺後，這本《教育行政》便改由正中書局出版，行銷已達四十版，可謂空前。學校制度乃《教育行政》之主要部份，他向來便甚關心。既然眾意難卻，便只好勉為其難了。劉真的個性是向來不輕易接受新的工作，但既經應允了，便全力以赴，一定竭智盡心，不負所託。

談到學制，劉真想起二十多年前，他的鄉前輩胡適提過的一段往事。有一次，胡約劉真到南港聊天。不知怎麼，忽然談到學制問題。時任中央研究院院長的胡適有點感慨的說：

「我國的『新學制』是由光緒二十八年（一九〇二）開始的，先是制定了『欽定學堂章程』，第二年又公佈了『奏定學堂章程』……」

「那時的學制，基本上是直接仿自日本，間接參考法、德兩國。跟我們的國情頗有距離。」

「正因如此。」胡適說下去，「到了民國十一年全國教育聯合會在山東濟南舉行第八屆年會，便通過學制改革建議案。我也去參加了。」

「那時候，我還在家鄉讀小學三年級吧！」劉真率真的笑說：「不知道胡先生也參加了那次會議。」

「參加了，而且我還是當時學制的主要起草人。」胡適的談興更濃了，「會議既不周延，這個方案也過於草率。」

「既然如此，怎麼竟通過了呢？」

「當時出席的都是留美的教育學者嘛！」胡適回憶說，「教育部旋即接納建議案，頒佈所謂『新學制』。初級小學四年，高級小學二年，初級中學三年，高級中學三年，大學四—六年。這項簡稱的『六三三四制』，幾乎完全抄襲美國。可惜實行此一新學制時，未能充分發揮新學制的基本精神，以致衍生的缺失、無法補救。」

「胡先生，我以前主持師大八年多，現在又主管全省的教育行政。」劉真表示，「目前我們沿襲那個老學制已近四十年，實在應該有所更新了。」

「剛才我說過。」胡適接著舉例，「民國十一年通過的新學制中的『高級中學』，原係大學預科性質，相當於民國初年的『高等學校』，重質不重量。誰知實行新學制以後，各省竟大量的設置高級中學。以致水準浮濫，進而更影響到大學的品質。」

而今，一幌之間已二十年過去了。巧的是，同為安徽人的劉真，竟也和胡適一樣，肩挑起改革學制的重責大任了。

2. 首先正名

第一次會議於同年四月二十二日在教育部舉行。朱匯森部長為表示重視，也親自參加。

這一天的會議中，劉真首先指出：

「近年有些教育學者常用『學制系統』一詞。今天我們研究學制，首先應該作番『正名』的工作。所謂『學制系統』實自英文School System翻譯而來。『系統』與『制』本為同義語，我們可以用『學校系統』，也可簡稱之為『學制』，而今用『學制系統』，便涵義重複了。翻譯外來語，常有類此現象。現在我們所稱之『學制』，乃係國家對一般未成熟的兒童和青年、實施各種教育時所劃分之確定的學習進行的階段。這些以年度為單位的學習階段，上下左右銜接聯繫起來，便構成一個完整的學校系統，即是所謂『學制』。我特別提出來，作為大家的參考，而且把我們這個研究小組定名為『學制改革研究小組』。」

這一建議，當即獲與會人士的全體同意。接著，劉真又說：

「教育問題，向來各有主張，難期一致。因此，每一案經過大家討論通過後、凡出席人的不同意見，仍記錄保留。以表示『少數服從多數，多數尊重少數』的民主精神。」

說畢，博得一致的掌聲。

這一天，小組舉行會議時，大家踴躍發言，非常融洽，劉真甚感快慰。所有委員大半是他的門生故舊；熱烈討論後，更可發現教育問題之所在。在討論到師範教育問題時，意見就更多了。

「現在高雄有師範學院（現已升格為大學）、彰化有教育學院（現也升格為大學），以臺灣幅員之小，實在不必分設三所培養中學師資的高等院校。」時任師大教育學院院長的雷國鼎發言：「我建議分別改為師大高雄分校及彰化分校。第一、可以減少獨立設校的經費，第二、可以齊一教學的水準。」

他的話剛剛講畢，便有「附議、贊同」之聲。此時擔任主席的劉真立即委婉地表示：

「這個提議以不列入記錄為宜。」

「可是，所有的意見不是完全納入記錄麼？」

「我們原先是這麼決定的，」劉真接著解釋說：「但這個建議頗有不妥處。我是師大的首任校長，現在我又是改革小組的召集人。若當真通過此案，或者納入會議記錄，勢必引起兩院校的不快，與社會人士的誤解。甚至對我們改革小組本身的立場，也會有所質疑了。」

雷國鼎沉吟一下，便也不再堅持。此議遂未列入記錄。

研究小組每月集會一次至兩次，因劉真態度誠懇，富有親和力，故討論時彼此知無不言、言無不盡。大家也曾提出已逝世的三位知名人士，梁漱溟、陳果夫及傅斯年等代表性有關學制的意見，參酌研究。

梁漱溟主張完全恢復我國的國學、鄉學、村學制度。陳果夫主張現行學校可改為初級生活學校、高級生活學校等。而傅斯年則主張徹底變更現有的學校名稱。但總而言之，梁、陳、傅均反對抄襲外國學制，主張「中國本位」。

3. 本國情況與世界潮流

劉真認為時代、社會不斷演變，抄襲外國的學制固然不可，但也不能完全孤立於世界之外。故學制自應既符合本國國情，也需適應世界潮流。經過學制改革小組的數次研商發現，現行學制與社會需要有若干脫節。然教育乃百年大計，故關於學制改革之建議，必須首先考慮：(1)可行性；(2)前瞻性。其次，改革後的學制則應具備：(1)創新的精神；(2)彈性的制度。至於改革原則，小組商訂出十大項目：

一、今後學校制度應按學校性質，以「幼兒教育」、「國民教育」、「技藝教育」、「學術教育」、「師範教育」、「社會教育」與「特殊教育」等為分類依據。不再使用「初等教育」、「中等教育」、「高等教育」等名稱。

二、充分發揮教育機會均等精神，學制應採取「單軌多支」型態。

三、各類教育規劃，應配合國家人力供需計畫，以提高教育投資的效益。對國民知識水準及文化陶冶，應使其適應未來發展趨勢。

四、為適應學生個別差異與學習性向，以及各地區之特殊需要，釐定學校制度時，應本「創新」與「彈性」的原則，作多元化的規劃，並選定地區或學校，進行學制改革的實驗。

五、為使學制成為有機的結構，各級學校除應發揮其獨特功能外，並須力求「上下銜接」與「相互溝通」的便利。

六、為培育各級學校健全師資及各類專業人才，應建立師資與專業人員養成制度及進修制度，以適應社會進化的需要。

七、家庭教育、學校教育與社會教育應作密切的有效配合，以實現「整體教育」與「終身教育」的理想。

八、為加強特殊教育，各級學校應在制度及課程上妥善規畫，以貫徹人盡其才與材盡其用的理想。

九、為配合社會需要及提高國民文化水準，對於幼兒教育及成人進修教育，應分別建立制度，並與各級各類學校教育密切聯繫。

十、各類學校之修業年限及課程內容，應參酌世界各國教育發展趨勢，不斷調整修訂，以便促進國際間學術合作與文化交流。

依據右舉十項原則，從七十二年四月起的一年期間，學制改革小組曾舉行多次會議，先擬出改革草案二種，請教育部公諸報端，並分送有關人士徵求意見、提交全國教育學術聯合年會公開討論。教育部為集思廣益建立共識，特別約請經建、科技、文教機構主管單位、中央民意代表，舉行綜合研討會，坦率而深入的交換意見。經過廣泛研究，小組再作審核整理，然後提出具體的甲、乙兩個改革方案。無論就任何角度，這都稱得上博採眾議了。

4. 部長核定研究方案

學制改革小組最後研定的甲、乙兩方案，依時送呈朱匯森部長。朱部長完全同意，並面請劉真：

「改革學制方案是一件大事，還請劉先生寫篇專文在報上發表，使社會大眾有所瞭解。」

劉真當表同意，遂以〈關於學制改革方案要點之說明〉為題，撰文發表於民國七十三年五月十四、十五及十六日之《中央日報》。

同時劉真將此次學制改革小組的歷次記錄，及過去許多年有關學制的論著，再加上本次各方面提供的書面意見，編成《中國學制改革之研究》一書，洽由正中書局出版。全書八百餘面、由編輯到校正，劉真費盡心力；因為學制乃國家教育方面的大事，自應廣為流傳，以供大家參考。像過去主持任何重要工作一樣，劉真無不悉心擘劃，有始有終。本次主持學制改革，對朱部長及全國教育界，總算有了完善的交代。

全體參與研究的委員們，對這次的如期完成改革方案，無不表示欣慰。一年來，大家按照進度、兢兢業業，完成了具體的改革方案。過去數十年，人們皆認為學制不良，可是總沒系統地做過改革的研究。有了缺失，只做些臨時的「修補」工作，敷衍過去就行了。

依照以往慣例，學制的制定與公佈，都是政府最高教育行政主管機關的權責。現在教育部既已核定這次的「改革方案」，本可即行公佈實施。但朱部長個性穩健，或因政治環境與過去有異，遂將本案報請行政院核定。這項手續，通常亦乃例行公文，行政院不會表示異議。誰知正當此一關鍵時刻，行政院局部改組，朱匯森調任國史館長，由李煥出任教育部長。行政院為尊重新任部長意見，竟將此一學制改革方案，退交教育部重作考量後再報行政院核定。

5. 化整為零

李煥就任部長之職不久，便邀劉真及孫邦正在臺大校友會館餐敘。談到學制改革方案時，李煥說：

「這個方案，我原則上支持。只是執行方式，要採變通的手段。」

「我剛上臺。」李煥接著表示，「不便立即執行，但可以逐步實施，也就是用『化整為零』的方式去推行，以免發生太多的阻力。」

劉真有一天在國家建設研究委員會和陳雪屏談起「學制改革」的事。陳雪屏是心理學專家；曾任青年部長、教育部政務次長代理部務、臺灣省教育廳長、行政院秘書長等職，因與劉真相知甚深、且熟知學制改革方案的經過，便說：

「我們國家建設研究委員會將要邀請李煥來作專題講演，屆時我可當面探詢探詢。你們八、九個人竭一年之力完成的方案，前任部長已經核定，為何能讓它沒有下文呢？」

「正是如此。」劉真說，「朱匯森部長主動約集我們研究改革，又經他在部長任內親自核定。我們從光緒二十八年新式學校制度建立，二十九年發表『奏定學堂章程』，到民國十一年教育部採納『全國教育聯合會第八屆年會』的決議，都是教育最高主管的職權。而今卻出了意外。」

過了幾天，李煥到國家建設研究委員會講話完畢，陳雪屏便向李煥提出學制改革的問題：

「此一學制改革方案，周密妥善。教育部是否採納呢？」

「照目前的環境而言，教育部只能以『化整為零』的方式陸續實施。」李煥說，「我手中要解決的問題很多，得慢慢來。」

其時李煥剛由中山大學校長調任教育部長，頗想有所表現，但不欲大事更張，以免引起重大反彈，亦有可以理解之處。即如大學教師升等一事，李煥接任之後，便作大幅改革，論文不曾通過之前，不得支領高薪及研究費。過去年年論文通不過，而年年照支高薪的不合理現象，方始革除。

而所謂「化整為零」的實施學制改革，則一直未見諸行動。其後，由清華大學校長毛高文接任教育部長，便根本不再提學制改革的方案了。劉真慨然的說：

「古人云：人亡政息，現在應該是人去政『變』了。」我國沿襲已七十年的學制，真不知何時才能「改革」了。

第二十六章　關懷文化教育

1. 復興儒家思想研討會

民國七十四年八月二十五日，中日教師「復興儒家思想研討會」在花蓮舉行，劉真應邀參加。很巧的是，竟遇見日本友人宇野哲人的兒子宇野精一。他是著名漢學家，兩人頗有一見如故之感。閒談間，劉真將自己最關心的「尊師」傳統美德提出來：

「日本一向是尊師重道的，近幾年仍和以往一樣嗎？」

「目前的日本，受西方教育風氣影響很大，像過去德川將軍對朱舜水那種尊敬老師的精神，是不會有的了。」宇野精一說：「不過一般而言，日本的中小學生對於任課教師，還是很有禮貌的。」

這一次會議日方參加的人甚多。劉真看到日本青年對於宇野精一的態度，都甚客氣有禮，心中大為欣慰。他想：畢竟是受儒家影響較深的東方國家，尊師重道之風還是相當普遍的。作為歷史文化最久的中國，自應更加積極於儒家思想的復興了。

幾個月後，即七十四年十二月十九日《中央日報》刊出〈劉真為國作育英才〉專文一篇，且附有照片。首段即如此推崇：

> 現屆古稀之年的劉真，至今猶被譽為教師之友。因為他以全副精力奉獻給教育界，並且創立了教師福利制度，興建教師會館，設置教育建設基金等，處處為教師設想，謀取福利。

這段客觀的寫照，在近代教育界，可當者唯劉氏等少數人而已。劉真出身教育及宗教的家庭，應為其畢生樂於奉獻教育且具有宗教家精神的背景。至其安貧樂道，則當出自儒家思想的薰育。平常早晨六時前起床，首先閱讀香港出版的《靈修日程》經文數段；繼在院中散步，隨即開始讀書。數十年如一日。而在專文中，記者李宇瑢又云：

> 他總不求物質上的奢華，他的信念是：「對物質享受，應有所節制，知足常樂；對精神修養，應自強不息，止於至善。」這也正是他風格的寫照。

這是他最為大家欽佩的人格。「言其所信，行其所言」是他立身處世的信條；期求「仰不愧天，俯不怍人」。他說：「今人談孔孟，往往引起他人反感。不是孔孟不好，而是不能言行一致。」職是之故，他凡事實踐儒家的理想。記者於文末詳述：

> 劉真說過：「離開了愛，便談不上教育。」而他本身即是充滿了教育愛的人。他的一生，便是一部愛的教育史。曾文正公曰：「風俗之厚薄奚自乎？繫乎一、二人之心之所向而已。」我們彷彿能在劉真身上，看到一幅「教育家的畫像」，那般堅毅勇敢，那般真誠無私，又那般恢宏睿智。

可以說，文化、教育是劉真念念不忘的大問題。

劉真更時時以睿智的名言，發表於報端，提醒世人，如：

(1)人生真正的價值，在能用自己的力量解除別人的痛苦。（七四、七、八《中央日報》）

(2)一個人不能一天不吃飯，也不應該一天不讀書。吃飯為「維持生命」所必需。讀書為「充實生命」所必需。做為一個「現代人」，兩者同樣重要。（七四、六、二十《中央日

報》）

(3)一個人成了公眾的僕人，就應容忍公眾的批評。（七四、七、十八《中央日報》）

(4)愛的教育以愛為出發點，以教育為目的。不能愛而不教，或愛而無教。（七四、六、二十一《中央日報》）

各級學校畢業生紀念冊，以劉真之崇高聲望，常有請其題詞留念者，他多以良言勉勵，有一次他寫給再興高中畢業生的贈言是：

讀有益之書　懷濟世之志

養浩然之氣　創不朽之業

這四句話含義深長，實可作為一般青年學生最好的座右銘。

2. 值得深思的文教問題

民國七十五年三月，劉真發表〈值得深思的幾個文教問題〉一文。看來雖係隨筆之作，其實任何有心人讀後，必會發現劉真對國家、社會的深切關懷。稱為嚴肅的論文，絕不為過。第一節文中有云：

很多年來，政府當局和教育界人士，都非常重視民族精神教育。凡屬有損民族尊嚴的事，大家都不敢和不屑去做。可是最近報載有些年輕學生，受到日本文化的影響，由過去的盲目「崇美」一變而成今日盲目的「崇日」。男生的名字喜歡加上一個「郎」字，女生的名字喜歡加上一個「子」字，甚至姓「田」的改成「田中」，姓「葉」的改成「山葉」。林姓在臺灣，應該算是一個「大姓」，但是他們覺得單是「林」字還不夠體面，硬是在「林」字上加個「小」字，變成「小林」，這樣彷彿更像日本人的名字。這種現象，我覺得實在難以理解。

我們知道，留學歐美的中國學生，為適應環境，不得不取一個外文名字，以便外國人容易稱呼。但他們對自己的姓氏(Last name)則絕不放棄。日本與我們係屬「同文」，日本人大都認識漢字姓氏，所以中國人在日本留學（除歸化日本者外），我從未看見有人改名換姓。此外，最近我在報紙上又看到一則廣告，據稱十五年來，臺灣學習日語的人口，已經增加了十一倍（可能因便於與日經商的關係），這也可算是很多人「崇日」的一個證明。殊不知目前世界上最常用的語言中，「中國話」已躍居第一位，遠超過居於第十二位的法語（見二月二十八日國內各報）。我們中國人如此不重視自己的母語，而熱衷於學習其他國家的語言，使我感到這是多年來我們實施民族精神教育的一大諷刺。我們從事文教工作的同仁，是否應該有所警惕，積極設法培養年輕一代的民族自尊心呢？

（〈值得深思的幾個文教問題〉，《劉真先生文集》・(一)，頁一六四。）

初讀乍看，可能認為乃一則「雜感」而已。但對中國文化、歷史有所體察者，必定心情沈重。

此文獲致讀者鄭孝穎、文化界如蘇瑩輝教授、翻譯家黃文範之注意，或來函或撰文響應。

民國七十五年六月五日，師大舉行創校四十週年「學術研討會」，邀請劉真發表「我國師範教育之回顧與展望」的專題講演。劉真的講題是「信心與定力」，長達萬餘言。他指出，必須對中華文化有信心，即發展人性、弘揚人道、培養人格、維護人權。其次，對國家應有信心，斷言共產必敗，蓋「仁者無敵」古有明訓。第三，要求文化界、教育界人士對教育應有信心，每年教師節，正是每一位老師反省的日子。如果善盡為師之道，別人自然會尊重我們。在教育方面，應儘量吸收西方的最新科學技術，同時也要重視我國傳統倫理道德，不能「盲目接納」或「全面排斥」。

對於近年世界上若干國家不再單獨設置師範學院，改由普通大學辦理，以為「人人可以教書，人人可以辦學」的觀念，期期以為不可。他說：「教育正像醫學一樣，必須專業化。」劉真特別引述：「日本的萬元大鈔鈔面上，即印大教育家福澤諭吉的肖像。」福氏對劉真的影響甚大。福澤是明治維新期間的大教育家，一生淡泊名利，不求聞達，以全副心力創辦慶應義塾（慶應大學前身）；對政府及學術機構的勳爵，一律婉辭。高風亮節，普遍為日人欽佩。劉真說：

「福澤諭吉主持慶應義塾時，曾仿白鹿洞書院講學學規，親撰『心訓』七則，作為學生品德修養的準繩，其內容是：

一、世上最快樂而高貴的事，就是擁有可以持之終身的工作。

二、世上最淒涼的事，就是作為一個人而沒有教養。

三、世上最寂寞的事，就是一生感到無事可做。

四、世上最為人輕視的事，就是只知羨慕別人的生活。

五、世上最令人尊敬的事，就是服務別人不求回報。

六、世上最美的事，就是對萬物持有愛心。

七、世上最可悲的事，就是說謊欺騙。」

這七則「心訓」實即中國文化的實踐，也是劉真日常身體力行的寶典。最後他信心十足的說：

「目前社會上有一句很流行的話：『明天會更好！』我相信，我國的師範教育在出席此次學術研討會的全體同仁共同努力之下，一定也可以做得到：『明天會更好！』」（《劉真先生文集》‧(二)，頁八五九。）

3.「白如樓」憶舊

日月潭教師會館落成於民國五十年四月十二日，是教師福利會所屬的事業之一。時光荏苒，這所曾經有多少學者、教師、新婚夫婦住宿的勝地，愈來愈獲得大眾的喜愛。原建築物初以為過大、過豪華的，如今已有不足之感了。其間，一再的增建，一再的更新。回首往昔，原先被若干浮薄之徒責難的會館，竟成為教師的最愛了呢！

到了民國七十六年十月，這所會館更完成了一座宏偉的「日月潭教師會館活動中心」大樓。時任教育廳長的陳倬民，特別邀請二十八年前擔任教育廳長，也是教師福利制度的創始人劉真蒞臨剪綵。因感念這位艱苦擘畫的締造者，特將活動中心命名為「白如樓」，這是劉真的別號。陳倬民向參加的貴賓表示，樓名白如，乃表示飲水思源之意，盼望大家不斷努力，歷久彌新。

明潭國小的小朋友朗誦一首「贊頌」，敘述教師福利制度的初創、成長和成就。劉真坐在貴賓席次上，不禁感慨萬千。

為了推崇劉真當年的創辦和經營，白如樓三字特請名書法家王壯為書寫。另有對聯則為陳倬民廳長所題，文曰：「白雲留客住，如意伴君遊。」將劉真的別號嵌在其中，尤具雅思。

他又想起故友江良規，在建立福利制度和籌集教職員子女助學貸金之初，社會上一般人還不瞭解這個制度的價值。一、二地方報紙甚至暗示譏諷。但是江良規卻率先響應，私人捐出新臺幣貳萬元。如今一幌已二十年過去了。

「江良規所捐的款額，約當於一個公務員一年半的收入，也是在福利制度史上當時最大的私人捐款。」劉真想到這兒，更為感念。「如今，我創設的福利制度，歲月悠悠，早已獲得國內、外一致的讚揚。而福利項目，由最初的三數項，早也擴大為二十餘項了。」劉真默默的思量，「良規兄，你是最熱心贊助的人，若地下有知，應該也欣然微笑吧！」

4. 第六次全國教育會議

民國七十七年二月五日第六次全國教育會議舉行大會，劉真應邀參加。當日有一分組在研究報告中提出建議說：「研究將師範大學改為普通大學的可行性。」曾任教育部長的陳立夫對此建議，首先表示：

「師範大學負有獨特的使命，不應改為普通大學。」說畢，發現劉真坐在不遠處，便招呼說：

「你任師大校長甚久，而且專精教育，等進行討論時，務必表示意見。我現在有要事必須先行離開，但已寫好書面意見。請白如兄代為宣讀。」說著把他的「書面意見」交給劉真。又說：「茲事極重要。一定偏勞！」

陳立夫走後，細看其「書面意見」是：

一、管教養衛任何一種建設，都有專才之培育，何以最重要的樹人的建設（教）可以無專才的培育？

二、中學階段，為人生最重要的一個階段，擔任此一階段教師培育的師大，何以可以取消？

三、大陸在「文化大革命」期間，停止大學教育十二年之久，師資缺乏，造成青黃不接之困難。吾人一旦返回大陸，即照現在情形而言，將感師資之缺乏。

四、現在中等學校不缺乏師資，幸有師大及師院之培育，正如臺灣工業建設，如無電源之供應，曷克臻此。

從言辭上已可看出陳立夫堅決反對的態度。劉真那天為陳立夫宣讀了「書面意見」；因為自己曾任師大校長，不便提出異議，以免被譏為「本位主義作祟」；更兼每人的發言時間極短，故僅簡要說明師大成立的經過與所負任務，使社會人士有所瞭解。

稍後，劉真應某一雜誌之邀，以〈談師範教育〉為題，撰一專文發表：

首先，我認為必須提出的是教育應否專業化的問題，甚至更可推論到：師範教育是否具有獨特的功能？因為現在社會上有些人常說：「某人雖未研究過教育學，但不仍然是一位很會教書的名教授嗎？」「某人雖未受過師範教育，但不仍然是一位很好的中學校長嗎？」這種「人人可以教書，人人可以辦學」的觀念，如果仍為社會若干人士所接受，自然便會出現「將師範大學改為普通大學」的建議。不過，我根據個人的專業知識與多年的工作經驗，卻有一種完全不同的看法。

因為依照我國現行的學制，所謂「師範教育」，係以培養中、小學教師為主旨。大學教育與中、小學性質不同。大學學生多已受畢基本教育，年齡較中、小學學生為大，領悟力與理解力亦較高，故在大學任教者，只要真正有學問，即使教學方法稍差，或拙於言詞，仍可善盡傳道、授業、解惑的責任。故世界各國對於大學教授和校長，並不要求必須研習教育者始能充任。

然而中、小學教師和大學教授施教的對象，完全不同，其專業的重要性，自然有異了：

中、小學施教的對象，都是身心尚未成熟的兒童和青少年，其身心狀態與普通成人完全不同。如果不瞭解他們身心發展的特徵，試問怎能做適當而妥善的教學與輔導？中、小學教師之必須具備教育方面的專門知能，與醫生之必須具備醫學方面的專門知能並無區別。可是現在社會上對於一個沒有受過醫學專門訓練的人之開業施診，已經被公認為是一種違法的行為；但對於一個沒有受過教育專門訓練的人之擔任中、小學教師，則認為並無不當，這豈不是令人無法瞭解的事嗎？

至於中、小學校長，雖不直接擔任教學工作；但因經常與教師和學生共同生活，對於學生身心之發展，教學訓導之實施，自亦須具有相當的瞭解，故其本身必先成為優良之教師，而後始能成為優良之校長。

而對當前的師範教育，劉真認為，需要改進的地方不少。在該文中，他從課程、師資、精神教育及生活教育等四方面，指出若干失當之處，特別是前二項，最值得主其事者參考改進。

一、在課程方面

數十年來，我國師範院校的課程，大都以西方國家此類學校為藍本，有關足以闡揚我國傳統文化及教育思想之科目與教材似嫌不足。以致一般師範生對外國的教育理論與教學方法多甚熟悉，但對我國傳統文化精神所寄之重要典籍，反不免忽略，甚至毫無瞭解。欲其於畢業後負起培養「堂堂正正的中國人」之責任，自屬甚難。

師範院校的課程與理工學院不同，理工學院以講授自然科學與應用技術為主，不妨開設與外國完全相同的科目，甚至採用完全相同的課本。可是師範院校的教育目標在培養本國的優良中、小學教師，其課程與教材自應與外國有所不同。先總統蔣公生前在一次重要集會中，曾剴切昭示教育界人士要根除盲目崇洋的心理。蔣公並引述一位英國顧問陶納所說的話：「中國的教育問題是：怎樣使教育以中國的實際需要為基礎，而不以外國的模式為基礎。」我想在討論以「培養堂堂正正的中國人」為基本任務的師範教育問題時，更應該對蔣公生前的這項昭示加以體會與深思。為充分發揮師範教育應有的功能，希望教育部對現行師範院校的課程，迅速作通盤的檢討與妥善的修訂，使師範院校的教育有別於普通大學，確能顯現其應具的特色。

二、在師資方面

師範院校對於師資的遴聘，必須特別慎重。因為在師範院校任教者，可以說是「教師的教師」，要希望師範院校畢業生成為經師和人師，則凡在師範院校任教者自身必先具備經師和人師的條件。我常說：一位大教育家往往同時也是一位大學問家；可是一位大學問家如果對學生缺乏愛心和熱忱，便不配稱為一位大教育家。師範院校理想的師資，不僅品德學問要好，而且更應該對教育工作具有奉獻的精神，切實盡到言教和身教的責任。今日若干師範院校的學生在校時缺乏堅定的從事教育工作的意願，畢業前的教學實習往往流於形式，政府分發任教後常有中途轉業的情形，以及師範院校對教材教法的研究，未能表現主動和積極的精神等等；這固然與現行的制度有關，但師範院校的教授也要負很大的責任。試想一般師範院校的教授倘能對其所教的學生多做些輔導的工作，使他們具有正確的人生觀和對教育事業的使命感；同時並不斷的進行教材教法的研究與實驗，則社會上自不致再懷疑師範教育的價值以及發生師範院校應否單獨設置的爭論了。

（《實踐月刊》第七七七期，民七七、三、一作。）

5. 孔子誕辰的省思

民國七十八年中樞紀念大成至聖先師孔子誕辰典禮，於九月二十八日在總統府舉行。劉真應邀作專題講演，講題為「對紀念孔子誕辰的省思」。李登輝總統、五院院長，及黨政軍高級官員均參加。

劉真的講詞約五千餘言，對儒家思想在世界潮流中的崇高地位，作了肯定的剖析。關於若干人，徒知崇洋與輕視儒家思想的不當，劉真特引述蔣中正總統〈哲學與教育對青年的關係〉講詞中的一段話加以駁斥：

一般研究哲學的，只知馳騖於外國的學說，抄襲外國的東西，拿到中國來作洋八股。……

> 不僅不敢講宋明大儒的哲學；就是《四書》、《五經》亦不敢提了。一提到經典，就說你是復古，是違反時代潮流。但同時很奇怪的，如果研究西洋古代希臘的哲學，卻不以為古。

劉真又提及蔡元培、傅斯年及吳稚暉三位最具現代思想的著名人物的言論，使一般國人知所警惕。其中傅斯年的一段話，最為深刻生動：

> 記得三十年前吳稚暉先生有個妙喻，就是「麵筋學生」、「油鍋學堂」。學生的資材本只那麼大，然一入某一種學堂，一「炸」之後，變得奇大，外表很有可觀，內容空空洞洞。現在還是這個樣子，只要資格；就是說，炸得塊頭大大的。然而國家實在不應該老是開油鍋的。

講詞共分四大節，在第三節中，劉真強調《論語》一書對教育工作者的啟示；而第四節中則嚴正的指出：中華文化必能經得起時代考驗，永放光芒。他提到即使原來「批孔揚秦」的中共，也已定本（七十八）年十月七日至十日在北平舉辦「孔子儒家思想的歷史地位和對現代社會的影響」學術討論會。凡此，均可說明「孔孟學說為中心的儒家思想能歷久彌新」。

劉真當日的演講，博得多人的讚佩。不久，便有陳立夫及胡一貫來函，表示欽佩。陳、胡兩人所透露的敬重之意，正可代表有識之士的共同心聲。

6.行政院頒贈「中華民國文化獎」

民國七十八年十二月一日，行政院頒贈劉真「中華民國文化獎章」一座。此項受獎人係由「行政院文化獎評議委員會」依據評議委員會或文化學術機構首長以書面提名（詳敘事蹟）並經提名委員以外三名委員審查同意，提交全體委員會議，經三分之二以上委員出席及出席委員四分之三以上通過後，報請行政院核定。

行政院對劉真的受獎事蹟，原文云：

> 劉教授接辦師範院校之始，鑒於大陸情勢逆轉，名師碩儒寄跡香江難定去向，乃率先禮聘國學家錢穆、潘重規等來臺講學，並延聘文史學者牟宗三、梁實秋、陳致平等人任教，蔚為一時之盛，更奠立臺灣師範教育淳厚之學風，其於弘揚師道，數十年來不遺餘力，如建議政府將孔子誕辰及教師節改為九月二十八日，創立教師福利制度，興建教師會館，益彰我國尊師重道之特有文化傳統，組成並主持中國語文學會，出版《中國語文月刊》，

四十年來未曾中斷，對提倡中國語文教育貢獻厥偉。至於發揚我國教育思想，鼓吹師道文化、教學著述，儒林共見，影響更為深遠。

當日，《中央日報》特刊出全幅訪問，題為〈搶救中華文化必須重視經典〉（《劉真先生文集》·㈣，頁一八五六—一八六四）。上午九時，由李煥院長主持並致詞頒獎。劉真則代表受獎人講話。夫人石裕清女士亦受邀觀禮。中央研究院院長吳大猷等人出席，極其隆重。

是誰推薦劉真而獲得此項殊榮呢？而且據透露劉真之獲獎係經全票通過者，最為可貴。惟劉真卻全不知悉。但凡對他認識較多者，咸認實至名歸，至為允當。

也就在此時，教育部聘請劉真擔任教育部人文及社會學科教育指導委員會主任委員。人指會因任務需要，設立了國語文、歷史、地理、公民、三民主義、社會等六個學科組。對各級學校的人文及社會學科教育，負責整體規劃。

劉真接事以後，立即舉辦中、小學教學評鑑，教學討論會，中、小學人文及社會學科課程架構之基礎研究等工作，並創辦《人文及社會學科教學通訊》雙月刊，出版以來因內容豐富，取材新穎，頗受各級學校教師觀迎。

7.平生有愛無恨，感念舊友凋零

胡適平生自謂是「不可救藥的樂觀主義者」，而劉真則是「有愛無恨」的實踐者。鑒於當前社會之亂象，皆源於大家相互間充滿仇恨之心，於是，常常以此四字，寫贈青年朋友，以求擴大此一理念的影響。

什麼是「有愛無恨」呢？劉真云：

「有愛無恨」四字，是我平生待人接物的自勉之語。我也常把這四個字寫在條幅上，贈與一般青年朋友、期能相互勉勵。今日社會上充滿各種暴戾之氣，不僅政治方面缺乏「君子之爭」的民主精神；甚至親子之間，也常見有違背倫常的暴行。我認為如欲從根本上消除這種亂象，必須大家能夠「愛人如己」、「化敵為友」，相互間少一份仇恨，多一份愛心，如此自可化暴戾為祥和。最近見到有一種治療心臟病的藥，名曰「救心」。我覺得今天我們社會上最需要的，也就是一種「救心」的工作。（《教育家的智慧》，遠流出版社印行）

毫無疑問，這「有愛無恨」的懷抱，必須具有宗教家的救世精神，方有此勇氣，有此人格。時任臺灣大學教授的傅佩榮，特在報端為文，表示讚佩：

教育家劉真先生以「有愛無恨」四字做為「平生待人、接物自勉」之語。這種觀念看似單純，其實卻有豐富的內涵。若要付諸實踐，則是個人一輩子的事，也是所有的人或早或晚都必須肯定的真理。此一真理，劉真常以口頭勉人、自勉。但他認為單單口頭宣揚是不夠的。他感到八十年代的國家、社會，已有嚴重的頹廢亂象。他要盡其可能的挽救自己的國家、民族、文化和歷史，所以幾乎是非常勤奮的書寫「有愛無恨」的條幅，贈送給門生和故交，希望因而深入社會各個層面。

曾任臺大文學院院長及國科會副主委的朱炎，及時任《中央日報》社長的石永貴，於獲贈劉真是項墨寶之後，特寫信來表達內心的感奮。劉真的風貌，於此「有愛無恨」四字中，業已充分呈現，無需詞費了。

民國八十一年六月，劉真依照慣例，參加師大的四十六週年校慶典禮。各屆校友前來參加的很多，而且有不少活動項目。從卸任師大校長以後，這是他第三十六次來參加師大的校慶了。許多校友們齊向劉真問好，有的說：

「中國近代戰亂頻仍，人事滄桑，一位公立大學校長能參加自己主持過的學校校慶達四十餘年者，恐怕只您劉校長一人了。」

「雖然在師院及其後的師大服務，長達八年另四個多月，但卻值得一生回憶。」劉真環顧前來參加的各屆校友，自有無限的安慰之情。當年的學生，如今已有不少兩鬢飛霜了；獲得博士、碩士學位的不計其數。甚至擔任大學校長，或任大學教授及部、廳長者，也不乏其人。

此次校慶活動中有「美術展覽」一項，特別引起劉真的感傷，因為主持藝術系卓然有成的藝術大師黃君璧已不能來參觀他的門生、後輩及老同事們的聚會了。

劉真記得第一次與黃君璧相晤，遠在四十多年前。雖然素昧平生，但本諸至誠之心，他便登門訪晤，並聘黃為師院藝術系主任。自此時起，便推誠相許，成為莫逆之交。去年十月黃君璧由香港返臺，主持畫展，並且準備慶祝其九五誕辰，邀晤諸友好至交餐敘，而今則遽歸道山了。

當時前來黃君璧靈堂致弔者，可以說幾無立足之地，備極哀榮。劉真被推為覆旗官，想到這位四十年相交的老友，有此榮崇，亦堪告慰於平生了。黃君璧的女公子安霞特別告訴劉真：

「先父逝世前，手擬的邀晤親友名單，第一位便是劉校長。他常常說：我是時時刻刻不會忘記劉校長的。」

劉真聽了，益加感傷。想到當年一起為師院耕耘的舊友，凋零失散，已經不少了。

劉真於民國四十二年二月，前往美國考察一年，路過洛杉磯時。黃君璧正在該地小住，曾會同我國當地李總領事至機場迎接。那是劉真的第一次美國之行，多承黃君璧陪同遊覽近郊名勝。到了四十六年五月，劉真再往紐約開會。黃君璧其時剛好要去中南美洲舉辦畫展，知道劉真來美，便到旅邸晤談，兩人相交之深不難想見。

一般藝術家的個性，有時頗多孤傲不群。但黃君璧卻極為隨和。劉真有次至其和平東路寓所訪晤，談興正濃之時，黃忽稱：「何不找幾位老友來餐敘一下。」

「這麼晚了，恐怕難約朋友吧！」

「可以試試，也許沒問題。」接著黃君璧說出幾個名字，計有陳立夫、孔德成、劉季洪、陳雪屏、梁實秋、臺靜農等六人，加上劉真夫婦，正是一桌。

「可是，這幾位先生都是忙人啊！」

「不要緊，我們連絡連絡看。」黃君璧依然催促。

事情不出所料，六位先生都準時蒞臨了。

由黃君璧，劉真自然的想到溥儒。這位藝壇大師、舊王孫曾寫〈日月潭教師會館碑〉。以其名貴難得，由國立歷史博物館請人譯為英文。

大學校長和教授之間，相交莫逆者不多，劉真和梁實秋兩人的深厚友誼更屬少見。

可惜梁晚年重聽，祇能常以書信筆談。七十六年五月，恰值劉真夫婦結婚五十週年。他的三個兒女返臺祝賀，並在國賓飯店備了酒席一桌。劉真特邀梁實秋夫婦參加，席間，梁實秋非常感性的說：

「我們相交近四十年，無論在大陸或臺灣，都沒有比你和我關係再深的朋友。今晚僅僅邀請我們夫婦參加你們的金婚宴會，足見把我看成一家人，沒有見外。」說畢，並即乾杯祝賀。

更想不到的是，九天之後——十一月二日晚上十時半左右，劉真突然接到朱良箴校友的電話：「梁實秋老師因心臟不適，正在中心診所急診。他命我打電話給校長。」

劉真聞訊，立即攜同夫人趕往中心診所探視。那時梁實秋住在六二〇加護病房，時已十一點鐘了。梁實秋靜臥病榻之上，神智還很清楚。看到劉真站在床前，便緊緊的握住他的手，說：「白如兄，你來了！」言下似乎已期待很久了。

這是他最後見到梁實秋的一面，翌日上午八時二十分，劉真忽接《聯合報》記者丘彥明自中心診所打來的電話，立即偕同夫人石裕清再往醫院，但梁已瞑目長眠。劉真乃和大同公司連絡（梁為大同工學院董事長），林挺生馬上到來，大家商量梁實秋的後事。為悼念老友，劉真於梁實秋安葬後，隨即寫了兩篇長文，其一為〈實秋先生不朽〉，其二是〈相期無負平生〉，分別發表於《傳記文學》及《中外雜誌》上。對這位原不相識的一代文學大師，由於在師大共事，遂成莫逆之交。梁為人重道義、講是非。在劉真離開師大，出長教育廳之後，便執意辭去文學院長兼職，以示與劉真共進退之初意。文章是第一流的，人品也是第一流的，怎能不令人常記心頭呢？劉真在〈實秋先生不朽〉一文之末，有段極其感念的語句：

> 史載南宋大儒朱熹病逝時，一代詞人辛稼軒為文哭之曰：「所不朽者，垂萬世名。孰謂公死，凜凜猶生……」我相信公正的史學家，對實秋一生在文學方面的成就，應會作最適當的「定位」。實秋的形骸縱像他自己說的「人死如燭滅」，但他的令名與著作必將永垂不朽！

而今，一幌之間，業已五、六年過去了。劉真偶至師大校園散步，看到黃君璧所題的「美術系館」大字；又想到過去在辦公室內和梁實秋談笑論學的往事；以及報上所刊實秋的著作在大陸上風行而受歡迎的情況，不由默念：「這些老友並沒真的離開世界，並沒有真的離開親人故交！」

第二十七章 《教育大辭書》及「中山學術文化基金會」

1.《教育大辭書》之編輯

民國八十年十月間，國立編譯館館長曾濟群訪問劉真，邀請他主持《教育大辭書》的編纂工作。

「這工作當然非常有價值，只是最合適的編輯人才，此時不易尋找。」劉真向曾館長說：「民國十七年商務印書館曾出版一部《教育大辭書》，擔任主編的朱經農、高覺敷，都是在教育學和心理學方面的權威。」

「現在想找那樣的人選，自然很難。」曾館長說，「不過，以劉先生的聲望，主持此事，找人應該還不至於太難。目前，這部辭書的預算，行政院已核定約兩千餘萬元，字數預定為兩千萬。期望五年內完成。」

劉真本來難以兼顧，可是編印這部辭典乃是教育界的一件大事，而且自從民國十七年以後，無論公私出版機構，均沒有再出過《教育大辭書》。現在實在是刻不容緩。想到此處遂勉強表示同意。

曾館長得到劉真的允諾，甚為高興。此後便不斷的蒐求大陸剛出版之教育辭書多種，送劉真參閱。這些辭書有二十來種。非常巧，有些編輯人員，竟然是劉真過去相當熟悉的學者。只可惜這些辭書，總擺脫不了共產主義的意識型態。不少文句及內容，失去了學術的客觀立場。

「這些辭書，總脫不了共產教條，對臺灣地區的教育情況的介紹，頗多偏見。」劉真和注意這些問題的朋友、校友談起來，便不由感嘆。「學術不能超然，也就談不到『學術』價值了。」

「中共不重視學術自由。在大陸封閉的社會中，這種情形勢所難免。因此，劉先生您更要主持這一《教育大辭書》的工作了。」

正在談說時，曾濟群送來幾種編譯館已經出版的工具書。劉真便說：

「工具書是垂之久遠的東西，編纂應該絕對的中立，不能有政治偏見。立場要超然，信奉學術自由的真理。」

「那是當然！」曾濟群完全同意。劉真又說：

「關於編輯人員的遴聘，要特別審慎，一部辭書若有一點點偏頗，很可能將整個辭書的價值降低了，失卻其應有的權威性。」隨後，劉真指出編纂大辭書的看法：

「第一、編輯人員必須有正確的教育理念。絕不能有個人偏見。」劉真很嚴謹的指出，「第二、語文的根柢要特別好。尤其是國文的表達能力不能太差；第三、外文譯名應先求統一。人名、地名凡已使用多年成為慣用名詞者，不必輕易變更；第四、編纂工作進行過程中，各類組負責人應定期交換意見，並於必要時邀請有關專家參與討論；第五、初稿完成後，應聘請國學根柢特優並富有編輯經驗者予以文字潤飾。務期體例一致、文字精簡；第六、對大陸及港、澳地區教育之介紹，應同等重視，不宜有任何偏見。俾此一大辭書能為各方面樂於信賴及採用。」

曾濟群聽後，完全贊同劉真的意見。盛情如此，劉真便正式接受了「教育大辭書編纂委員會」主任委員的工作；且商請曾館長擔任副主任委員，另外聘賈馥茗教授為副主委兼總編纂。伍振鷟教授、楊深坑教授、黃發策教授為副總編纂。

經過劉真多次考量決定，《教育大辭書》共分十二大類。每類再細分學門，分別由編纂委員擔任主編。其中大陸地區最新資料的搜集，則特請香港大學教授擔任主編。全部編纂委員共為六十人，多為第一流的學者、專家。此外，政府派往丹麥的新聞局代表許智偉，乃留德教育博士，曾任臺灣省教育廳長及政大教授，聘為兼任編纂委員，可以說參與編纂工作者，非常之廣。也說明了大辭書的取材，儘量廣納眾流了。

自八十一年元月開始，編纂委員們經過數次研商，共擬訂出四項基本原則：

一、資料必須正確。工具書係「書中之書」，凡引用資料，應絕對正確，避免以訛傳訛，誤導讀者。

二、立論保持客觀。工具書非私人著述，可以各抒己意，務期立場超然，摒棄門戶之見。

三、遣詞用字，力求嚴謹，藉免眾說紛紜莫衷一是。

四、查閱簡易便捷。工具書資料範圍錯綜複雜。若查閱方法繁瑣，則讀者望而卻步，失去「工具」之意義與價值。

工作展開以後，進行非常順利。因其中除少數為劉真之舊識外，多數乃師大及政大校友。曾濟群於五月間奉調國立中央圖書館館長，新任館長為趙麗雲博士，亦為師大校友。為了便於推動工作，編纂委員會決定增聘趙麗雲兼任大辭書的副主任委員。

現在大辭書依照進度推動，相當順利，將可如期問世。

2.「中山學術文化基金會」成立之背景

當《教育大辭書》開始積極編纂之後不久，八十一年三月，由於「中山學術文化基金會」董事長楊亮功不幸逝世，全體董事們一致推選劉真繼任董事長。劉真無法推辭，於公於私，只好挑起這一重擔❶。而副董事長、董事及五個審議委員會的委員們，多為學術、政治界聲望卓著之士。

劉真和「中山學術文化基金會」的淵源甚早。多年前，劉真即擔任學術著作審議會的委員。民國七十七年被聘為董事，仍兼學審委員。至於出任董事長，則是無論如何始料不及的事。他是第三任董事長。前兩任為王雲五及楊亮功。王是他的忘年交及政大同事；楊則是他在安大的老校長。

這個基金會的基金經過三十餘年的時間，由於幣值日貶及利率降低，如今僅累積約為一億五千萬元了（其中包括劉真接任董事長後所募得之基金新臺幣三千四百萬元），實在難以有所作為❷。不過，因這是紀念 國父的機構，劉真一生信奉三民主義，崇仰 國父之偉大人格，

---

❶ 劉真當選中山學術文化基金會董事長之後，報紙上頗多讚許，八十一年四月二十七日的《中央日報》，刊出〈劉真把教育作為終生理想〉專文一篇，專文中說：「數十年來，劉真一本『人生以服務為目的，教育即奉獻』，作育英才的初衷，未曾改變。他認為『生命如同文章，其價值在乎內容，不在乎長短。』把教育作為他終生的理想。」

❷ 以幣值相對貶低，及利率日趨降低，基金會每年可支用經費，乃日漸拮据。經董事會議決，自七十二年起，停止博、碩士獎學金，專題研究獎助及中山講座三項。八十一年起又暫停技術發明獎助、文藝創作補助及學術著作補助。

自然要盡其所能，使此一機構，充分發揮功能。

中山學術文化基金會成立已三十三年。對學術、文化之推動，影響深遠者計有：核發大學研究所博士及碩士研究生獎學金、設置專題研究獎助金，在各大學設置中山講座、頒發學術著作獎助金（分學術著作獎金及出版補助）、文藝創作獎助金（分文藝創作獎金及出版補助）及技術發明獎助金。當時翻譯的世界名著，多交商務、正中、幼獅、聯經及黎明各書局出版。定期出版物有《中山學術文化集刊》（半年刊），此外負擔商務編印之《中山自然科學大辭典》及《中正科技大辭典》兩書之稿費，且支助美國聖荷西市興建中山紀念堂等項。

其中學術著作與文藝創作之獎金，則由八十一年起，每名提高為新臺幣三十萬元（獎金金額自民國五十五年至六十四年均為每名新臺幣伍萬元，嗣後曾經數度調整，至七十三年始提高為每名貳拾萬元）。

但這一個成立三十餘年的學術文化機構，除了靠最早的基金利息收入外，一直沒有另闢財源。猶如他四十多年前出任臺灣省立師範學院院長、積極擴增校地一樣，惟今之計，便是如何開拓財源了。首先，董事會成立了「本會基金與推展業務經費籌集小組」。籌集小組召集人請副董事長謝東閔出任，董事蔣彥士、張導民、趙自齊、郭為藩均為小組委員。另外，決定向社會各界尋求支援。以前他任教育廳長時，曾經「無中生有」的創立了教師福利制度，而今他的目標是尋求各公益團體的合作，以推展業務。

3.《中山學術論壇》問世

現在，劉真的最大目標，就是希望　國父思想能在國內札根、向國外弘揚。值此舉世滔滔、阢隉不安的時代，若論當務之急，莫過於此了。基金會除了繼續辦理學術著作及文藝創作獎外，劉真首先和《中央日報》合作，出版《中山學術論壇》雙週刊一種，在八十一年十一月十二日國父誕辰問世。劉真有〈創刊獻言〉一文，說明創刊宗旨：

> 中山先生不僅是創立中華民國的國父，而且也是廣受國際人士推崇的一位偉大思想家。中山先生自謂其思想學說的主要淵源，乃係數千年來中華民族文化的一貫道統。而孔子的大同思想，尤為其終身所嚮往。故中山先生欲謀解決的，乃中國和全人類的共同問題。他的思想學說之所以能夠受到各國有識之士的重視，自非無因。

在文中，劉真更引述蔡元培及蔣夢麟之言，說明國父思想之造福國家、人類，乃不易之真理。文末又云：

> 大家都知道，中山先生病危時的臨終遺言，乃是：「和平、奮鬥、救中國。」他對國人最後的昭示，就是希望國內任何政治問題的解決，應採取和平的方式，而不必訴諸武力。目前大陸若干大學均設置中山學術研究單位，而各縣市亦多有中山學社的機構。大家倘能重視中山先生的此一「臨終遺言」，並建立共識，當必有助於中國統一大業的順利完成。

字裡行間，可以顯示出劉真的遠見與卓識。

創刊號中尚有副董事長謝東閔的〈中山思想與國家建設〉，中央研究院院長吳大猷的〈心胸廣大的中山先生〉等文，足見各位董事對此刊的重視。

雖然為雙週刊，且篇幅僅可容萬字上下，但各期論文均有極高水準，如國科會副主委朱炎所撰〈黃河之水天上來〉、前輔仁大學校長羅光所撰〈三民主義之中庸性〉、美國印第安納州立博爾大學經濟學教授鄭竹園所撰〈民生主義引導世界潮流〉等，頗受士林重視。名史學家陳致平教授讀後，立即來函，表達他內心的欽佩。特別是談及劉真主持師大及教廳之貢獻，永為世人所懷念。另一旅美著名史學家黎東方，也來信致意。對劉真過去主持任何學術文教機構均能禮賢下士，知人善任，至為推崇。

4.《中山文庫》與《中山叢書》之編印

另外，組成編纂委員會與臺灣省教育廳及臺灣書店合作，編印《中山文庫》一套，分人文、社會及科技三大類，印行適合青少年及一般國民閱讀之各學術領域之重要書籍一百冊。又編輯《中山叢書》，現已出版者，計有《中山思想要義》、《中山思想答問》、《中山思想與臺灣經驗》、《中山先生行誼》、《中山先生研究書目》、《中山先生平均地權思想在臺灣實踐之檢討》及《中山先生民族主義正解》等共十冊。《中山文庫》與《中山叢書》均分贈全國各級學校及社教機構，以供青年學生及社會人士研讀。同時，《中山叢書》並委託海基會、國家圖書館分別寄贈大陸及歐美、日本各著名大學與學術機構，以期中山思想得以弘揚於海外。劉真在口述歷史中表示：

> 中山學術文化基金會是國內最重要的基金會之一，以前兩位董事長王雲五、楊亮功已在其任內奠立良好的基礎。今後我自當竭盡心力，與全體董事共同推動會務，以實現本會創立時的遠大理想，並達成現階段應負的時代使命。

這簡短的文字中，蘊藏著他的決心和抱負。基金會在他接任後，必能繼往開來，邁進另一段新的里程。

5. 王家驥舊事重提

劉真剛剛派人將〈中山學術論壇創刊獻言〉稿送出以後，忽然收到前高雄中學校長王家驥的來信，其中提及：「蓋當時倘非我公賢明領導，主持正義，明察秋毫，焉能有今日之健康結局也。」

提起王家驥，在教育界可說是遐邇皆知的人物。他主持高雄中學正直不阿，大公無私，對老師尊敬有加。逢年過節，必親赴每一老師的住所問候致敬。既能嚴教，更能嚴管，以身作則。凡循規蹈矩的好學生，無不對王既畏又敬。

曾有一次，他的兒子在考試時作弊。王家驥大為震怒的說：

「一般學生按規定是記大過一次，但他是我的兒子，應予以開除的處分。」

平日，他這兒子循規蹈矩，不知怎麼竟然於考試時作弊。但「開除」太嚴重了，等於斷了讀書之路。校中老師們都認為過於嚴厲，毀了一個青年的前途，有失公平，乃群起諫阻。

「按校規記一大過就行了。」

「不行，別的學生可以，但他既是我的兒子，我必須以身作則，加倍處分，開除！」王家驥堅持。

老師們大都是愛護學生的。因而，幾乎是全校教師一致勸阻：「不可毀了兒子的前途。予他一個轉學的機會算了。」王家驥在這種情況下，方予其子以「轉學」處分了事。

然而這樣方正的校長，居然遭人「檢舉」為「思想」有問題。五十年代前後，這等於是輕則免職，重則「坐監」的罪行。幸而上司是劉真，斷然為其擔當下來，而且予以大力的支持。退休已二十年、高齡八十餘歲的王家驥，仍追述三十多年前的往事，便可知劉真儒者的風格。

回憶起四十年前教育廳長任內的事，有一位立法委員梁許春菊，在民國八十年的信中，也有類似的感慨。所謂日久見人心，一點不錯。

民國八十二年中國國民黨舉行全國代表大會。劉真當選為該黨的中央評議委員會主席團主席。早先他曾一再推辭黨中要職，而今雖想推辭，亦有所不便了。

6. 言行足式，朝野推崇

民國八十三年初，《劉真先生訪問紀錄》出版，列為中央研究院近代史研究所的《口述歷史叢書》之五十一。此一訪問紀錄開始於民國七十八年六月，迄八十一年三月止。劉真於長達兩年餘的訪問中，縷述生平，共分二十大項，對於家世、辦學、從政多所描述；不啻一部非常翔實的教育史料。書中〈校後記〉，為其門生呂實強（中央研究院研究員）及張玉法（中央研究院院士）所撰。有云：

> 自民國三十八年任師大（當時為師院，民國四十四年改為師大）校長迄今日，四十多年間所記各事，無不為自己主持或屬重要參予者；其特點為理論、法規等外，尤豐於實務。凡事皆投注高度的智慧與誠毅，不僅從事教育工作者，任何關愛國家社會之人都值得取為參考。

對其恩師——劉真之從事教育志業，亦有妥切的推許：

> 教育國之本，師終身從事，不怠不倦，無怨無尤。於今出版其自敘，豈在展現個人？綜覽全書，固知其旨在宏學明志，使後進者得以薪火相傳，累增光熱，願讀是篇者，多予體察焉。

劉真樸實耿介的人格，不忮不求的操守，言行一致，有愛無恨，求之歷史，亦所罕見。謂之為國家、社會的瓌寶，當之無愧。

而前臺灣省教育廳長、現任彰化師範大學校長之陳倬民，在收到劉真的《訪問紀錄》後，曾有函表達其內心的感受云：

白如先生道席：日前接奉賜贈《劉真先生訪問紀錄》一冊，無任欣喜。先生學養風範，譽滿士林，一生奉獻教育事業，無怨無悔，實為我教育界同仁樹立一最佳典範。尤其所規劃主持之各項教育工作，莫不具前瞻性，足供從事教育工作者所參考並依循。拜讀之餘，至深感佩。贈書隆情，謹具寸箋，敬致謝忱。今後尚祈時賜教益，藉匡不逮。耑此奉達，祇請

道安

晚陳倬民　拜上（八三）六月八日

同樣，現任教育廳長陳英豪，也在函中對恩師表示推崇：

白公恩師崇鑒：日前承贈中央研究院近代史研究所訪問恩師《紀錄》乙冊，至深感篆。恩師行誼實為臺灣教育發展史。諸多教育措施，亦為臺省教育樹立良好典範。感念臺灣

教育之成功，尤不可不記恩師之德政。贈書隆情，特奉函陳謝。並祈德便，返廳鞭策指導。敬請

崇安

生陳英豪　敬啟（八三）六月八日

按《劉真先生訪問紀錄》初稿，曾函請其門生中國國民黨黨史會主任委員李雲漢代為校閱。李雲漢為著名近代史專家，於覆函中推崇劉真為「當代人豪，功在國家」，自非泛泛語。

民國八十三年九月二十七日，劉真再次應邀前往臺中，擔任全省教師節師鐸獎之首席頒獎人。主席為宋楚瑜（臺灣省主席）。劉真與其父宋達將軍交誼頗厚，甚為宋主席及全體與會人士所敬重。臺中乃他舊日于役之所。緬懷往昔，劉真特由吳自甦教授等舊屬陪同至任廳長時期之故居訪問。

次日為教師節，教育部在陽明山中山樓舉行全國資深優良教師表揚大會。時任行政院院長連戰在會中期勉教師，應不斷進修專業知能，並引述教育界耆宿劉真所說的「教師應具備的四個要件」：「慈母般的愛心」、「園丁般的耐性」、「教士般的熱誠」及「聖哲般的懷抱」與全國教師共勉。劉真自報紙報導中得知，更感欣慰。他的教育理念，已深為國人所肯定。

而劉真的工作熱情、著述熱情以及獎掖後學的熱情，絲毫未減。政府當局曾多次希望他出

任國史館館長等重要公職，均為他婉謝。對於政治，他早已興味索然了。八十四年遠流出版公司出版了《教育家的智慧》一書。這是由他的學生方祖燊教授自劉真的數十種著作中編選出來的。有人譽之為「今之論語」，其被推崇可見一斑。

民國八十四年中華文化復興運動總會於五月二十二日，舉行第二屆第一次會員大會，進行改選。行政院院長連戰及前文化建設委員會主任委員陳奇祿與劉真同被選為副會長。會長一職係由總統李登輝連任。

劉真數十年來，始終致力教育文化工作，貢獻至為卓越，素受文教界人士之推崇與讚譽，政府當局亦對之甚為敬重。民國八十年七月，國安會國家建設研究委員會奉令撤銷，他卸任文化組主任職務後，即被總統府聘為國策顧問，八十六年五月二十日，李登輝總統再改聘為總統府資政，可謂實至名歸。

劉真有子、女共三人，皆卓有成就：長子肖孔、次子捷生皆留學美國，獲有博士學位。肖孔現任美國藍德公司顧問、荷蘭政府水利顧問、我國行政院科技顧問組顧問，對我國臺中港之興建、蘇澳軍港之擴建、氣象局設備更新與氣象預報系統之改進，貢獻甚大。次子捷生為國際電腦網路知名專家，現任美國通用網路服務公司總裁。女公子凱音，乃臺大農學院植物病蟲害系畢業，美國加州大學碩士，現在美國任職。一門俊秀，為人稱羨！

附錄

劉真先生著述書目

《新式測驗編造法》　上海開明書店　民國二十二年八月出版

《教育通論》　上海泰東書局　民國二十三年六月出版

《教育行政》　中華書局　民國三十三年九月初版

《教育行政》　正中書局　民國三十九年一月增訂本初版

《勉新生》　師大人文學社　民國四十四年初版

《臺灣教育發展的方向》　臺灣教育輔導月刊社　民國四十九年十一月初版

《山水人物》　廣文書局　民國五十三年八月初版

《辦學與從政》　臺灣商務印書館　民國五十四年一月臺一版

《一個教育工作者的自述》　臺灣商務印書館　民國五十四年一月臺一版

《儒家倫理思想述要》　正中書局　民國五十六年八月臺初版
《旅美書簡》　臺灣商務印書館　民國五十九年十月臺一版
《由中集》　中華書局　民國五十九年十一月初版
《歐美教育考察記》　臺灣商務印書館　民國五十九年十一月初版
《師道》（編）　中華書局　民國六十二年八月初版
《清白集》　中華書局　民國六十五年九月初版
《文教叢談》　臺灣商務印書館　民國六十七年十月初版
《勞生自述》　中華書局　民國六十八年二月初版
《教育與師道》（上、下冊）　正中書局　民國六十八年三月臺初版
《劉真選集》　黎明文化事業公司　民國六十八年三月初版
《師道新義》（劉真等著）　明道文藝雜誌社　民國六十九年一月再版
《近代中國教育史料叢刊》　中華書局及國立編譯館　民國六十九年七月初版
《中國文化的前途》　幼獅文化事業公司　民國七十年一月初版
《宗教與教育》（編）　臺灣商務印書館　民國七十四年五月初版
《教育問題平議》　臺灣商務印書館　民國七十五年六月初版
《信心與定力》　臺灣商務印書館　民國七十六年初版

《宗教與教育》（增訂本）　正中書局　民國八十六年十二月初版

Education Is Dedication. Taipei: The Republic of China Student Book Co., Ltd. 1968

有關著作

《中國學制改革之研究》（劉真先生為教育部學制改革小組召集人）　正中書局　民國七十三年初版

《教育家的畫像》（慶祝劉師白如七秩嵩壽，李建興編）　明道文藝雜誌社　民國七十四年六月初版

《國立臺灣師範大學校友學術論文集》　水牛圖書出版事業公司　民國七十四年十二月再版

《劉真先生文集》（四冊，司琦編）　臺灣商務印書館　民國七十九年十月初版

《劉真先生與臺灣教育》（鄧玉祥著）　臺灣書店　民國八十二年十一月初版

《劉真先生訪問紀錄》　中央研究院近代史研究所　民國八十二年十二月初版

《教育家的智慧》（方祖燊輯）　遠流出版公司　民國八十四年四月初版

三民叢刊書目

㉖作家與作品　謝冰瑩著
㉗冰瑩書信　謝冰瑩著
㉘冰瑩遊記　謝冰瑩著
㉙冰瑩憶往　謝冰瑩著
㉚冰瑩懷舊　謝冰瑩著
㉛與世界文壇對話　鄭樹森著
㉜捉狂下的興嘆　南方朔著
㉝猶記風吹水上鱗
·錢穆與現代中國學術　余英時著
㉞形象與言語
·西方現代藝術評論文集　李明明著
㉟紅學論集　潘重規著
㊱憂鬱與狂熱　孫瑋芒著
㊲黃昏過客　沙究著
㊳帶詩蹺課去　徐望雲著
㊴走出銅像國　龔鵬程著
㊵伴我半世紀的那把琴　鄧昌國著
㊶深層思考與思考深層
·轉型期國際政治的觀察　劉必榮著
㊷瞬間　周志文著
㊸兩岸迷宮遊戲　楊渡著
㊹德國問題與歐洲秩序　彭滂沱著
㊺文學關懷　李瑞騰著
㊻未能忘情　劉紹銘著
㊼發展路上艱難多　孫震著
㊽胡適叢論　周質平著
㊾水與水神
·中國的民俗與人文　王孝廉著
㊿由英雄的人到人的泯滅
·法國當代文學論集　金恆杰著
51 重商主義的窘境　賴建誠著
52 中國文化與現代變遷　余英時著
53 橡溪雜拾　思果著
54 統一後的德國　郭恆鈺主編
55 愛廬談文學　黃永武著
56 南十字星座　呂大明著
57 重疊的足跡　韓秀著
58 書鄉長短調　黃碧端著
59 愛情·仇恨·政治
·漢姆雷特專論及其他　朱立民著

⑥⓪蝴蝶球傳奇
・真實與虛構　顏匯增著
⑥①文化啓示錄　南方朔著
⑥②日本這個國家　章陸著
⑥③在沉寂與鼎沸之間　黃碧端著
⑥④民主與兩岸動向　余英時著
⑥⑤靈魂的按摩　劉紹銘著
⑥⑥迎向眾聲
・八〇年代臺灣文化情境觀察　向陽著
⑥⑦蛻變中的臺灣經濟　于宗先著
⑥⑧從現代到當代　鄭樹森著
⑥⑨嚴肅的遊戲
・當代文藝訪談錄　楊錦郁著
⑦⓪甜鹹酸梅　向明著
⑦①楓香　黃國彬著
⑦②日本深層　齊濤著
⑦③美麗的負荷　封德屏著
⑦④現代文明的隱者　周陽山著
⑦⑤煙火與噴泉　白靈著
⑦⑥七十浮跡
・生活體驗與思考　項退結著
⑦⑦永恆的彩虹　小民著
⑦⑧情繫一環　梁錫華著
⑦⑨遠山一抹　思果著
⑧⓪尋找希望的星空　呂大明著
⑧①領養一株雲杉　黃文範著
⑧②浮世情懷　劉安諾著
⑧③天涯長青　趙淑俠著
⑧④文學札記　黃國彬著
⑧⑤訪草（第一卷）　陳冠學著
⑧⑥藍色的斷想
・孤獨者隨想錄　陳冠學著
⑧⑦追不回的永恆
A・B・C全卷　彭歌著
⑧⑧紫水晶戒指　小民著
⑧⑨心路的嬉逐　劉延湘著
⑨⓪情書外一章　韓秀著
⑨①情到深處　簡宛著
⑨②父女對話　陳冠學著

93 陳冲前傳　嚴歌苓 著
94 面壁笑人類　祖　慰 著
95 不老的詩心　夏鐵肩 著
96 雲霧之國　合山　究 著
97 北京城不是一天造成的　喜　樂 著
98 兩城憶往　楊孔鑫 著
99 詩情與俠骨　莊　因 著
100 文化脈動　張　錯 著
101 桑樹下　繆天華 著
102 牛頓來訪　石家興 著
103 深情回眸　鮑曉暉 著
104 新詩補給站　渡　也 著
105 鳳凰遊　李元洛 著
106 文學人語　高大鵬 著
107 養狗政治學　鄭赤琰 著
108 烟　塵　姜　穆 著
109 河　宴　鍾怡雯 著
110 滬上春秋　章念馳 著
111 愛廬談心事　黃永武 著
112 吹不散的人影　高大鵬 著
113 草鞋權貴　嚴歌苓 著
114 是我們改變了世界　張　放 著
115 夢裡有隻小小船　夏小舟 著
116 狂歡與破碎　林幸謙 著
117 哲學思考漫步　劉述先 著
118 說　涼　水　晶 著
119 紅樓鐘聲　王熙元 著
120 寒冬聽天方夜譚　保　真 著
121 儒林新誌　周質平 著
122 流水無歸程　白　樺 著
123 偷窺天國　劉紹銘 著
124 倒淌河　嚴歌苓 著
125 尋覓畫家步履　陳其茂 著
126 古典與現實之間　杜正勝 著
127 釣魚臺畔過客　彭　歌 著
128 古典到現代　張　健 著
129 帶鞍的鹿　虹　影 著
130 人文之旅　葉海煙 著

⑬1 生肖與童年	小民著 喜樂圖
⑬2 京都一年	林文月著
⑬3 山水與古典	林文月著
⑬4 冬天黃昏的風笛	呂大明著
⑬5 心靈的花朵	戚宜君著
⑬6 親 戚	韓 秀著
⑬7 清詞選講	葉嘉瑩著
⑬8 迦陵談詞	葉嘉瑩著
⑬9 神 樹	鄭 義著
⑭0 琦君說童年	琦 君著
⑭1 域外知音	張堂錡著
⑭2 遠方的戰爭	鄭寶娟著
⑭3 留著記憶・留著光	陳其茂著
⑭4 滾滾遼河	紀 剛著
⑭5 王禎和的小說世界	高全之著
⑭6 永恆與現在	劉述先著
⑭7 東方・西方	夏小舟著
⑭8 嗚咽海	程明琤著
⑭9 沙發椅的聯想	梅 新著
⑮0 資訊爆炸的落塵	徐佳士著
⑮1 沙漠裡的狼	白 樺著
⑮2 風信子女郎	虹 影著
⑮3 塵沙掠影	馬 遜著
⑮4 飄泊的雲	莊 因著
⑮5 和泉式部日記	林文月譯・圖
⑮6 愛的美麗與哀愁	夏小舟著
⑮7 黑 月	樊小玉著
⑮8 流香溪	季 仲著
⑮9 史記評賞	賴漢屏著
⑯0 文學靈魂的閱讀	張堂錡著
⑯1 抒情時代	鄭寶娟著
⑯2 九十九朵曇花	何修仁著
⑯3 說故事的人	彭 歌著
⑯4 日本原形	齊 濤著
⑯5 從張愛玲到林懷民	高全之著
⑯6 莎士比亞識字不多?	陳冠學著
⑯7 情思・情絲	龔 華著

⑯⑧ 說吧，房間　林　白著
⑯⑨ 自由鳥　鄭　義著
⑰⓪ 魚川讀詩　梅　新著
⑰① 好詩共欣賞　葉嘉瑩著
⑰② 永不磨滅的愛　楊秋生著
⑰③ 晴空星月　馬　遜著
⑰④ 風　景　韓　秀著

⑰⑤ 談歷史 話教學

張 元 著

作者以二位高一新生對歷史課程的困惑為引子，藉著師生座談對話的方式，從北京人時代到西晉，針對高中歷史教材，試圖以「史料閱讀」的方法鮮明地建構各代的歷史圖像，在活潑的對白間既談歷史意涵又話歷史教學，相當適合高中教學的參考。

⑰⑥ 兩極紀實

位夢華 著

任何人想要親臨兩極之地恐怕都不是件容易的事。作者因從事研究工作之便，足跡跨越兩極，將在極地所見所聞之動物奇觀、自然景致乃至當地所受文明衝擊，或以幽默輕鬆，或以深沈關懷的筆調娓娓道來，是無緣親至極地的讀者絕不可錯過的佳作。

⑰⑦ 遙遠的歌

夏小舟 著

世上只有兩種人，男人和女人。然而男女之間的恩愛情仇，卻糾葛難解。本書作者以一篇篇幽默的短篇故事，道盡世間男女的愛恨嗔痴。在她細膩委婉的筆下，愛情的本質和婚姻的面貌都一一呈現，必可帶給你前所未有的感受與體悟。

⑰⑧ 時間的通道

簡 宛 著

「人生，是一條時間的通道，每一個人所走的方向和目標雖然不一樣，但是經過的路程卻是相似的……」當人們沈溺於歲月不待人的迷茫和感嘆時，作者平實的筆調將帶著我們對生活多用一點心思和一點執著，會使我們的「通道」裏，留下一點痕跡。

⑰⑨ 燃燒的眼睛

簡宛 著

作者以自身多年來在美國的異域生活為背景，輔之敏銳的觀察力、豐富的情感、濃郁深摯的筆調，從而幻化出一篇篇感人肺腑的故事。尤其對於旅居海外異鄉遊子們的心境描寫更是深刻動人，是一本值得再三玩味的小說。

⑱⑩ 月兒彎彎照美洲

李靜平 著

沒來美國時還不知那生活啥款；來了才知樣——啊！真夭壽！　來到美國，是穿梭在黑白紅黃人群間；或在房裡看華語電視？是在壁爐邊吃耶誕大餐；還是窩伴著一桌熱火鍋？在忙碌的陽光下，可想起夜空裡一彎新月？月兒彎彎，訴說的又是誰的故事？

⑱① 愛廬談諺詩

黃永武 著

諺詩，是指用諺語聯成的詩，由於聯接巧妙加上意外組合，因此往往會有不可料想的妙趣出脫。如捉豬上板櫈，走馬看天花；成人不自在，做鬼也風流，等等。本書將帶你悠遊中國式幽默，探索諺語的源頭，喜愛好書的你，可千萬不能錯過！

⑱② 劉真傳

黃守誠 著

劉真，一位自四十年代開始影響國內教育最鉅的教育家。本書自劉真先生家學淵源寫起，隨著時間軌跡，記錄了他如何在風雨飄搖的年代裡為教育此類百年大業做出努力；因此雖然本書為劉真先生個人傳記，卻同時也是了解現今教育體制的最佳參照。

⑱ 天涯縱橫

位夢華 著

以兩極生態氣候的研究為基礎，作者建構了此書的論理與想像世界。內容從極地景致、開拓艱辛及天文物理觀念，引申至有關宇宙天人及環保的許多想法，包容科學與文學，兼具知性與感性。讓您在詼諧而深切的筆調中，激發對地球的關懷與熱愛。

⑱ 新詩論

許世旭 著

中國詩歌，無論新舊，是一座甘泉，若不掬飲，口渴神焦，……。作者係韓國人士，長年沈浸在中國文學之中，對於在中國新詩的源起及兩岸新詩風格的異同，均有獨到而精闢的見解。是讀者拓寬視野，更深入了解中國新詩之發展所必備的好書。

⑱ 天 譴

張 放 著

「一不埋怨天，二不埋怨地，只是咱家命不濟，生長在這亂世裡。」于祥生，一位山東流亡學生，民國三十八年隨政府搭乘濟和輪來到澎湖，卻萬萬沒料到會遭逢一場史無前例的政治騙局，他的人生、情愛就在這時代悲劇與宿命的安排下，無奈地上演。

⑱ 綠野仙蹤與中國

賴建誠 著

一本融和理性與感性的著作，以經濟分析的專業素養，將關懷的筆觸，延著供需曲線帶進閱讀的天空。那一篇篇翔實的數據，是驗證生活的另一種形式；那一篇篇雋詠的小品，則是理性思維的靠墊。不管你來自士農工商，本書都能提供一場知性洗禮。

⑱標題飆題

馬西屏 著

一個出色的報紙標題不僅要精簡準確地傳達新聞訊息，更要能表現文字的優美和趣味，這可是一門藝術。近年來報紙解禁，各種充滿巧思創意的標題紛紛跳上版面，等著要攫取你的注意。小心！一場報刊標題的革命正在編輯枱上悄悄進行……

⑱詩與情

黃永武 著

詩以情為主，作者長期浸淫於古典情詩，擷採珠玉，編綴出男女的愛情、家人的親情、入世的世情與出世的忘情種種世態人情。文中所引，首首如新摘茶筍，簇新可喜，且解說精要，切緊詩旨，能帶給您全新的視野與怡然的感受。

⑱鹿 夢

康正果 著

從大陸西安到新大陸東岸的小鎮，不同的國度有著不同的風土民情，但在作者細膩的心思與敏銳的觀察力之下，它們之間起了微妙的關聯。長期旅居海外的作者，將他生活中的點點滴滴，轉化成一篇篇清雅的散文精品，將讓您領會閱讀的雋永與甘美。

⑲蝴蝶涅槃

海 男 著

「一個生活在舊時代的女人，她生活在男人之中不如說是生活在戰爭之中，她生活在戰爭之中不如說是生活在蝴蝶之中。一個生活在蝴蝶之中的穿中國旗袍的女人，其靈魂終究會像蝴蝶一樣四處飛翔。」而她的歸宿，竟在何方？

⑲半洋隨筆

林培瑞　著

本書是林培瑞教授一篇篇關於他對中國的研究、感想、社論、訪問等合集。作者熱愛中國文化，對當代中國的社會、政治、文學、藝術等無不關心；綠眼黃髮，是位十足的「洋人」，但他對中國的關懷，無不流露在字裡行間，值得我們細細品味與深思。

⑲沈從文的文學世界

王繼志
陳　龍　著

沈從文，一個身處於三〇年代的作家，如何在這動盪的中國社會環境中，發揮自己創作及人格上的獨特性，以享有「中國的大仲馬」的美譽呢？作者由政治學、社會學、美學等多種不同角度切入，帶領我們逐步探索沈從文謎一般的文學世界。